集人文社科之思 刊专业学术之声

刊　　名：知识产权研究
主办单位：中国社会科学院知识产权中心
主　编：周　林

STUDIES ON INTELLECTUAL PROPERTY RIGHTS

编委会

主　　编：周　林
执行编辑：张　鹏
编　　委：管育鹰　肖　华　杨延超　李菊丹

学术顾问（按姓氏笔画顺序）

王　迁（华东政法大学教授）

卢明辉（南京大学教授）

刘晓海（同济大学教授）

李雨峰（西南政法大学教授）

吴伟光（清华大学法学院副教授）

托马斯·霍伦（Thomas Hoeren）（德国明斯特大学教授）

余家明（Peter K. Yu）（美国德克萨斯 A&M 大学教授）

彼得·德霍斯（Peter Drahos）（欧洲大学意大利佛罗伦萨学院教授）

第二十七卷

集刊序列号：PIJ-2018-324

中国集刊网：www.jikan.com.cn

集刊投约稿平台：www.iedol.cn

中国社会科学院知识产权中心
INTELLECTUAL PROPERTY CENTER CHINESE ACADEMY OF SOCIAL SCIENCES

创办于1996年

知识产权研究

第二十七卷

STUDIES ON
INTELLECTUAL PROPERTY RIGHTS
NO. 27

周林 / 主编

ZHOU LIN

社会科学文献出版社
SOCIAL SCIENCES ACADEMIC PRESS (CHINA)

本卷出版获得上海华诚律师事务所资助

编者的话

主题研讨

信息法研究

研究生论坛

司法前沿

书　评

(Number 27)

Studies on Intellectual Property Rights

2021 年 2 月出版

Editor's Note

Focus

Studies on Information Law

Postgraduate Forum

Judicial Frontier

Book Review

编者的话

《知识产权研究》第二十七卷
第 3~9 页
© SSAP，2021

"人工智能"为什么在知识产权法学研究中成为一个"热点"？

张　鹏[*]

　　"科技革命"一词反映了新技术发展的普遍性和破坏性。虽然前几次科技革命也导致某些领域人类重复体力劳动的自动化程度不断提高，但以大数据、人工智能和物联网技术为代表的第四次科技革命则加速了这一过程，引领了整个工业活动的大规模自动化，甚至包括以前只能由人类执行的智力劳动。

　　第四次科技革命可以显著提高生产过程的效率和灵活性，并增加产品和服务的价值。向人工智能的过渡已成为行业和政策制定者面临的重大挑战。现实中，人工智能在运输（自动驾驶车辆）、能源（智能电网）、城市、医疗保健和农业等领域中都深刻地改变了这些部门的组织方式。[①]

　　由于应底层生产力的变革，处于上层的法律制度也应做出相应的调整，不同法律分野的学者会就不同的问题展开分析。例如民法学者就智能机器人的主体地位展开分析；商法学者就智能投顾的法律监管展开分析；行政法学者就算法歧视的规制展开分析；刑法学者就人工智能导致的新的社会风险展开分析；国际法学者就人工智能武器的交战规则展开分析；等等。

----

　　[*]　中国社会科学院法学研究所助理研究员，中国社会科学院知识产权中心研究员。
　　[①]　European Patent Office，"Patents and the Fourth Industrial Revolution-The inventions behind digital transformation，" December 2017，p. 14. http：//documents. epo. org/projects/babylon/eponet. nsf/0/17FDB5538E87B4B9C12581EF0045762F/ $ File/fourth_ industrial_ revolution_ 2017_ en. pdf.

而人工智能对知识产权法治的影响，笔者认为主要集中于以下四类涉及人工智能成果的保护问题：一类是对人类和机器生成和收集的大数据是否以及如何给予保护；另一类是对通过机器学习生成的已学习模型是否以及如何给予保护；再一类是对利用人工智能在某一特定领域进行的创造活动是否以及如何给予保护；最后一类是对人工智能作为一种创新工具参与研发过程所产生的生成物是否以及如何给予保护。

本卷以"与人工智能相关的知识产权法治问题"为主题发表的三篇论文，恰好也是对上述四类问题分别进行的专题探讨。

其中宋红松教授的文章集中于第四类问题，即对人工智能创造成果物的保护。相比于"弱人工智能"环境（人工智能创造的人工干预方式），作者更加关注对"强人工智能"环境（纯粹"人工智能创造"）下生成物的保护，也就是随着人工智能技术的发展，在脱离了人的参与而自律地进行创新活动的强人工智能环境下，如何评价人工智能生成物的可保护性与权利归属。

从原理上看，这需要解决在激励理论之下是否有必要改变现有制度的问题，如在专利领域，仅将自然人评价为发明人，进而认定专利权的归属，而在"强人工智能"环境下将人工智能拟制为发明人，这使不存在"人"参与的发明创造活动所取得的生成物获得专利保护。

在结论上，作者对此问题持较为审慎的态度，也就是认为通过给予结构化数据与人工智能程序本身一定程度的知识产权保护（类似商业秘密或反不正当竞争法上的权利），已然可以实现对于创新活动的激励，无必要一定要针对人工智能自律性质的创新活动再给予更多的激励。同时，强人工智能环境下的生成物上的专利可能导致就同一主题产生大量发明活动，造成申请量过大、审查迟延等问题，并对于先申请制度下，最先申请的主体获得过度的保护，诱发"圈地"现象。

余家明教授的文章集中于第一类问题，即对人类和机器生成和收集的大数据是否应该以及在何种程度上给予保护的问题。大数据是人工智能产业得以发展的基石，很难想象在缺乏大数据"训练"的情况下，人工智能可以产出任何有益于产业发展的学习模型。这样伴随着数据财产性价值的提升，数据服务提供者日益要求给予其更加灵活的利用空间与更加周延的产权保护。面对这一诉求，各国实践给出了不同的答案。其中尤以数据财产权化与不当利用行为规制两种进路为代表，这两种进路体现出了不同国家对于数据保护的不同看法。"客体进路"即将数据作为独立的财产权客体，创建类似于知识产权的数据产权体系；"行为进路"主要是指并不构建一个具有可交易性的独立产权客体，而仅仅是明确规定集中他人不得从事的行为，在该行为之外留存他人自由利用数据的空间。

与近年来中国学术界广泛呼吁创设数据产权的实践不同①，作者在文章中呼吁政策制定者应该拒绝为机器生成的非个人的匿名数据创设数据生产者权利。这也令人想到 30 年前欧盟指令对数据库通过"专门立法"（sui generis）予以保护的实践。欧盟 1996 年有关数据库指令②对于持续性投资下形成的数据库实质性部分给予了保护。也就是说即使不满足作品的独创性要求，也可以获得某种程度上的保护。但是这一立法自其诞生之日起就受到不少批评，同时，从实证研究的角度看，经过该立法下 30 年的实践可以发现，欧洲在世界范围具有竞争力的数据企业远不及不存在该种"专门立法"的美国。我想这也是作者对大数据产权立法如此警惕的原因之一吧。

高非主任的文章则集中于专利领域，讨论了人工智能算法本身以及计算机执行的人工智能算法或模型的可专利性问题。也就是上文所述的第二类和第三类问题。由于该文是对 WIPO 就人工智能与知识产权政策公开征询意见的一个回应，因此作者仅对上述两类问题从企业实务的角度给出了一个简单的结论。尽管笔者赞同作者的相关结论，但是考虑到这两类问题的

---

① 典型的如龙卫球《再论企业数据保护的财产权化路径》，《东方法学》2018 年第 3 期；许可《数据保护的三重进路 ——评新浪微博诉脉脉不正当竞争案》，《上海大学学报》（社会科学版）2017 年第 6 期等。

② Directive 96/9/EC of the European Parliament and of the Council of 11 March 1996 on the legal protection of databases OJ L 077，27.03.1996，pp. 20 - 28.

重要性，笔者认为值得进一步展现论证过程。

就第二类问题——人工智能算法的可专利性问题来说，人工智能和机器学习是基于用于分类、聚类、回归和降维的计算模型和算法，例如神经网络、遗传算法、支持向量机、k 均值、核回归和判别分析等。这些计算模型和算法本身具有抽象的数学性质，而不管它们是否可以基于数据的"训练"①。其中较为典型的机器学习过程（模拟神经网络下生成具有不同权重的参数）是一个类似于矩阵方程求解的过程，而机器学习的过程就是机器不断通过试错找到代表不同权重的参数 k 的过程。这在中国专利法上构成"智力活动的规则和方法"（《专利法》第 25 条第 1 款第 2 项）。

由于计算机程序算法作用的对象往往是抽象的数据信息，与人类的思维步骤有着紧密的联系，并往往是利用纯粹的数学模型进行的设计，因此，在审查所要求保护的主题是否具有整体技术特征时，诸如"支持向量机""推理引擎""神经网络"之类的表达通常属于缺乏技术特征的抽象模型。各领域通用的单纯已学习模型作为一种广义的算法，属于专利法不保护的"智力活动的规则和方法"范畴。

对单纯的学习后生成的权重是否可以受到专利保护的问题，由于已学习后生成的各参数权重仅可作为信息的提供与陈述，因此被排除出专利权保护的客体。已学习后生成的各参数权重仅可在与人工智能程序结合的基础上获得专利保护，但是这无法禁止他人单纯地抽出作为数据的"已学习后生成的权重"进行利用。在"已学习后生成的权重"可以成为独立于人工智能程序而单独进行交易并在其他载体上实现"移植"的情况下，对其财产价值的保护将成为重要的课题。事实上，现实中通过不断机器学习的过程更新不同参数的权重所生成的新的数据对于不断提高企业的生产效率有十分巨大的影响，因此这些数据通过独立的传输和交易可以产生巨大的

---

① European Patent Office, "Guidelines for Examination," Part G-Patentability, Chapter II-Inventions, 3. List of exclusions, 3.3 Mathematical methods, 3.3.1 Artificial intelligence and machine learning, https://www.epo.org/law-practice/legal-texts/html/guidelines/e/g_ii_3_3_1.htm.

市场价值，在此种情况下，尽管存在针对其创设一种"专门立法"的呼声。但是从恰当地给予该种创新活动激励的角度看，可能通过商业秘密的途径进行保护更加妥当。①

而第三类问题，即人工智能和机器学习在各种技术领域中得到的应用，比如利用人工智能程序研制新药，是可以作为计算机程序获得专利法保护的，即为解决发明提出的问题，以人工智能算法为基础，由此编制计算机程序，对计算机外部对象或者内部对象（某一具体技术领域的应用）进行控制或处理。

"信息法研究"是本刊的特色栏目，本卷推介了四篇论文。其中德霍斯教授的论文借助政治学理论分析了中美贸易摩擦下中国知识产权发展所面临的挑战。尽管在 TRIPS 协议缔结的时代，中美就知识产权的保护标准达成了共识，但是 TRIPS 协议下的共识是在 20 世纪 90 年代的技术环境下达成的，远远早于云计算、大数据和机器学习等关键的技术变革。在这些技术以惊人速度融合的新时代，旧的标准明显不敷所用，但旧的体系又不具备创设具有普遍共识的新标准的能力，因此美国绕过多边主义，意图通过单边主义来实现国家安全利益。在具体的实施路径上，作者指出商业秘密保护规则将会大幅更新，并成为新技术环境下对于信息进行保护的主要工具。这一趋势在 2020 年 1 月签订的《中美第一阶段经贸协议》有关商业秘密与保密商务信息新规则中就已显现。霍伦与皮内利两位教授的论文在对照欧盟《通用数据保护条例》的基础上，就中国《民法典》人格权编第 6 章中与个人信息有关的五个方面问题进行了分析，指出中国《民法典》对个人信息的保护是具有积极意义的，但是距离建立全面成熟的信息保护体系还有进步空间。接下来的两篇文章则聚焦于两个具体问题，其中唐丹蕾的论文向我们展现了 2019 年欧盟《数字化单一版权指令》第 15 条中为新闻出版商创设的邻接权的制度全貌。王建英的论文则从我国《反不正当竞争法》

---

① 奥邨弘司：《人工知能における学習成果の営業秘密としての保護》，载土肥一史古稀紀念文集《知的財産法のモルケンロート》，中央経済社，2017，第217页。

下一般条款的适用角度探讨了网络爬虫案件的处理。

　　本卷在"研究生论坛"栏目中推介了6篇论文。其中潘雪菲的论文讨论了使用自动摄影技术录像或拍摄得出的照片的著作权保护问题。对于将录像机固定在某一处自动录像，拍摄者再将所得录像截图生成相片，或者设置好参数，让相机以固定的时间间隔自动按下快门生成照片，作者认为应从机器发挥了多少作用以及是否体现作者的精神、思想与个性两个方面分析照片是否具有独创性，将达到独创性高度的自动摄影照片纳入作品保护；未达到独创性高度的自动摄影照片则纳入邻接权的保护范围。尹琦瑜文章所论及的"临摹创作"的著作权保护问题在30年前就是学界争议的焦点。该文在既有研究基础上，从现实案例入手，分别从艺术创作与艺术市场两个方面，对由临摹作品所引发的法律纠纷进行深入探究。宗倩倩的论文论证了专利权是前国家性质的私权、专利授权处分行为是行政确认或公证行为、作为民事诉讼程序性质的无效宣告程序宣告的是专利"权"的无效、专利无效诉讼是民事上诉审性质的程序。在此论证的基础上，宗倩倩提出了建立当事人型诉讼制度、遵循专利权无效诉讼的民事诉讼属性和将国家知识产权局视为一个审级两个具体的立法建议。庄小琼的论文对于在中国建立药品专利链接制度的必要性进行了反思，从我国专利诉讼的民行二元分立模式下难以在遏制期内实现定分止争的效果、我国药品专利的高无效比例使遏制期赋予专利的强排他权不具有正当性以及专利链接制度会激励原研药企的滥诉行为三个方面论证了药品专利链接制度激励新药创新和提前解决纠纷的目标在我国难以实现。该文指出，即使我国基于《中美经贸协议》中的义务建立了专利链接制度，也应避免遏制期，或是通过缩减遏制期的长度以减少其不利影响。李文红、张振军的论文以小i机器人案为切入点，强调了在判断申请文件的披露程度是否满足充分公开时，应当充分考虑产业和技术特点。胡巧璐的论文在详尽梳理既有司法实践对在先使用抗辩中"原使用范围"认定的诸多问题的基础上，提出了以使用主体、客观方面、地域范围和使用方式来界定"原使用范围"的判断标准。

　　本卷"司法前沿"栏目刊载的三篇论文均聚焦于司法领域的争议焦点。

邓玲的论文试图构建一个"正当警告人"的判断标准，具体包括警告主体、警告对象、警告内容的充分性以及披露内容的清晰程度等要素。并在法律效果上排除了"正当警告人"在侵权行为不成立的情况下承担责任的可能性；吴月琴、何鑫的论文则就法院审理涉计算机软件案件的四个主要争议问题，即开发成果是否交付、交付内容是否符合约定、履行中的变更是否已经达成合意、迟延履行应当如何认定分别做出了分析；江波的论文针对学说上质疑知识产权民事损害赔偿的惩罚性理念将导致其与既存的民事制裁（法院作出的罚款等）、行政处罚（行政机关作出的罚款、没收等）、刑事责任间的区分变得模糊的观点，论证了从知识产权"公共产品"的属性出发仍有必要通过惩罚性赔偿发挥其威慑功能来补充填平性赔偿的不足。

本卷最后是杨延超教授《机器人法：构建人类未来新秩序》一书的前言，该文展现了他创作该书的心路历程。相信该文可以带领我们一同领略"机器人法"的魅力。

主题研讨

《知识产权研究》 第二十七卷
第 13~29 页
© SSAP, 2021

人工智能生成数据的知识产权问题

宋红松*

摘　要：纯粹"人工智能创造"是指在没有自然人对输出结果进行控制的情况下由人工智能自动完成的创造。纯粹"人工智能创造"结果虽然满足版权法上独创性表达或专利法上的新颖性发明的外在标准，但并不符合受版权保护的作品应构成智力创作或专利保护的发明应具备创造性的内在要求，因此应从观念上将其区分为数据和表达或发明两个层面。纯粹"人工智能创造"结果的知识产权制度安排也应基于其双重属性进行架构。人工智能创造程序的所有者或使用者仅对数据层面的输出结果拥有类似商业秘密或反不正当竞争法上的权利，只有从数据中挖掘出具有市场价值的表达或发明的人才能够对表达或发明层面的结果拥有排他性弱于版权或专利的特别知识产权。这一安排有助于防范利用人工智能进行"数据圈地"。

关键词：人工智能　知识产权　人工智能创造

一　人工智能生成数据引发的知识产权问题

关于人工智能相关的知识产权问题，近年来学者关注的焦点大多集中

---

* 烟台大学知识产权研究中心副主任，法学教授。

在人工智能"创作"的版权法问题①、人工智能"发明"的专利法问题等方面②，少有从数据层面进行探讨的。③ 但是就目前人工智能计算发展水平而言，人工智能计算结果能否达到"创作"或者"发明"的程度还不确定，从数据的层面进行探讨可能更加稳妥。本文之所以选择"人工智能生成数据的知识产权问题"为题，把人工智能"创作"、人工智能"发明"等通通纳入人工智能生成数据来探讨，正是基于上述基本观点和判断。

关于人工智能"创作""发明"，近年来不仅在理论上有热烈的探讨，实务中也存在比较有争议的案件。比如，近两年我国法院连续裁判了两例据说与人工智能创作有关的案件，一例是北京菲林律师事务所诉百度案④，另一例是腾讯诉盈讯科技案⑤。但是这两例案件实际上都不属于非常典型的关于人工智能"创作"的案件。澳大利亚也出现了两例关于计算机生成的"作品"或者计算机生成源代码的案件，一例是 Telstra Corporation Limited v. Phone Directories 案⑥，该案中涉及的是计算机生成的电话号码簿；另一例是 Acohs Pty Ltd. v. Ucorp Pty Ltd. 案⑦，涉及的是计算机自动生成源代码，这两例案件都和计算机自动生成的"作品"有一定的关系。

关于人工智能发明，近年来出现了一个非常有意思的案例。"Artificial Inventor Project"团队向欧洲专利局和英国专利局提出了以人工智能 DABUS

---

① 王迁：《论人工智能生成的内容在著作权法中的定性》，《法律科学》2017 年第 5 期；易继明：《人工智能创作物是作品吗?》，《法律科学》2017 年第 5 期；梁志文：《论人工智能创造物的法律保护》，《法律科学》2017 年第 5 期；陶乾：《论著作权法对人工智能生成成果的保护——作为邻接权的数据处理者权之证立》，《法学》2018 年第 4 期；刘影：《人工智能生成物的著作权法保护初探》，《知识产权》2017 年第 9 期；熊琦：《人工智能生成内容的著作权认定》，《知识产权》2017 年第 3 期。

② 吴汉东：《人工智能生成发明的专利法之问》，《当代法学》2019 年第 4 期；季冬梅：《人工智能发明成果对专利制度的挑战——以遗传编程为例》，《知识产权》2017 年第 11 期。

③ 宋红松：《纯粹"人工智能创作"的知识产权法定位》，《苏州大学学报》（哲学社会科学版）2018 年第 6 期。

④ 北京菲林律师事务所诉北京百度网讯科技有限公司著作权侵权纠纷案，（2018）京 0491 民初 239 号民事判决书。

⑤ 腾讯诉上海盈讯公司著作权侵权纠纷案，深圳市南山区人民法院 2020 年 1 月 15 日一审判决。

⑥ Telstra Corporation Limited v. Phone Directories Company Pty Ltd. ，［2010］FCA 44.

⑦ Source code generated by computer program；Acohs Pty Ltd. v. Ucorp Pty Ltd. ，［2010］FCA 577.

为发明人的两项专利申请，并通过专利合作条约渠道向其他 150 多个国家提出了申请。这两项专利的问题在于它是以人工智能软件作为发明人所提出的专利申请，目前英国专利局和欧洲专利局都认为以人工智能作为发明人不符合专利法要求而驳回这两项专利申请。[①]

探讨人工智能引发的知识产权问题首先需要对人工智能发展水平有客观的认识和判断，对人工智能发展水平认识不准确是目前人工智能知识产权研究的一个普遍问题。有些研究把人工智能的水平设定得过低，甚至为了赶热点把计算机生成数据也当作人工智能生成数据来看待。比如，菲林律师事务所诉百度的案子就涉及类似 Excel 表格软件生成的图表是否享有著作权的问题，这个问题很难谈得上是与人工智能相关的问题。而在有些语境下，一些研究又把人工智能想象得过于高级，比如有些学者提出赋予人工智能法律人格。但实际上以人工智能目前的发展水平，其达到人类智能的程度还是比较遥远的事情，探讨赋予人工智能法律人格可能还为时尚早。对人工智能知识产权问题进行探讨还是要以人工智能目前所达到的水平或者人工智能在较近的时间内有可能达到的水平为前提和基础，而不是去做过于超前的探讨，同时也要把那些不符合人工智能当前水平的一些工具类的计算机软件排除到人工智能范围之外。

二　人工智能创造过程中的自然人介入

人工智能"创作"或者人工智能"发明"所涉及的首要问题就是判断在人工智能创造过程之中自然人的介入程度。不管是把人工智能"创作"作为特殊的对象来对待，还是专利法、版权法对人工智能"发明"、人工智能"创作"不给予保护，首先都要判断清楚在人工智能创造过程之中自然人介入的程度。

---

① Ryan Abbott, "The Artificial Inventor Project," *WIPO Magazine* (2019).

（一）知识产权法要求的"创造者"

因为知识产权法实际上对于创造者是有要求的。缺乏自然人作者创作的作品是否应受版权法保护其实并非新问题，从自然或超自然力创作①、动物创作②、随机创作、机械创作③到计算机创作④，长期以来各国版权法处理过许多类似的情形。多数国家的版权法要求受版权保护的作品必须为自然人的智力创作，因此没有自然人作者创作（Authorship）的作品不受版权保护。⑤ 也有少数国家和地区，如英国、爱尔兰、新西兰、印度和中国香港，并不要求计算机生成作品具备自然人作者，⑥ 而是在版权法上对之适用

① 灵媒创作案：英国 Cummins v. Bond，1 Ch. 167（1927）；美国 Penguin Books U. S. A.，Inc. v. New Christian Church of Full Endeavor，Ltd.，No. 96 Civ. 4126，2000 U. S. Dist. LEXIS 10394（S. D. N. Y. July 21，2000）。

② 美国"猴子自拍案"：Naruto v. Slater，United States Ninth Circuit，16－15469，Decided：April 23，2018；中国"海豚表演案"：长沙动物园与当代商报社、海底世界（湖南）有限公司著作权侵权及不正当竞争纠纷案，湖南省长沙市中级人民法院民事判决书（2003）长中民三初字第 90 号。

③ 高空气球自动摄影案：高阳、邓佳欢诉合一信息技术公司、北京陌陌科技公司、上海全土豆文化传播公司、金色视族影视文化公司著作权侵权纠纷案，（2015）朝民（知）初字第 20524 号民事判决书。

④ 澳大利亚"计算机自动生成电话号码簿案"：Telstra Corporation Limited v Phone Directories Company Pty Ltd.［2010］FCA 44。

⑤ 美国版权法第 102 条（a）项规定，版权法保护作者创作的独创性作品。美国版权局认为，"这意味着作品必须由人创作，不符合这一要求的作品不受版权保护"。版权局声明，"不会对由自然、动物或植物产生的作品或者对声称由神或超自然存在创作的作品进行版权登记，也不会对机器或者没有任何人类作者的创造性输入或干预的随机或自动操作的纯粹机械过程产生的作品进行版权登记"。参见 Section 313. 2，Compendium of U. S. Copyright Office Practices，3rd Edition，September 29，2017；美国法院在猴子自拍案判决中表示，由于版权法并未明确授权动物提起侵犯版权的诉讼，猴子 Naruto 就其自拍提起版权诉讼缺乏法律依据。欧盟法院（CJEU）在 Infopaq 案判决中表示，版权保护仅适用于独创性作品，即作者自己的智力创作，这意味着作品必须存在人类作者才能受版权保护，Infopaq International A/S v. Danske Dagbaldes Forening，C－5/08。中国法院在海豚表演案判决中表示，"海豚不具有法律上的人格意义，既不是表演者，也不能构成著作权的主体"。澳大利亚在计算机自动生成电话号码簿案判决中表示，涉案电话号码簿的"实质性部分不是由人类作者创作，而是由自动过程生成的结果"，因而不受版权保护。

⑥ 英国 1998 年《版权、外观设计和专利法》第 178 条将计算机生成作品定义为"在无人类作者的情况下由计算机生成的作品"。爱尔兰 2000 年版权及相关权将计算机生成作品定义为"在作者并非个人的情况下由计算机生成的作品"。

特殊规则。不管版权法对于没有自然人作者的人工智能"创作"是否给予保护，我们都要首先弄清楚该人工智能"创作"有没有自然人的参与以及自然人的参与是否构成版权法意义上的创作。目前各国专利法对发明人都要求是自然人，或者使用了个人、人类等表述进行限制，还没有像英国版权法那样的例外出现，因此我们在讨论知识产权法对人工智能"创作""发明"的保护时，首先要解决的问题是人工智能"创作"是否有自然人参与，以及自然人参与是否构成版权法意义上的创作或者专利法意义上的发明创造。值得一提的是，美国专利商标局在给公众的一个人工智能创作版权法保护的征求意见中提到了一系列问题，其首要的问题也是如何判断人工智能创作有无自然人参与以及此种参与在何种程度上能够构成创作或者发明创造。①

（二）人工智能创造的人工干预方式

要判断人工智能"创作"有无自然人作者介入，首先需要了解自然人干预人工智能的方式。在有些人工智能程序的设计阶段，自然人或者说设计者就通过设定算法的方式预设人工智能输出结果。比如，早期计算机绘图的编程最终能绘出什么样的图，早就有程序员在设计阶段就预设好了。因此实际上在人工智能程序的设计阶段，自然人就有可能通过算法的预设来设定人工智能的输出结果，比如说设计它的表达。

自然人也可以通过控制人工智能输入数据的方式控制输出结果。比如菲林律师事务所诉百度案中所谓的人工智能或者计算机生成的图表，实际上完全是由自然人输入数据所控制的。比如自然人输入了一系列经济走势的数据，它就会输出饼状图、柱状图或者曲线图。这个图的表述方式除了跟它的程序设计阶段设计的表达形式有关，还和输入的数据有很大的关系。

---

① Request for Comments on Intellectual Property Protection for Artificial Intelligence Innovation issued by USPTO，A Notice by the Patent and Trademark Office on 10/30/2019，Federal Register/ Vol. 84，No. 210/Wednesday，October 30，2019/Notices.

在人工智能程序的输出端，自然人可以通过对人工智能"创作"的输出结果进行判断和选择，来控制人工智能输出的技术方案或者输出的表达。著名的美国猴子自拍案以及我国的高空气球自动摄影案，都涉及这个问题。猴子自拍案中，美国加州联邦地方法院认为摄影师对猴子自拍的照片不享有版权，因为照片形成过程中没有自然人的创作。但是摄影师在诉讼过程中提出一个抗辩，主张涉案的猴子自拍照片是他从很多张猴子拍摄的照片中选择出来的，这是否算得上自然人创作？[1] 中国发生的高空气球摄影案也有类似的情形，一个团队把相机挂到高空气球上放到空中，相机到了一定的高度就会自动拍摄，之后他们通过卫星定位找到相机并在拍摄的照片中选择了质量比较好的照片发表到网上，后来被他人复制传播，该团队向法院起诉，最终也是被法院裁判其不对高空气球自动摄影的照片享有版权，[2]但是在网上传播的照片也是团队自然人的选择和判断的结果。

（三）关注纯粹"人工智能创造"

如上所述，在人工智能的"创作"或者"创造"过程中，人工干预可以在程序设计、数据输入和输出结果选择等几个阶段影响或者说预设人工智能的输出结果。判断具体的人工智能"创作"或者"创造"是否属于纯粹的"人工智能创造"，就要看是否存在对人工智能输出结果的具有法律意义的人工控制或者自然人干预。只有完全缺乏人工控制输出结果的纯粹的"人工智能创造"，才是值得知识产权法特别关注的。

如果人工智能的使用者或者设计者可以通过控制系统设定、外部输入或者输出端选择等方式来控制人工智能输出结果中的具有著作权法意义的表达或者具有专利法意义的技术方案，那么这种所谓的人工智能"创作""创造"就不属于真正的人工智能创造。因为这种情形下自然

---

① Naruto v. Slater, United States Ninth Circuit, 16 - 15469, Decided：April 23, 2018.
② 高阳、邓佳欢诉合一信息技术公司、北京陌陌科技公司、上海全土豆文化传播公司、金色视族影视文化公司著作权侵权纠纷案，（2015）朝民（知）初字第 20524 号民事判决书。

人干预足以设定或者部分设定输出结果中的版权法意义上的表达或者专利法意义上的技术方案，就可以为这种表达或技术方案找到它的自然人创造者，也就没有必要给这类所谓的人工智能创造予以特殊的知识产权法方面的关注。

从这个角度看，腾讯诉盈讯 Dream Writer 人工智能创作案所涉及的并非真正的人工智能创作，该案判决也并不是所谓的对一个人工智能创作的作品给予版权法保护的开创性判决。该案判决的说理思路是非常清晰的，之所以对这个案件中涉案作品予以版权法保护是因为找到了涉案作品的自然人创作者，也就是找到了自然人的独创性表达在作品中的贡献。由于在该案中找到了自然人创作者，此案甚至也不是一个真正的关于计算机自动生成作品的案件。

因此，不管是在法律研究还是司法判决中，当涉及人工智能"创作"或者人工智能"发明"这个问题的时候，首先要界定所关注的对象是不是纯粹的"人工智能创造"。只有没有自然人干预输出结果的人工智能创造才是我们需要关注的，下面我们对人工智能创造知识产权保护的探讨，都是在这样一个前提下进行的。

三 人工智能创造知识产权保护的条件

（一）知识产权法的外在要求

本文的第三个问题就是人工智能创造或者人工智能输出结果的知识产权保护的条件。除了创造者属于自然人这个要求之外，知识产权法还有一些其他的实质性条件。从外在的要求来看，版权法对于作品的独创性是有要求的。当我们谈到独创性时，要注意不同法域关于独创性的标准是有差异的，如果不给予这个问题特别的重视就会犯比较低级的错误。比如，探讨独创性标准的时候，很多学者比较熟悉美国的 Feist 案所设定的标准，即独立创作（independent creation）加最低程度的创造性（minimal degree of creativity）①。实际上美国联邦最高法院在 Feist 案中所摒弃的"额头出汗"原则，也就是比较低的独创性标准，在英国法或者说英联邦法系里一直到目前还是占主导地位的独创性标准。该标准仅要求独立劳动和实质性费用（independent and substantial labour and expense）②，这个标准实际上低于美国的标准。而大陆法系的许多国家，比如日本和德国，他们对于作品的创作有比美国更高一些的标准。日本的著作权法还要求作品要表达作者的思想和情感、构成智力创作。

前面我们谈到的一个问题是为什么英国法系出现了一些国家对于计算机生成的作品不要求自然人作者的这样一个法律规定，而在其他法系中就没有？这实际上和英国法系独创性标准很低是有关系的。比如，美国的菲斯特（Feist）案涉及以字母顺序排列的电话号码簿的独创性问题，在澳大利亚有一个非常类似的案件③，澳大利亚法院的判决恰恰和菲斯特（Feist）案不一样。在 Feist 案中按照字母顺序排列的电话号码簿是没有独创性的，不能受版权法保护，而在澳大利亚的这个案件中，同样是按照字母顺序排列的电话号码簿，法院判决其有独创性，达到了英国法系的独创性标准，受到版权法保护。也正因为如此，英国、爱尔兰这样的英国法系国家，它们的版权保护的标准很低，一些电话号码簿这样的达不到美国法意义上独创性的数据库，都可以受到英国法系的版权法保护。这在某种程度上导致欧盟专门为非独创性数据库，也就是欧洲大陆著作权法意义上的非独创性数据库设定了一种特别的数据库保护。

人工智能自动创作的作品能否达到独创性要求的标准呢？这个问题也不能一概而论，要看涉及的是哪个国家的版权法所要求的独创性。比如说英国法那种较低的独创性要求就比较容易达到，因此将其纳入版权法保护

---

① Feist v. Rural, 499 U. S.（1991），US Supreme Court.
② 参见英国 Walter v. Lane，［1900］AC 539；澳大利亚 Desktop Marketing Systems Pty Ltd. v. Telstra Corporation Limited［2002］FCAFC 112（15 May 2002）。
③ 澳大利亚 Desktop Marketing Systems Pty Ltd. v. Telstra Corporation Limited［2002］FCAFC 112（15 May 2002）。

在实质性条件方面可能没有太多的障碍。

那么美国法中稍高一点的独创性标准，是不是人工智能创作所能够达到的呢？有学者讨论了一种情形，就是计算机程序只要输入的数据相同，它的创作结果就相同，那么这种情况是不符合版权法对于独创性的要求的。这个当然是非常容易理解的，如果一个计算机程序在不同的时间和地点输入相同的数据，它的输出结果都相同，这个计算机程序输出结果当然是不具有独创性的。比方说在 Excel 表格软件中输入相同的数据、设定相同的参数，它输出的结果一定是一样的。这实际上就是前面所说的那种算法预设加上参数预设控制了最终输出的表达，当然不属于具有独创性的情况。

当然现在人工智能软件的水平要远高于 Excel 表格软件，很多人工智能软件引入了随机算法，因为随机算法的存在，尤其是在随机性非常大的情况下，输入相同数据、相同参数其出现的结果可能并不一致。那么随机算法是不是每次输出的结果都不一样才是作品呢？或者说无法判断无法预定它输出的结果时是不是就满足了独创性的要求呢？实际上这样也并没有满足独创性的要求，因为它同样也不存在创作空间，无论有没有自然人的参与，那种随机形成的结果本身都不具有独创性。比如我们前面所说的靠掷骰子的方式来决定你所选择的音符，据说当年莫扎特玩过这种游戏来为自己找灵感，虽然这个过程中有自然人的参与，但是人对于创作结果完全没有自己的控制，因此随机掷骰子创作也不属于自然人创作。就像让盲人随机拍照片，虽然有人的控制，但是不能因此说人参与了创作。随机算法可以把人的创作完全摒除在外，也就是说人对于它的创作结果是没有控制力的，那么在这种情况之下，它可能符合没有自然人参与的纯粹的人工智能创作的条件，但是随机算法仍然不能创作，即仍然不符合著作权法意义上的独创性的要求，因为如果计算机的计算力足够强的话，随机算法是可以通过穷尽的方式把所有的结果都穷尽，这些结果是达不到独创性的条件的。

另一个问题就是专利法对发明创造的外在要求，也就是对新颖性的要求，即要求发明创造的技术方案要与公众可以获得的现有技术有差异，而人工智能"发明"达到新颖性的要求似乎更为容易。目前对于人工智能发明创造能不能达到知识产权法对发明创造保护的外在要求，实际上也很难做出一个明确的判断。图灵测试可以对人工智能的智能水平进行判断，如果一个人工智能所输出的信息被一个自然人判断者判断后，判断者无法分辨、无法识别出信息是由自然人发出还是由人工智能发出，那么就能判定这个人工智能在外在的标准上具备了人的智能。① 近年来不断有报道称某个公司的人工智能通过了图灵测试，然而，近来爆得大名的谷歌智能助手 Duplex 也仅仅是在电话预定服务这一特定岗位上局部通过图灵测试而已，② 实际上目前还没有计算机真正通过图灵测试。③

（二）知识产权法的内在要求

现在有一些版权法学者认为，人工智能"创作"是能够达到版权法对于独创性的较低的外在要求的，因此人工智能"创作"的作品和自然人创作的作品可能很难区分开，比如说微软小冰"创作"了《阳光失了玻璃窗》诗集，自然人在不知情的情况下很难辩别其是不是自然人创作的作品。

但是我们知道知识产权法对智力创作和发明创造还有一些内在的要求，比如说版权法对于作品还有智力创作的要求，甚至还有一些国家的版权法要求作品要表达作者的思想或感情。智力创作的要求实际上超出了人工智能目前发展的水平。所谓的人工智能创作，不过就是输入数据，按照算法得出的结果。当然现在有的算法比如随机算法或者深度学习的算法，随着时间的演进以及数据输入量的积累，当输入相同的数据时得到的结果并不一定相同。但无论该算法的进化程度到何种地步，都无法满足人类创作所具备的价值判断、审美体验、情感表达这样一些本质特征。

研究人工智能的哲学基础问题的人提出了一个非常有名的"中文屋"

---

① Alan Turing. , "Computering, Machinery and Intelligence," *Mind* 59 （1950）.

② 参见 "Alphabet chairman says Google Duplex passes Turing test in one specific way," https://www.cnet.com/news/alphabet-chairman-says-google-duplex-passes-turing-test-in-one-specific-way-io – 2018/，最后访问日期：2017 年 5 月 28 日。

③ 参见玛格丽特·博登《人工智能的本质与未来》，孙诗惠译，中国人民大学出版社，2017，第 142～143 页。

思想实验。他设想了一个只会英文的人身处一间密闭的房间，房间只有一个开口，可以用来传递卡片。房间里有一个装满中文卡片的柜子，还有一本说明手册。房间里面的人收到从外面递进来的中文问题后，按照手册说明的指示，将相应的中文字符组成答案传递出去。从表面上看"中文屋"中的人用中文回答了中文问题，无法看出他不懂中文，但实际上他自始至终都不懂中文，也并不理解问题和答案的真正含义。实际上目前人工智能"创作"或者人工智能计算的水准就类似中文屋中的这样一个人，它在不能理解输出结果意义的情况之下，甚至在不能理解问题意义的情况之下，仍然能够做出计算进而完成输出。但是它完全达不到版权法对于智力创作的内在要求。①

人工智能"发明创造"能不能达到专利法意义上的创造性要求呢？例如目前备受关注的通过人工智能计算机软件的计算完成遗传编码改造的发明创造②，由于该软件计算能力非常强，能够筛选出有实用价值的遗传编码，进而可以显著减少遗传工程从业人员的工作量。类似的还有通过计算机来筛选出有潜在价值化学药品的人工智能软件。这一类型的人工智能的核心实际上是某种随机算法。在计算能力不够强大的情况下，随机性造成的非显而易见性是不容易克服的。如果计算能力强到一定的程度，可以通过计算机穷尽全部有价值的排列组合结果，随机算法产生的计算结果就无法满足非显而易见性的要求了，非显而易见性是创造性的另一种表述。

关于创造性的判断依赖于我们所说的该领域技术人员这样一个虚拟的判断标准。判断一项发明创造是否有创造性，要从该领域的技术人员的角度来判断，它是否是该领域的技术人员所显而易见的。什么是该领域的技术人员？这在我们国家的专利审查指南或者其他专利审查标准里基本上都是差不多的，即存在这样一个虚拟的人，他掌握该领域所有的现有技术和

---

① John Searle, "Minds. Brains and Programs," *Behavioral and Brain Sciences* 3（1980）.
② 季冬梅：《人工智能发明成果对专利制度的挑战——以遗传编程为例》，《知识产权》2017年第 11 期。

现有的实验手段但是没有创造性，如果这样一个人认为发明创造是显而易见的，那么该发明创造就没有创造性。从这样一个角度看，该领域技术人员这样一个虚拟的人或者说虚拟的判断标准，目前最有可能被人工智能所实现。人工智能在输入数据及计算能力等方面比人类有优势，因此，现实的任何一个人类所达不到的该领域技术人员这样一个虚拟的人，反而有可能被人工智能所达到。也就是说人工智能完全可能掌握该领域所有的现有技术和实验手段，然后它通过算法对发明创造进行判断。那么在这种情况下，人工智能的能力恰恰能够把它的"发明创造"的创造性否定了。也就是说除非它获得人类的智能，否则人工智能生成的结果在很大程度上不可能具有非显而易见性。

很多发明创造并不是所谓的人工智能意义上的运算性的创作或创造，有一个非常有名的人工智能悖论说的就是这种情况，当某种人工智能运用得越广泛，它就越不被当作一种人工智能，而是被当作一种工具。① 如果人工智能的发明创造运用得非常广泛，被发明家、技术工作者、工程师当作工具来使用，那它的创造结果就不可能具有专利法意义上的创造性。

（三）人工智能创造结果的双重属性

经过上面的分析我们可以看到，人工智能的创造结果具有双重属性。一方面，在本质上人工智能的创作结果是数据，是人工智能程序运算生成的结果，这和其他非创造性计算生成的结果并无不同。对人工智能而言，这堆数据既没有审美、情感或思想方面的意义，也不存在技术的功能性，仅仅是一堆二进制的数据，这是它的内在本质属性。

另一方面，它有具有类似作品或者发明的外在属性。比如说人工智能的"作品"可以使自然人受众在外观上无法将其与自然人作品区分，据说目前人工智能创作可以以假乱真冒充是伦勃朗的油画。在这种情况下该作

---

① One Hundred Year Study on Artificial Intelligence, Report of the 2015 Study Panel. Artificial Intelligence and Life in 2030, September 2016.

品同样能在观众、读者等自然人受众身上引发审美、情感、思想等精神体验，这种外在的属性类似自然人作品。人工智能的发明创造和自然人的发明创造也具有一样的解决技术问题的技术功能性。

因此我们在探讨人工智能生成数据能否受到版权法或者专利法保护的时候，首先要从上述的分析中认识到人工智能创造的结果具有双重属性，一方面是数据的属性，另一方面是类似于作品或发明的属性。也正是它的双重属性使得我们在研究人工智能创造结果的时候产生了一些困惑和争议，就是到底是否应该用版权法或者专利法来保护它？如果我们已经认识到它具有双重属性，那就需要从两个层面来讨论这个问题，而不是仅仅是从版权法或者是专利法的层面讨论。本文认为，在探讨人工智能生成数据的知识产权保护架构的时候，也需要从这个角度来进行分析，只有把两个层面的属性都考虑到，才能设计出比较合理的人工智能生成数据的知识产权架构。

四　人工智能生成数据的知识产权架构

（一）利益分配与权利归属

讨论人工智能生成数据的知识产权架构，首先需要解决的问题是人工智能生成数据所涉及的需要分配的利益有哪些，以及这种利益分配应该对应何种权利配置。

人工智能商业化运作的主要阶段首先就是人工智能程序开发的阶段。在这个阶段，开发者可以对其设计开发的人工智能创作程序的程序享有版权、专利权或商业秘密权。由于开发者的智力创造已经有现有的知识产权制度的保护，同时也由于真正的人工智能创作或发明创造程序开发者是无法预设创造结果的，因此在这种情况之下，开发者不应对人工智能生成结果拥有权利。如果开发者能够预设开发结果，那就不是本文要讨论的问题，他预设的创造结果应当根据版权、专利权或商业秘密权的要求得到相应的保护。

在人工智能程序的运行阶段，由于本文涉及的真正的人工智能程序完全是自动的，排斥了使用者外来的干预，基于这一前提，有一些学者提出能否赋予人工智能法律主体的资格或者说法律人格，进而让人工智能成为它所创造结果的版权主体、专利权主体。笔者认为这种观点过于高估目前人工智能的发展水平了，显然是毫无意义的。2016年欧盟议会关于机器人民事法律规则的报告草案认为机器人尚未获得自我意识。[①] 人工智能程序的运行是自动的，但是并不是自主的，人类的法律权利或者说财产权利建立在人类通过长期的进化形成的自我意识对客体的主体意识的基础上，只有在这个基础上赋予的法律人格才有意义。将人工智能这种缺乏自我意识更没有主体意识的物或者虚拟物作为法律主体是毫无意义的。

如果将人工智能看成客体，人工智能程序的使用者或所有者可以类比孳息的财产权权利归属于原物权利人的原则获得对人工智能生成数据的财产权，但并不能当然拥有对数据所体现创造性表达或发明的知识产权。也就是说无论该数据外在具有作品的外在特征还是具有发明创造的外在特征，在人工智能运行阶段，这个数据和不具有发明或者作品外在特征的数据都没有区别。

在目前的法律体制下，不为公众所知悉的人工智能生成数据可以作为商业秘密来加以保护。而对于不符合商业秘密保护条件的，也有一些国家赋予其反不正当竞争保护。比如日本在2018年修改的《不正当竞争防止法》就增加了许多非常重要的条款来解决数据保护的问题。[②] 该法的立法说明明确表示，这些修订针对的就是大数据、机器生成的数据，主要是赋予以电磁形式存储的数据的提供者反不正当竞争的保护，这种数据也有可能在符合商业秘密的条件下受到商业秘密的保护。[③]

[①] EU Parliament, Draft Report with Recommendation of the Commission on Civil Law Rules on Robotics [2015/2013 (INL)], 31.5.2016.

[②] Article 2 (7), Article 19, Japanese Unfair Competition Prevention Act, 2018.

[③] Guideline on Protected Data, Ministry of Economy, Trade and Industry, January 23, 2019.

　　日本对于受保护数据的提供者的反不正当竞争保护，针对的是那些不符合商业秘密条件的，由数据提供者收集、汇集起来通过技术措施控制并管理、以电磁形式存储的数据。当然这些数据还被要求具有商业上的意义，比如说要求该数据要对于特定的对象提供等。日本《不正当竞争防止法》赋予受保护数据的保护与商业秘密的保护在条件上有所不同，比如不要求采取合理的保护措施，但是它对这样一类数据的保护手段与对商业秘密的保护手段是非常类似的。

　　20世纪90年代欧洲出台了数据库保护指令，给予数据库尤其是不受版权法保护的非独创性数据库特别保护。近年来欧洲又在探讨数据生产者的权利，目前虽然尚未形成法律制度，但是可以作为一种合理的选项。① 可以看到，人工智能自动运行生成数据的知识产权应该归属人工智能程序的使用者或者所有者，权利的保护模式则可以采用商业秘密和反不正当竞争的方式，或者其他特别知识产权权利的模式。

　　人工智能生成的数据能够实现多少市场价值则取决于人工智能数据的挖掘阶段。人工智能业界的一句戏言"有多少人工，就有多少智能"，在某种程度上反映了人工干预对于人工智能创作的影响程度。在数据挖掘或者采掘的过程中，实际上人工智能是无法对其生成的大量复杂数据进行判断的。由于人工智能对其创作结果缺乏理解力和创作意图，需要通过某种方式来判断和选择出其中真正符合人类精神需求的创作，这个过程就是对人工智能创作数据的挖掘。人工智能的计算能力越强，创作生成内容数量越多，就越需要数据挖掘。否则对人类有价值的艺术表达埋藏在杂乱无章的海量数据之中无法被人类消费利用，也就无法最终实现其市场价值。人工智能创作结果价值的发掘者可以类比物权法中先占或加工的规则获得对其挖掘出来的独创性表达的知识产权。其生成的发明创造的技术方案中可能有很多是没有意义或没有实用性的，还需要人类的科学家做进一步的判断

---

① Peter K. Yu, "Data Producer's Right and the Protection of Machine-Generated Data," *Tulane Law Review* 93, 4 (2019).

和选择。

人工智能数据的挖掘也是人工智能生成数据实现它的市场价值的一个重要的环节，在这个环节中，人工智能数据的挖掘者的权利就需要知识产权制度给予其一定程度的考虑。对于人工智能数据挖掘阶段形成的挖掘结果，数据挖掘者可以类比物权法中先占或加工的规则获得挖掘结果的知识产权，人工智能的所有者或者说人工智能的使用者如果对人工智能生成的数据没有进行挖掘，那么他就不能对这里面蕴含的有价值的结果享有知识产权。同时，人工智能数据的挖掘者如果是对人工智能生成的数据进行合法的挖掘，那么他当然应该享有挖掘结果的知识产权。

而对于赋予挖掘结果何种知识产权，我们要进行非常慎重的判断。前面谈到的猴子自拍的照片、高空气球或者安保摄像头、监控摄像头自动拍摄的图片都属于数据的范畴。自然人从这些数据里通过判断和选择挑选出来的有市场价值或者说审美价值的照片的著作权是否可以归于挑选者、拣选者或挖掘者呢？还是说对这样一种数据挖掘不给它著作权或者说专利权等排他性强的知识产权，而是给它另外一些排他性更弱的知识产权？这些问题还是需要考虑的。

（二）制度设计与"数据圈地"风险防范

除了考虑对数据挖掘的结果给予专利权保护还是版权保护，这个领域的研究者目前还很少关注的一个问题就是"数据圈地"的风险。英国工业革命期间非常著名的圈地运动，就是由于羊毛更有价值，人们把土地圈起来养羊，不让种庄稼，正如马克思所说的，"羊驱赶了人"。实际上，如果给予数据层面的人工智能创造结果以版权或专利保护，很可能会引发通过强力计算获得大量数据并要求版权保护的"数据圈地"。

"2014年9月，一些技术博客报道了一种名为'版权末日'（copyright apocalypse）的技术。据称一家名为 Qentis 的俄罗斯公司声称发现了一种运用计算机技术生成作品的方法，可以在给定文字长度和语言范围的条件下创作出全部可能的文字表达，并声称已经生成并搭配出了 10 ~ 400 个单词长度的全部可能有意义文本中的 97.42%，剩余的 2.58% 已经在过去 2000 年中生成出来了。Qentis 将成为世界最大的版权流氓（Copyright Troll），将向所有的内容使用者收取版税，不从者将面临大规模诉讼。"①

尽管最终证明关于 Qentis 的消息只不过是一位行为艺术家的玩笑，但其提出的问题是严肃的。以目前的计算能力，通过强力计算技术利用人工智能创造程序在一定条件下进行穷尽式计算的条件可能已经具备。对数据层面仅赋予排他性较弱的商业秘密或反不正当竞争保护，无法形成对数据的真正垄断，即无法形成一个排他权，这有助于降低"数据圈地"的风险。

人工智能数据的人工挖掘结果如果符合版权法或专利法的实质性条件，对其赋予版权或专利保护似乎不会有太大风险。但如果未来人工智能能够自动完成数据挖掘，对其挖掘结果的特别知识产权保护则不宜过强，甚至权利内容所应当排斥的主要是对数据挖掘结果的竞争性商业复制和传播，对于自然人的非竞争性的使用，尤其是涉及教育、研究、表达自由等使用时，要给出足够的空间。

以上是笔者对于人工智能生成数据的知识产权保护架构的一点个人看法。因为目前人工智能生成数据的知识产权保护还没有一个可以被大家所广泛接受的模式，笔者认为首先要分析的是，给予人工智能生成数据反不正当竞争法保护是不是一个比较合理的选项。对于排他性较强的专利法和版权法的保护，尤其是赋予那种完全由人工智能生成的没有自然人干预的发明创造或者表达以排他性较强的保护时应该慎重。

---

① Schafer et al., "A Fourth Law of Robotics? Copyright and the Law and Ethics of Machine Coproduction," *Artificial Intelligence and Law* 3 (2015).

《知识产权研究》第二十七卷
第 30~34 页
© SSAP, 2021

关于人工智能法律及知识产权实务热点问题的几点建议[*]

高　非^{**}

摘　要：本文是对世界知识产权组织（WIPO）就人工智能与知识产权政策公开征询意见的回应。本文从企业角度，以人工智能法律及知识产权实务热点问题为研究对象，分析人工智能发展中的"保护客体"的申请与审查、专利侵权诉讼中的调查取证方法及举证责任分配等问题。在此基础上，针对企业发展实践中的共性问题，如开源软件的知识产权风险及管控办法、中国智能系统致人损害侵权责任构建等问题提出具体的实务建议，以改进并完善人工智能法律及知识产权保护工作，促进创新与发展。

关键词：保护客体　专利纠纷　知识产权　损害责任

一、人工智能领域涉及客体问题的申请主要有算法和疾病的诊断和治疗这两种类型，如何进行判断的审查？

（一）对于算法类的申请，主要看该算法是否被具体应用到某一技术领域以解决存在的某种技术问题，关键在于判断算法中涉及的数据有没有实际的物理含义，所采用的手段是技术手段，以及利用该手段解决了实际的技术问题并达到了相应的技术效果；如果该算法应用到了具体的技术领域，

---

* 本文是基于"WIPO-人工智能对知识产权政策的影响：征求意见"呈送 WIPO 的建议。
** 乐知新创（北京）咨询服务有限公司董事长（CEO）、中国知识产权发展联盟人工智能专委会主任。

并包含了对具体技术对象进行控制或处理的步骤，也解决了一定的技术问题、获得了技术效果，则该算法属于专利法意义上的技术方案。

（二）对于疾病的诊断和治疗类的申请，要分开看疾病的诊断与治疗。对于疾病的诊断方法，主要看是否以有生命的人体或动物体为对象，是否以获得疾病的诊断结果或健康状况为直接目的，如果检测方法的直接目的只是从获得人体或动物体获取不具有疾病诊断意义的信息，或者对已经脱离人体或动物体的组织、体液或排泄物进行处理或检测以获取或处理作为中间结果的信息，而非获得诊断结果或健康状况，则所述方法不属于疾病的诊断方法。对于疾病的治疗方法，在人工智能领域中涉及较多的是具有治疗性质的方法，计算机图像处理技术如果是以有生命的人体或动物体为实施对象，并且其目的是利用计算机技术为实际手术做术前准备，以提高手术治疗的水平，实质上仍属于手术规划方法，同样具有治疗性质。

二、从企业角度来看当前"保护客体"的审查实践，给人工智能技术相关的创新主体提供更好的专利保护环境

（一）继续丰富案例的种类。增加人工智能算法驱动商业服务方面的创新的正面案例，应该侧重于鼓励那种人工智能算法的进步或者创新性应用带来的效果的提升。

（二）丰富案例的形式。针对特定场景的方案，撰写出多层次的虚拟权利要求（有的情况符合客体，有的情况不符合客体），从而能够让审查的标准变得更为有指导性，也能够给申请人更好的指引。

（三）认可计算机执行的人工智能算法或模型的技术性。

（四）在 AI 相关方案的可专利性的判断方面，应在客体判断阶段设置较为合理的规则。

三、有效开展人工智能领域专利侵权诉讼中的调查取证方法及举证责任分配工作

在人工智能领域中，算法专利往往由于研发投入大、对产品甚至企业的影响举足轻重等原因而成为人工智能领域专利中最为重要的一个类型。但是，由于算法专利往往至少一部分步骤在后台实施，而后台计算机系统

由使用者控制，专利权人基本不可能进入使用者的后台计算机系统进行取证，因此专利权人在中国现行法律框架下，在算法型 AI 专利遭遇侵权时往往很难依法维护自己的合法权利。这将非常不利于保护和鼓励 AI 领域的算法创新等基础性创新，也有悖于公众利益。

为了更好地保护 AI 相关创新，建议对于 AI 领域的专利特别是算法型 AI 专利纠纷，法院在符合相关法律规定的情况下对当事人申请法院进行证据保全或调取证据的请求优先给予支持，并结合当事人的举证能力以及保护公众利益等因素合理确定原、被告之间举证责任的分配。并且，对于 AI 算法专利等计算机方法专利的侵权诉讼，在立法层面可以考虑结合实际情况适当突破中国现行的"谁主张谁举证"的举证原则，以更好地保护和促进创新。

四、人工智能领域开源软件的知识产权风险及管控的办法

（一）加强对开源许可证的规范认知。人工智能行业内存在多种许可证类型，各许可证对于开源软件使用者和贡献者规定的权利和义务并不相同，加之许可证语言的模糊表达，导致产业链参与者无法正确、清晰地把握许可证内容。产业链参与者应该加强对于各类型许可证的解读和理解，正确使用许可证，遵守许可证义务，降低因违反许可证义务带来的各类风险。

（二）加强开源合规管理组织建设。产业链参与者应根据不同的发展阶段设置不同的开源软件管理组织。例如，对于将开源软件上升为战略层面的企业可以设立高规格的开源委员会，其职责是制定企业开源策略、营造企业开源文化、推动开源社区合作、争取开源工作经费、商讨重大开源问题。开源委员会可以由企业技术负责人、总法律顾问、首席知识产权顾问等共同组成，是指导企业开源工作的最高机构。

就中小企业而言，可以根据企业使用开源软件的数量设置专门的开源管理组织或岗位。开源管理组织或岗位的职责是跟踪开源软件研究动态、评估开源软件性能效果、指导许可证使用合规、审核软件产品代码引入及输出、应对开源软件风险事件。

（三）建立健全完备的开源软件规章制度。产业链参与者在进行开源软

件的合规管理中尤其应关注许可证违约风险。开源软件管理组织应系统梳理自身所有软件产品所涉及的开源软件，对常见的开源软件所对应的许可证进行研究及分析，制定适用于自身的《开源许可证使用规则》（以下简称《使用规则》）。

《使用规则》应当对开源活动参与者具有较强的实操性，应告知其不同许可证的开源软件的应用场景、性能效果、可替代性方案等信息。《使用规则》应告知其不同许可证的要求：如是否允许同其他非开源软件代码混合；是否必须公开修改后的程序；是否明确专利许可授权；是否明确专利侵权诉讼导致许可证协议终止；是否允许同其他协议的开源代码混合；等等。《使用规则》可以对自身涉及的许可证按照风险严重程度设置不同的管控规则，如根据禁止使用的许可证、谨慎使用的许可证、推荐使用的许可证等类别进行划分，并备注说明开源活动参与人员在使用不同类别的许可证时的内部审批流程和开发注意事项。

（四）加强开源软件管理流程管理建设。为了切实保障开源软件使用合规，产业链参与者应建立源代码的审查机制，设置专门人员，使用专业的代码扫描工具对软件产品的源代码引入、输出环节进行审查。源代码引入阶段的审查，既可以从源代码所归属的社区的成熟度、技术稳定性等方面来审查，便于未来的部署及推广；也可以对开源代码的安全性进行审查，防止安全漏洞；同时应结合《开源许可证使用规则》对不同的许可证要求进行合规性审查，排除法律风险。

五、中国智能系统致人损害侵权责任构建建议

随着人工智能产品的广泛普及，人类大部分活动所涉及的数据均被提交到人工智能创造的超强大脑，由其进行储存、分类、分析乃至判断与决策，这一系列过程对于人类而言是非常隐蔽和难以理解的，由此导致人类可能被人工智能牵着鼻子走，在此背景下，人工智能产品造成的侵害必然使人类摸不着头脑、无所适从，其后果更是让人无法想象。因此，中国需要建立健全法律体系，对智能系统致人损害的侵权责任予以规制，这有利于人工智能产业的健康可持续发展。对于智能系统本身建立必要的法律和

道德监管机制，主要包括以下举措。

其一，探究、识别与规避智能系统致人损害的潜在风险。可借鉴德国做法，成立智能系统道德伦理组织，研究与制定智能系统生产设计所应遵守的伦理准则，引导和规范生产者、设计者建立以维护人类利益为核心的根本道德素养，从根源上规避致人损害的侵权风险。

其二，参考欧盟立法建议，针对高度自主化的智能系统实施登记公示制度，严格把关智能系统的技术安全性。

其三，虽然智能系统产品本身无法承担经济赔偿责任，但仍可借鉴美国做法，追究肇事系统的合理责任，针对已发生侵害行为或存在安全风险的智能系统，建立强制销毁或召回制度，以免该系统再次致人损害。

其四，参考欧盟做法，制定法律并强制要求智能系统的生产者投保责任保险或建立专项赔偿责任基金。

其五，参考德国《道路交通法》，要求生产者在智能系统上安装黑匣子或类似的数据记录装置，规定数据保留的最低年限，确保智能系统运作完成全程化、可视化、数据化的监控，便于更准确地查明侵害原因并规责。

《知识产权研究》第二十七卷
第 35～65 页
© SSAP，2021

数据生产者权利与机器生产数据保护[*]

余家明 著　陈　璐 译[**]

摘　要：在数据驱动型经济中，人类和机器生成和收集的数据都蕴含着巨大的价值，数据的作用已经不再局限于数据生产者和收集者的初始用途。2017 年 10 月，欧盟委员会提议为非个人的、匿名的机器生成数据创设一项新的数据生产者权利。这一提案受到了法律评论家和消费者权益保护组织的严厉批评。迄今为止，关于该权利的讨论仅在欧盟内部进行，但美国已经开始积极地进行政策探索以回应经济模式的变化和机器生成数据渐增的重要性。鉴于该提案最终可能在美国得以实行，本文认为应该先发制人，在美国关注该提案之前对其进行严格审查。首先，本文回顾了数据库特殊权保护的发展历程，重点讨论了国会关于数据库特殊权保护的辩论和欧盟委员会对《欧盟数据库指令》的首次评估以及能从中吸取的教训。随后本文探讨了新数据生产者权利是否能满足美国当前的技术、商业、科学和个人需求。其次，本文进一步探讨了建立健全数据治理机制的潜在复杂性，新数据生产者权利将引起更多的问题而不是解决现存的问题。最后，本文简要地为建立健全的数据治理机制提出了四点建议。

关键词：大数据　机器生成数据　数据生产者权利　知识财产权

---

[*] 原文载 *Tulane Law Review*，Vol. 93（2019），共 72 页，受集刊篇幅所限，原文脚注全部省略。有需要者，请登录以下链接获取：https://papers. ssrn. com/sol3/papers. cfm？abstract_id = 3271189。

[**] 余家明，得克萨斯 A&M 大学（得克萨斯农工大学）法学教授、传播学教授、法律与知识财产中心主任；陈璐，中国社会科学院研究生院 2018 级在读法律硕士，研究方向为知识产权。

一　引言

"数据是当今经济的新石油"，政策制定者、评论家和行业分析师如是说。在数据驱动型经济中，人类和机器有意识或无意识产生和收集的数据蕴含着巨大的价值。正如欧盟委员会预测，从 2014 年的 2570 亿欧元到 2020 年将达到的 6430 亿欧元，欧洲数据经济的价值增加不止一倍。麦肯锡全球研究所（McKinsey Global Institute）和经济合作与发展组织（Organization for Economic Cooperation and Development）进行了开创性研究，记录了大数据分析和新兴数据驱动型经济创造的许多新机遇。数据价值的提升以及随之而来的数据爆炸是多种因素综合作用的结果，其中最显而易见的因素是"智能产业的兴起""大数据挖掘的经济潜力""物联网的繁荣发展"。

随着大数据分析时代的到来，数据的用途已经不再局限于初始用途。因为数据可以单独使用，也可以与之前不存在或不可访问的数据结合使用，如今，数据的很大一部分价值在于"选项价值"而不是"预期价值"。在一个通信无处不在、物联网设备激增、数据存储成本大幅降低的环境中，机器尽可能多地生成或收集数据是唯一的合理选择。毕竟，在生成数据方面，过度生成也好过生成不足。正如伍德罗·哈佐格（Woodrow Hartzog）所说，"在大数据的世界里，永远是越多越好"。一些评论家意识到了这个时代日益强烈的对数据的渴望，认为物联网已经慢慢成为"万物联网"。

2017 年 10 月，欧盟委员会提出了一项新的数据生产者权利——赋予机器生成的非个人且匿名的数据以权利。这项提案在很大程度上由智能汽车行业推动，并得到德国评论家们的大力支持，该提案呼吁赋予数据生产者"使用和授权他人使用非个人数据的权利"。正如欧盟委员会在关于"发展欧洲数据经济"的文件中解释道："这项提案旨在使法律更加明晰并给予数据生产者更多的选择，通过赋予用户使用数据的权利，进一步解锁机器生成的数据。然而，需要明确相关的合理使用情形，特别是由生产商或政府许可的非排他性访问（例如出于交通管制或环境保护的需要进行的非排他性访问）。当涉及个人数据时，当事人将保留随时撤销授权的权利。在被授权方进一步使用个人数据前，个人数据需要进行匿名化处理以确保所涉及的个体无法被识别出来。"

在该提案通过前夕，欧盟委员会发布了相关文件，但评论家和消费者保护团体强烈反对欧盟委员会为保护机器生成数据创设新的特殊权的行为。其中言辞最为激烈的评论者之一是荷兰阿姆斯特丹大学的伯恩特·哈根霍尔茨（Bernt Hugenholtz）教授。他在得知该提案后立即发表了一篇文章，谈道："为机器生成数据设权和进行全方位的保护会严重损害欧洲现有的知识财产法律体系。它将违反《欧洲人权公约》和《欧盟基本权利宪章》中的基本自由原则，扭曲欧盟的竞争自由和服务自由，限制欧盟的科学自由，并且阻碍欧洲经济和大数据行业的繁荣发展。"

迄今为止，关于提案中所提到的数据生产者权利的讨论仅限于欧盟。尽管如此，为了应对数据驱动型经济的变化以及机器生成数据重要性的日益增长，美国政府也在积极进行探索。例如，奥巴马政府发布的多份报告都强调了数据经济中复杂的政策问题。

此外，欧盟的知识财产法的发展成果经常横跨大西洋，影响美国的相关立法和政策制定过程。尽管国会拒绝效仿欧盟利用特殊权保护数据库的做法，但通过将版权保护期延长 20 年，美国实现了和欧盟同等的版权保护。继 1995 年 10 月欧盟通过的《保护个人数据和个人数据自由流通指令》（《数据保护指令》）之后，美国制定了相关的"安全港"隐私保护原则。该原则持续了数十年，直到 2015 年 10 月，欧洲联盟法院以违反《数据保护指令》为由将其驳回。

鉴于当前欧盟提议的新数据生产者权利最终可能在美国实行，本文认为应该先发制人，在该提案在美国获得关注前，对其进行批判性审查。本文认为该提案未能吸取过去的宝贵经验，不符合当前美国数据驱动型经济的要求，不利于健全发展数据治理机制并将使引起一系列复杂情况。此外，本文还就制定法律和政策保护机器生成数据提出了四点建议。

本文的第二部分回顾了数据库特殊权利的发展历程和 20 世纪 90 年代末

至 21 世纪初对数据库特殊权利的反对意见。数据库特殊权的发展历程是宝贵的经验教训，从数据库特殊权利的发展历程可看出创设新数据生产者权利的潜在不利影响。以 2005 年欧盟委员会对《欧盟数据库指令》的首次评估为基础，迄今为止，数据库特殊权并没有给欧盟数据库行业带来显著的益处。该指令没有产生预期的效益，但该指令至今仍然有效。鉴于此，可以看出在没有充分证据证明需求和保证效益的情况下仓促通过立法是非常危险的。

第三部分探讨了新数据生产者权利是否能满足美国目前的技术、商业、科学和个人的需求。在 20 世纪 90 年代中后期，《欧盟数据库指令》和美国数据库特殊权利保护法案被提出时，互联网才刚刚开始成为时代主流。然而，近年来，数字环境已经发生了巨大变化（例如云计算、大数据分析、物联网、机器学习和人工智能的出现），并引发了新的法律和政策问题。虽然数据的重要性和价值与日俱增，但是新数据生产者权利的提案并不能满足目前的技术需求，它同样不符合商界和科学界的要求。更糟糕的是，它甚至可能对个人和社会造成危害。

第四部分着重分析了发展健全的数据治理制度的潜在复杂情况。本部分将可能出现的复杂情况分为内源型和外源型。在数据保护领域内，新数据生产者权利的提案不会为现存问题提供答案，相反会引起更多的问题。即使该权利能够激励生成更多的数据，制定法律保护这些数据也是非常复杂和困难的，并可能适得其反。在数据保护领域之外，当新数据生产者权利延伸到其他法律领域时（包括知识财产法领域和非知识财产法领域），复杂情况也会出现。在受该权利影响的各个领域中，本文着重探讨了隐私、贸易和投资领域——这些领域中都可能出现机器生成数据权利，而数据保护与这些领域的交叉引起了非常广泛的关注，是知识财产的法律和政策辩论中的热议话题。

第五部分和第六部分总结了本文，并为建立健全的数据治理机制提出了建议。除了从过去、现在和未来三个维度对创设新数据生产者权利提出了反对意见，本文进一步从概念反思、国际规范制定和学术政策讨论等不同角度提出了建议。

二 经验教训

2017 年 10 月，当关于新数据生产者权利的提案被提出时，欧盟委员会立即回顾了 20 年来欧盟数据库特殊权的发展历程。1996 年 3 月通过的《欧盟数据库指令》要求 15 个（现为 28 个）成员国投票赞成，该指令是"为了获取、验证或展示数据库数据而进行大量投资"的结果，数据库特殊权保护旨在防止未经授权"使用或重复使用"数据库中的数据。

该权利最初的保护期限略长于 15 年，从数据库"制作"完成之日的次年 1 月 1 日起算 15 年保护期。但是只要数据库内容发生实质性变化（包括因连续补充、删除或更改的累积而导致的任何实质性变化），更新后的内容都将构成一个新的数据库，再次受到至少 15 年的保护。只要数据库内容不断更新，符合"实质性新投资"的标准，这种保护就可以无限制延长。

虽然《欧盟数据库指令》在 20 世纪 90 年代初获得了欧盟的大力支持，最终于 1996 年 3 月通过，但是类似的提案没能在美国取得成功。20 世纪 90 年代中期到 21 世纪初，美国起草了多项草案以提供类似的保护，但国会拒绝通过这些草案。正如查尔斯·麦克马尼斯（Charles McManis）所述：

"在《欧盟数据库指令》颁布后的第 10 周，众议院首次提出了在美国设立数据库特殊权的草案——3531 号法案。3531 号法案里包含了一个非常强大的财产权，其保护期为 25 年，而且严重的侵权行为可能受到刑事制裁。但是出乎意料地，该法案遭到强烈反对，一直未能通过。3531 号法案的后继者——2652 号法案，回应了学界的关注点，加入了限制性的合理使用条款。作为《千禧年数字版权法》（DMCA）的一部分，2652 号法案于 1998 年 8 月 4 日在众议院通过；但在随后与参议院的讨论中，该法案却被驳回。不久后的 1998 年 10 月 28 日，《千禧年数字版权法》通过。"

1999 年 1 月 19 日颁布的《信息集合体反盗版法案》（H. R. 354）赋予

数据库开发者在信息汇编方面广泛的权利，其合理使用不仅仅包括了非营利性信息的教育、科学和研究目的的使用——合理使用的范围进一步扩大。使用信息的合理性将通过多因素测试进行评估，这有点像 1976 年美国版权法 107 节中规定的合理使用。虽然合理使用范围进一步扩大，但是 354 号法令的反对者于 1999 年 5 月 19 日提出了一项替代法案——《消费者和投资者获取信息法》（H. R. 1858），该法案依据的责任理论更类似于侵权责任中的"热点新闻挪用规则"。

由于未能获得的国会的支持，克林顿政府将该提案带到了国际政府论坛上。在布鲁斯·雷曼（Bruce Lehman）的领导下，美国专利和商标局与欧盟委员会合作，试图在世界知识产权组织（WIPO）的主持下制定新的数据库知识产权条约（数据库条约）。如果该条约通过，它将为数据库提供 15 年至 25 年的特殊权保护期。其备选方案提供的保护期比《欧盟数据库指令》还要长 10 年。和指令类似，该条约将会为发生实质性变化的数据库提供新的保护，包括因连续补充、删除、验证、组织或演示累积而成的任何实质性变化。

尽管跨越大西洋进行合作，该条约最终停留在了提案阶段。其失败在很大程度上归因于美国与欧盟在数据库特殊权保护问题上的持续分歧。特别值得注意的是，美国图书馆组织和学界设法获得了美国著名学者的联合支持，对该条约表示反对。同时，该条约的讨论时机也不理想：讨论议程中已经包含了众多重要事项，其中包括两项重要的互联网条约——《世界知识产权组织版权条约》和《世界知识产权组织表演和录音制品条约》，而关于数据库的条约也被安排在讨论中。

如果美国专利和商标局设法让世界知识产权组织通过数据库条约，该行为将会被视为评论家们所说的"政策清洗"（类似洗钱），即"政策提出者试图让提案看似被外在条件甚至其他权利机构决定（实则不然）"。克林顿政府想要通过谈判达成一项国际协议，以实现没有得到国内立法支持的数据库保护。政府当局通过国际谈判过程来"清洗"一项不被支持且思虑不周的提案，是希望该提案回到美国审议时更具有合法性，使该提案顺利通过国会和其他的审议程序。

本部分第一小节从数据库特殊权保护开始，因为对新数据生产者权利的反对意见与对数据库特殊权保护的反对意见类似。第一小节回顾了美国20世纪90年代末和21世纪初关于数据库特殊权保护的立法辩论。尽管回顾国会驳回该法案的原因是有益的，但是更为重要的经验是，从这场具有历史意义的辩论中推断出新数据生产者权利的潜在不利影响。在很大程度上，20年前美国反对引入数据库特殊权的理由同样适用于目前关于新数据生产者权利的提案。

20世纪90年代末和21世纪初，国会拒绝引入数据库特殊权，我们永远也不会知道如果一开始就引入这种保护会发生什么。然而，我们可以用假设推理的方法来想象可能的情景。此外，《欧盟数据库指令》在过去20年的发展历程可用来比较借鉴，以支持假设推理的论点。为了展示《欧盟数据库指令》的发展历程，本部分第二小节概括了欧盟委员会在《欧盟数据库指令》生效10周年前夕进行的备受批评的评估。鉴于尽管存在高度负面的评价，欧盟委员会仍建议保留该指令，第二小节进一步讨论了如果美国引入数据库特殊权保护可能会出现的问题。而这些问题也是一个重要的警告：在没有充分证据证明现实需要和保证未来成功的情况下仓促通过立法的危险。

（一）历史见解

继《欧盟数据库指令》于1996年3月通过之后，国会审议了一些关于数据库特殊权保护法案。第一个法案是1996年的《数据库投资和知识产权反盗版法案》，该法案是在《欧盟数据库指令》通过后3个月内提出的。此后，国会还审议了几项相关的立法案，其中较著名的是1998年的《信息集合体反盗版法》、1999年的《信息集合体反盗版法》和1999年的《消费者和投资者获取信息法》。直到21世纪初，美国的立法者仍然对引入数据库特殊权保护感兴趣。然而，随着时间的推移，这些兴趣慢慢消失了。

正如这些立法案的支持者所主张的，数据库特殊权将会极大激励美国数据库行业收集数据，而这种刺激是目前急需的。美国最高法院在菲斯特（Feist）出版公司诉露若（Rural）电话服务公司一案中决定减小对数据库的版权保护力度，此案之后，数据库特殊权保护显得尤其具有吸引力。该案判决于1991年3月，法院认为，电话号码簿的白页并不构成原创作品，因此无法获得版权保护。桑德拉·戴·奥康纳（Sandra Day O'Connor）大法官明确指出：除非选择、协调或者排序信息的方式具有独创性，否则信息汇编并不足以获得版权保护。

此外，《欧盟数据库指令》还包括一项互惠条款，如果数据库来源国不为欧盟数据库提供类似保护，那么该指令也不会保护来源国的数据库。因此，如果美国数据库行业想要与欧盟同行进行有效竞争，美国就必须为欧盟的数据库提供同等保护。如果美国没有提供同等保护，欧盟对数据库的投资将会慢慢从美国转移到欧洲。政策制定者和数据库行业也担心欧洲市场的竞争和盗版问题会轻而易举地影响到美国公司生产的数据库。简而言之，欧盟的数据库行业将比美国的数据库行业更加成功。

尽管有以上支持该提案的理由和一系列游说活动，国会仍然拒绝引入数据库特殊权保护，其主要原因有五点。首先，这种保护不适合美国的版权制度。如前所述，在菲斯特案中法院拒绝给予没有独创性的数据库以版权保护。由于该判例具有开创性，几乎没有评论家认为此案判决错误，数据库特殊权法案的支持者们举步维艰。毕竟，通过这些法案产生的任何新的保护都将导致与现存的版权制度相冲突，而现存的版权机制拒绝对不涉及以独创性的方式选择、协调或排序的数据库进行保护。

其次，授予不具有独创性的数据库以财产权涉及合宪性问题。通过菲斯特案，法院明确拒绝了"辛勤劳动"原则（或"额头冒汗"原则），如果该提案仍在辛勤劳动原则下为数据库提供保护，那么该提案不太可能符合宪法的版权条款。在菲斯特案中法院不仅驳回了对电话簿白页的版权保护，而且明确指出：想要获得版权保护，独创性是宪法规定的要件。除了与版权条款有关的问题外，许多评论家也同意，不论是根据商业条款还是宪法第一修正案，这些草案涉及严重的合宪性问题。

再次，许多政策制定者和评论家认为对数据库采取特殊权保护是非常不合理的，并很有可能得不偿失。其原因之一是，这种保护将赋予数据库的数据更广泛和更强大的专有权，而不是直接激励数据库生产商生产更多的数据，后者才是必要的。通过对收集数据的行为授予垄断性权利，数据库特殊权保护将允许个人锁定对基础科学研究和未来发明创造至关重要的数据，甚至会导致反竞争的市场环境，进而使增值产品和服务难以进入市场。反竞争的市场环境反过来会使信息类产品更加昂贵，这是不利于消费者和社会的。

复次，数据库特殊权保护不是必要的，因为数据库生产者已经享有合同、挪用原则和《反不公平竞争法》等提供的保护。不仅如此，生产商还可以通过技术措施来保护他们的宝贵数据。虽然在 20 世纪 90 年代中期数据库特殊权保护法案被提出时，国会尚未通过《千禧年数字版权法》来提供反规避保护，但在该法通过之前的几十年里，技术措施一直被用来保护计算机软件和数据。

最后，特殊权数据库保护的法案没有得到国会的支持。全球数据库行业的三大巨头中只有麦格劳 - 希尔（McGraw-Hill）来自美国。可以肯定的是，当欧盟将版权保护期限从作者有生之年加上死后 50 年延长到作者有生之年加上死后 70 年时，美国效仿了欧盟的做法。然而，在美国，受益于数据库特殊权保护的人数与受益于版权保护期限延长的人数相比并不乐观。即便如此，版权保护期限的延长还是引起了非常大的争议，最高法院在埃尔德雷德（Eldred）诉阿什克罗夫特（Ashcroft）一案中对其合宪性提出了质疑。

以上五个原因解释了为什么迄今美国和其他许多非欧盟国家拒绝引入数据库特殊权保护。更重要的是，20 年前驳回数据库特殊权保护提案的论据同样可以适用于新数据生产者权利的提案。因此，如果新数据生产者权利在美国出现，决策者应该主动吸取数据库特殊权保护的经验教训，强调该提案的不足之处以及随之而来的挑战和潜在的宪法问题。

（二）假设推理

尽管美国拒绝引入数据库特殊权保护的经验很有启发性，但是假设美国引入了数据库特殊权保护，设想一下其后果也是有助于理解和思考该问题的。幸运的是，《欧盟数据库指令》于 1996 年 3 月通过，并已由 28 个欧盟成员国实施。考虑到欧盟与美国的差异，《欧盟数据库指令》的经验将会是非常有针对性的，如果美国引入数据库特殊权保护，美国的情况会更好还是更糟？

2006 年 2 月，在《欧盟数据库指令》生效 10 周年前夕，欧盟委员会对该指令进行了全面评估。该首份报告具体评估了该指令的实施是否达到了预期的效果，以及该指令是否对竞争产生了不利影响。这份评估报告既有启发性，又非常令人不安。

报告显示，《欧盟数据库指令》未能给欧盟带来太多益处。更糟糕的是，该指令可能不利于欧盟的出版和数据库行业。2001 年，欧盟 15 个成员国中的大多数国家将该指令转化为国内法，当时欧盟共有 4085 个数据库。相比之下，2004 年，这一数字迅速减少了近 1/4，剩下 3095 个数据库。尽管该指令旨在为欧盟和美国的数据库行业创造一个公平的竞争环境，但在 2002 年至 2004 年间，欧洲的数据库份额从 33% 下降到 24%，而美国的数据库份额从 62% 上升到 72%。1996 年，欧洲与美国的数据库的比例接近 1∶2，而到了 2004 年该比例达到了 1∶3。

鉴于欧盟数据库生产商竞争力的下降，人们自然会期望欧盟委员会建议废除、撤销或至少修订《欧盟数据库指令》。然而，欧盟委员会拒绝提出任何建议。相反，它提出了保留这一低效且问题重重的指令的三个理由。

首先，欧洲出版界表示，数据库特殊权保护对其长期成功至关重要。欧盟委员会明确承认："对欧洲来说，对新右派的依附是一个政治现实，而且似乎非常真实。"虽然欧盟委员会的意见无疑得到了数据库行业在线调查的支持，但是调查方法存在缺陷。正如詹姆斯·博伊尔（James Boyle）在该报告发布后立即在英国《金融时报》上"哀叹"的那样，"欧盟委员会向欧洲数据库行业发送调查问卷，询问他们对目前的知识产权制度是否满意，以此确定该法案是否完善，这相当于通过询问法国农民对农业补贴的感受来制定严谨的农业政策"。

其次，废除《欧盟数据库指令》将要求撤销或"逆转"立法，这可能会重新引发关于原创性标准的辩论。同样地，确定数据库特殊权的保护范围将要求立法者重新考虑指令中的双层保护的折中原则，即区分符合原创性高标准的"原始"数据库和享有特殊权保护的"非原始"数据库。欧盟委员会的立场是可以理解的，因为该指令的一个主要成就是协调欧盟内部法律。在该指令全面实施之前，一些欧盟国家，其中最著名的是爱尔兰和英国，仅仅因为在收集、检查和汇编这些数据库时付出了大量劳动，或者依据一些技能做出判断，就对不具有独创性的数据库提供版权保护。一些北欧国家也有"目录册规则"：在短期内为汇总了大量内容的目录、表格和类似的文件提供保护。相比之下，在《欧盟数据库指令》实施后，非原始数据库只受到特殊权保护，而不受版权保护，这在某种程度上实现了法律的协调统一。

最后，取消特殊权，恢复到以从前的法律模式保护不具有独创性的数据库，这可能比保留特殊权的成本更高。正如欧盟委员会的评估所揭示的那样，"法律可能因为政治上的原因根深蒂固，无法废除，即使法律被证明低效甚至有害，修改它们可能依旧困难。"因此，如果政策制定者不确定一项新的立法案是否有益或高效，例如创造新的数据生产者权利，他们应该要求提案者拿出证明该法案有益的证据，并进行影响性评估，谨慎地推进法案。

总之，欧盟委员会对《欧盟数据库指令》的评估具有重要的警示作用，它表明了在没有足够证据证明需求和保证成功的情况下仓促通过立法是十分危险的。虽然原则上未能实现预期目标的法律或者不适应经济和技术发展的法律应予以废除或修改，但是即使详细记录法律存在的问题，废除和修改也不总是会发生。事实上，正如吉多·卡拉布雷西（Guido Calabresi）法官所指出的，法律体系充满了"保留死刑偏见"——保留不合时宜的法律。

因此，与数据库特殊权保护的支持者提出的主张相反，美国未能采取特殊权保护反而帮助了本国的数据库生产商。马克·戴维森（Mark Davison）甚至进一步指出，美国拒绝效仿欧盟保护数据库方式，让全世界都受益匪浅。

如果美国这张"多米诺骨牌"倒下了，不管通过双边条约或多边条约，今天的非独创性的数据库将拥有更广泛的权利。然后，世界会明白欧盟已经明白的道理：数据库不需要用特殊权以保护，但为时已晚。

三　当前需求

当关于数据库特殊权保护的争论在 20 世纪 90 年代初出现时，技术环境与今天截然不同。事实上，《欧盟数据库指令》提案借鉴了北欧国家中常见的目录册规则。虽然该指令最终涵盖了电子和非电子数据库，但是目录册规则，顾名思义，主要是为线下而不是线上世界设计的。因此，欧盟委员会对《欧盟数据库指令》的评估标准侧重于盖尔（Gale）目录数据库提供的标准是毫不奇怪的。欧盟委员会还向传统数据库生产商（500 家数据库行业的公司和组织）发送了限制性在线调查，其中包括出版商、数据和信息供应商、数据库生产商和分销商。

今天主导技术环境的不仅仅是互联网，还包括云计算、大数据分析、物联网、机器学习、人工智能和其他先进技术。人们不禁要问，这些新技术的出现是否意味着有必要在数据生产领域进行新的法律和政策辩论。毕竟，新数据生产者权利的提案针对的是机器生成的数据。与数据库特殊权不同的是，新数据生产者权利并不旨在通过获取、核实或展示数据库内容以激励产生更多的数据。

近年来，政策制定者和评论家强调了数据和基于数据的创新在经济中与日俱增的作用。无论是在线平台还是互联设备每天都在大量生成和收集各种类型的数据。部分数据通过传统方式或自动被收集，但仍有部分数据的收集需要通过开发和投资新的使能技术，如传感器、处理器、嵌入式软件、数据存储系统和自动化服务。事实上，如果没有这些新技术，现阶段很多数据可能无法及时被生成或者收集。

因此，政策制定者认真考虑为机器生成数据提供保护是可以理解的。在一个数据驱动型社会中，不为数据提供充足保护的风险太高了。如今，各个领域收集的数据已经实现共享。这些数据可以被单独使用，也可以与新数据或者之前无法访问（现在可以访问）的数据结合使用。数据也存在于许可协议和货币化交易中。简而言之，考虑增设新数据生产者权利可能与早期考虑增设数据库特殊权保护有本质的区别。而且，在数据库行业失去竞争优势与在众多数据驱动行业失去竞争优势也不可以混为一谈。

虽然数据价值连城，但是是否应该在此时引入新的权利以保护机器生成的数据仍然存在争议。不管新数据生产者权利存在与否，许多目标数据已经被生成。以智能汽车中的网络传感器产生的数据为例，约瑟夫·德雷克斯（Josef Drexl）解释道："智能汽车生成的数据会被传送到汽车制造商那里，汽车制造商有充足的理由收集并整合这些数据以保证汽车的平稳运行，因为合理运用数据是公司商业模式的一部分，汽车制造商不需要法律激励来收集和使用数据……对于搜索引擎、社交媒体等互联网平台商业模式，同样不需要额外的法律激励运营商收集数据，因为个人数据的收集是商业模式成功的核心和关键。"

此外，引入新数据生产者权利的成本可能高于收益。为了帮助我们理解复杂的成本效益分析和所涉及的多方利益权衡，本部分探讨了新数据生产者的权利是否能够满足我们当前技术环境的需求以及美国商界、科学界、个人和社会的需求。

（一）技术需求

大数据分析的日益普及和物联网设备的激增使得机器生成的数据至关重要，但是仍然存在着大量反对创设新数据生产者权利的意见。其中一个特别具有说服力的论据是，大数据分析需要有大且全面的数据集。如果斯图尔特·布兰德（Stewart Brand）关于信息如何同时保持免费又昂贵的名言可以在大数据的语境下换一种说法，那么它应该是："数据想要变得昂贵，但它们也想要保持完整。"

由于我们的技术环境不断变化，现在许多相互关联的数据位于不同的数据集中，并且通常是不同数据存储系统。在过去的 10 年里，计算机科学家和工程师孜孜不倦，试图开发出无须转移数据的存储系统就可以分析数据的方法。因此，如果想要最大限度地提高大数据分析的能力，可能需要更大范围的数据共享，而更大范围的数据共享则要求数据具有更好的可流通性和可操作性。

事实上，不管数据生产者是企业还是个人，赋予数据生产者以产权，都可能会造成严重的市场壁垒，导致丽贝卡·艾森伯格（Rebecca Eisenberg）和迈克尔·海勒（Michael Heller）提出的"反公地悲剧"。新数据生产者权利的创设非但不会鼓励使用机器生成数据以促进社会生产，反而会割裂数据市场，阻碍创新数据分析技术的发展。

（二）商业需求

在本文撰写期间，美国仍然全球数据驱动型经济的主导者。这种主导地位的确是许多欧洲国家渴望引入新的数据生产者权利的原因。欧洲的政策制定者希望新右翼将帮助减缓来自美国科技巨头的竞争压力，例如谷歌（Google）、苹果（Apple）、脸书（Facebook）和亚马逊（Amazon），欧洲的评论家们将这些科技巨头简称为"GAFA"。

回顾过去，欧盟渴望超越美国是欧盟通过《欧盟数据库指令》的主要原因。指令序言第 11 条中指出："目前，欧盟成员国之间以及欧盟与世界上三大数据库强国之间的数据库投资规模悬殊。"序言第 12 条进一步声明："除非引入稳定和统一的保护机制来保护数据库生产者的权利，否则不会对欧盟内部的现代信息存储和处理系统进行投资。"

迄今为止，美国科技公司从自由流通的数据中获益匪浅。新数据生产者权利的提案可能会给部分公司带来一定的利润（因为这些公司能够生产大量的数据），但同时该提案也会扼杀公司的技术发展。这解释了为什么以盈利为导向的公司并没有支持加强对机器生成数据的保护。他们拒绝保护机器生成数据的原因之一是他们相信，与更强的数据保护和随之而来的数据流通的减少相比，数据的自由流动将带来更大的益处。

鉴于美国主要科技公司的偏好，美国谈判人员一直在积极谈判，以促进数据在全球层面的自由流动。这点在美国双边、多边和区域贸易协定的电子商务章节中得到了充分体现，自 2000 年以来美国一直致力于这些协定的谈判。第四部分第二小节的第三点将更详细地讨论这些协议。

如果美国能从《欧盟数据库指令》中吸取教训，我们应该明白：通过保护数据提高全球竞争力的方法虽然意图良好，但是并不总会成功。事实上，评论家们轻易地承认了通过《欧盟数据库指令》是一个错误的决定。考虑到当前的全球规范对美国科技公司有利，如果新政策可能损害科技公司的利益，人们不得不质疑出台新政策的合理性。

（三）科学需求

与《欧盟数据库指令》和美国数据库特殊权草案一样，新数据生产者权利可能会成为学界和图书馆数据共享事业的绊脚石——学界和图书馆一直致力于通过倡议开放科学和开放数据实现数据共享。就成本而言，新数据生产者权利会带来实际成本和交易成本。杰罗姆·赖希曼（Jerome Reichman）、保罗·乌里尔（Paul Uhlir）和汤姆·德杜尔瓦德雷（Tom Dedeurwaerdere）在他们的新书中指出："高校间的数据交换越来越容易受到高交易成本、数据延迟和'反公地'效应风险的影响，因为过多的知识产权保护和商业利益使得完整的数据库难以建立。在跨国科学合作的情况下，这个问题尤其严重。随着高校与数据库行业的关系变得越来越紧密，公立大学向州立法机构申请到的预算金额越来越少，高校倾向于将彼此视为竞争对手，而不是为了共同使命奋斗的合作伙伴。相应地，高校的行业伙伴更有可能将专有交换条款强加给它们。"

在很大程度上，现在对新数据库生产者权利的担忧与 20 年前国会审议数据库特殊权草案时类似。但是与 20 年前相比，现在的风险要高得多，特别是当考虑到数据自由流通为科学研究所带来的诸多好处，以及开放科学和开放数据倡议的日益成功时。如果为数据库提供特殊权保护是不明智的，那么为机器生成的数据提供特殊权保护显然也是错误的。

（四）个人需求

数据使用的普及引起了人们对数据使用方式的极大关注，不管该数据是显名的或是匿名的。新的物联网设备也促进了弗兰克·帕斯夸莱（Frank Pasquale）所说的"黑箱社会"的发展。正如他所观察到的，"黑箱体现了所谓信息时代的一个悖论：数据的广度和深度变得越来越惊人，然而我们往往无法获取对我们来说最重要的信息，它们只对内部人员开放"。他以谷歌（Google）、脸书（Facebook）和推特（Twitter）为例阐述道："如果不知道谷歌在对网站进行排名时实际做了什么，我们就无法判断它何时在真诚地帮助用户检索，何时为了自身的商业利益呈现误导性的结果。相同的道理适用于脸书上的状态更新、推特上的热搜话题，甚至电话和有线电视公司的网络管理工作。虽然所有这些数据都受到保密法和模糊技术的保护。"

迄今为止，帕斯夸莱（Pasquale）的"数据失控时代"的讨论焦点是个人数据（显名数据），尚不清楚看似匿名的机器生成数据何时会变成显名数据或者需要身份认证的数据。一位评论家这样说，"即使收集的是非个人数据（例如来自板载计算机的机器数据），强大的关联算法也能够将此类数据与个人相关联，从而将匿名数据转换为显名数据"。维克多·迈耶·申伯格（Viktor Mayer-Schonberger）和肯尼斯·舒格（Kenneth Cukier）同样感叹道，"只要有足够的数据，无论如何努力，完全的匿名化都是不可能的"。他们的书展示了《纽约时报》的工作人员和奥斯汀得克萨斯大学的研究人员是如何重建看似匿名的数据的，这些数据从美国在线（AOL）和网飞（Netflix）等公司获得。

在某种程度上，要求"黑箱"设备提高透明度与要求国际知识产权谈判提高透明度是一致的。后一种要求通过抗议有争议的美国法律、《反假冒贸易协定》和《跨太平洋伙伴关系协定》（TPP）得到了生动体现。这两种要求都反映了消费者预期的变化。20 世纪 90 年代中期，当国会考虑效仿《欧盟数据库指令》对数据库采取特殊权保护时，Boyle（博伊尔）率先呼吁创建"政治领域的知识产权"。然而，20 年后的今天，这些政治问题慢慢浮出水面，无论是国际知识产权谈判还是物联网设备的建设或设计，对更高的透明度的要求都是今天辩论的主题。

（五）总结

本部分表明，虽然数据价值连城，对其更全面的保护可能有助于锁定其巨大价值，但该提案不符合美国当前的技术的、商业的、科学的和个人的需求，创设新数据生产者权利是不合理的。鉴于评估结果，新数据生产者权利是否能产生良好的社会效益仍处于未知状态。即使该权利能激励生成更多的数据，综合来讲仍是弊大于利。

四　未来发展

从历史和现在两个角度分析，前面两部分已经说明了新数据生产者权利提案的不合理之处，且这些问题在美国尤为突出。本部分将讨论新数据生产者权利将会造成的复杂情况与发展健全的数据治理机制之间的关系。根据复杂情况是否发生在机器生成数据领域内，将这些复杂情况分为内源型和外源型。

第一小节集中分析了内源型复杂情况，并指出新数据生产者的权利不会解决现存问题而是带来更多的问题。如果政策制定者坚信需要该权利以激励生成更多数据，那么他们就必须为该权利带来的难题提供解题方案。

第二小节探讨了外源型复杂情况。新数据生产者权利的提案不仅会使知识产权体系更加复杂，而且会影响其他国际监管体系，例如隐私、贸易和投资监管体系。因为不同领域之间的联系越来越紧密，厘清这些复杂情况至关重要，特别是现在政策制定者正在探索发展健全的数据治理机制。

（一） 内源型复杂情况

迄今为止，评论家们提出了不同的理由以支持新数据生产者权利。瑞士巴塞尔大学教授、右翼的重要支持者赫伯特·策奇（Herbert Zech）解释道："在传统的知识产权中，人们可以创造规则以激励产生和披露数据（从而间接地通过数据使用促进创新），并创造信息产品市场（否则信息产品就不能交易或不能以合适的交易成本进行交易）。另一个重要方面是，法律规则明确了数据使用的受益方，这避免了产生难以读取数据的机器设计或者其他排他性机制。和'开放数据'一样，这样的法律规则不仅可以节约成本，还能促进透明文化的发展。新数据生产者权利与'开放数据'具有相同功能，就像'开放内容'和'开放源代码'同样受到版权保护一样。"

鉴于这些支持新数据生产者权利的理由，即使不考虑汽车行业的大量游说，欧盟委员会迫切希望为机器生成的数据提供保护也是可以理解的。毕竟，数据环境中权利的不确定性可能会不利于对数据创新领域的投资。这种权利的不确定性也可能引起争议，特别是当考虑到机器生成数据价值的增长和用途的快速扩充时。

除了这些显而易见的问题，新数据生产者权利提案还带来了许多复杂的政策问题，而这些政策问题必须在创设该权利前得以解决。即使有足够正当的理由支持该权利（例如当为了社会利益传播或共享机器生成数据时需要创设相关权利对数据生产者予以激励），这些政策问题也不能因此被忽视。本文将依次探讨这些政策问题。

1. 保护方式

首要的政策问题是保护方式。就知识财产法而言，决策者和评论家倾向于利用产权模式创造新的权利予以保护。尽管这种模式有许多优点，但其并不总是保护知识产权的最佳模式，同样它也不是保护产权的唯一模式。值得注意的是，通过商业秘密、反不正当竞争法、费用分摊、合同或者技术保护措施等方式可以全面地保护数据生产者的利益。人们不应忘记，最初《欧盟数据库指令》的提案是基于反不正当竞争法的原则产生的。

可以肯定的是，通过商业秘密模式与通过版权模式设立数据生产者权利截然不同。版权模式侧重于避免他人在没有获得授权的情况下使用数据，商业秘密模式要求数据生产者采取合理的保护措施，以确保数据不被泄露。合同也为数据生产者提供保护，但这种保护主体限于合同的相对方。

不同的数据保护方式的确是欧洲委员会的焦点。欧盟委员会在其工作报告中所提到，新数据生产者权利可以被看作是物权或者纯粹的防卫权：数据生产者的权利可以被设定为一种物权，从中可分化出使用数据的专有权（包括许可使用数据的权利）。这种物权包含一系列的权利，例如对访问和使用未经授权的数据进行索赔的权利，这些权利对除合同相对方外的所有主体都具有约束力，进而防止未经授权的第三方使用数据。

……

或者，可以将数据生产者权利设定为纯粹的防卫权。将数据生产者权利设定为防卫权效仿的是《商业秘密保护指令》对专有技术（Know-how）的保护模式。其目标是通过赋予物权以防御要素——赋予事实上的数据持有人在他人非法盗用数据的情况下起诉的权利，以此促进数据共享。将数据生产者权利设定为防卫权，采取的是保护"占有"的模式而不是保护"所有权"的模式。

欧盟委员会对保护方式的解释特别具有启发性。虽然物权保护模式涵盖了财产权保护模式的优点，但是防卫权保护模式将讨论引向了商业秘密保护或者《反不正当竞争法》保护。

2. 权利分配

第二组政策问题涉及权利分配。如果使用财产权模式保护数据，其将会侧重保护数据所有人的权利。到目前为止，有三方对机器生成数据有着明确的主张，尽管其中一方的主张可以将其他方包括在内。在策奇（Zech）关于数据生产者权利的提案中，数据生产者被描述为"需要负经济责任的数据机器操作者"，有趣的是，这一立场与目前的欧洲版权法的立场形成了鲜明的对比，欧洲版权法认为，应将数据生产者视为作者。

出于说明目的，本文将智能汽车中网络传感器生成的数据视为机器生成数据中一个负面的例子。首先，车主强烈要求获取这些数据，因为车主需要它们来修理汽车。为了保护隐私，车主可能还需要有权利选择不自动生成数据，尤其是当车主不信任信息匿名化处理时，他对于不自动生成数据的选择是很容易理解的，因为虽然生成或收集的汽车数据可以向车主提供很多有价值的信息，例如交通模式、道路状况和发动机性能等，但是它们也会暴露关于车主驾驶习惯等高度个人化的信息。

和车主一样，智能汽车制造商对这些数据也有强烈的需求，因为制造商需要这些数据来改进汽车设计，预测设计缺陷产生的问题，并开发解决问题的方案。近年来，一些汽车制造商表示，尽管车主为汽车支付了高昂的价格，但他们并不拥有实际上的所有权。如果这些车主甚至不拥有他们实际上的所有权，他们就更不可能拥有这些汽车传感器产生的数据。

似乎汽车所有者与制造商之间的数据控制之争还不够复杂，软件开发者对这些传感器产生的数据有着同样强烈的渴求。正如车主和汽车制造商需要数据来修理或改进汽车一样，软件开发者也需要这些数据来改进软件。此外，软件开发者雇用了实际设计者参与设计软件，使传感器和汽车计算机能够产生和收集数据。在涉及版权和人工智能的案例中，评论家们普遍认为软件实际设计者应该对计算机生成作品拥有所有权。安妮玛丽·布里迪（Annemarie Bridy）认为，"不论是按照直觉还是及物性原则，逻辑上，软件实际设计者是软件产生作品的版权所有者。毕竟，软件实际设计者是作者（计算机软件）的作者"。

然而，如果科技在"机器深度学习"领域或"人工智能"领域有了巨大进展，软件实际设计者的权利可能会受到质疑。在这种情况下，国会或法院可能会采取务实的方法：以法律拟制来应对技术变革。典型例子是《著作权法》中对职务作品的拟制。尽管《著作权法》规定作者必须是自然人，但在"猴子自拍"是否构成作品引发了众多有趣的讨论后，美国版权局明确指出，机构作者视为作者受到《著作权法》的保护。鉴于法律拟制已有先例，一些评论家建议使用拟制的方法来处理机器和作者之间的复杂关系。与此同时，也有其他不同观点建议所有权问题应该个案认定。一些评论家甚至倡导承认机器是作者和发明人。

总之，在关于智能汽车网络传感器生成数据的例子中，应该由谁控制所生成数据是个复杂的问题。虽然车主、汽车制造商和软件制造商都对传感器生成的数据都有强烈的需求，但我们也不应该忽视第四种非常具有吸引力的可能性：将这些数据发布到公共领域供所有人使用。德雷克斯（Drexl）指出："在确定数据的主体和分配方式之前，首先我们需要确定数据是否应该有明确的权利主体。"同样，雷托·海蒂（Reto Hilty）警告说："问谁'拥有'这些数据，已经很具有暗示性了，因为主要的问题难道不应该是数据可以被（或者应该被）拥有吗？"

事实上，即使这些问题的答案是肯定的，人们也不一定要在这三个主体之间进行选择。就像版权作品的权利人共同所有那样，人们可以很容易地接受共同所有权。当共同所有权出现时，新的问题是不同所有人所拥有的具体利益以及这些利益相关的具体权利是什么。共同所有权也可能会比单一所有权带来更高的交易成本，而这会加剧对创设错综复杂的数据生产者权利的担忧。

3. 保护期限

第三组政策问题涉及新数据生产者权利的保护期限。《欧盟数据库指令》为数据库提供了大约15年的保护期，但可以根据数据库"实质性变化"（包括因连续的添加、删除或更改而导致的任何实质性更改）无限期延长。未通过的《数据库条约》提供了更长的保护期——25年，在类似"实质性变化"的条件下可以无限期延长。基于先前数据库相关立法的发展经验，可以尝试推测新数据库生产者权利的保护期限是否至少为15年。

如果该权利的目标是确保数据生产者及其合作者分析生成数据的权利，其保护期限可能不需要这么长的时间。例如，在《欧盟数据库指令》的最初提案中保护期为10年。事实上，赖希曼（Reichman）和乌里尔（Uhlir）发现《欧盟数据库指令》的15年保护期限的确定是"完全随意"的。

使用最新的技术，数据分析可以相当快地完成，更不用说大部分分析必须实时完成。甚至新数据生产者权利的主要支持者策奇（Zech）也不认为这种保护应该持续太久。那些支持该权利设立的欧洲评论家似乎也达成了共识，认为保护期限可短至 2~5 年，特殊情况可能予以延长。

最后，法律和经济学文献表明，市场领先有助于创新者保持健康的竞争优势。这种领先优势类似于美国第二巡回上诉法院向体育联盟提供的竞争优势，及其在美国职业篮球联赛（NBA）诉摩托罗拉（Motorola）公司案中向执照持有者提供的有限竞争优势。在该案中，法院创立了"热点新闻"原则，允许数据生产者通过职业篮球比赛对这些数据的渐进传送保持有限的控制。尽管领先优势带来了好处，但领先优势数据生产者应该拥有多少控制权在很大程度上取决于经验分析。他们所需的领先优势可能还取决于技术状况以及行业之间的差异。

4. 保护范围

第四组政策问题涉及保护范围。这个问题特别重要，因为保护范围的清晰界定将有助于防止或解决"权利重叠"的问题（即就同一问题存在多层权利保护，而且这些保护往往是互斥的）。胡根霍尔茨（Hugenholtz）观察到，用数码相机拍摄的电影不仅是受版权保护的作品，也是受数据生产者权利保护的机器（传感器）生成数据。同样，金融数据库中的综合股票市场数据将受到数据库特殊权和数据生产者权利的保护，因为这些数据是由计算机化的股票交易所自动记录的。

欧洲委员会在其工作报告中对"语义信息"（Semantic Information）和"结构信息"（syntactic information）进行了区分：电子书或照片在语义层次所包含的信息是它是思想的表达或者人和物体的展现，这是从版权角度出发所包含的信息。然而，在结构上，从数据的角度出发，这些电子书或图像仅仅是编码信息的符号表示，通常需要载体和工具予以呈现。

虽然语义信息和结构信息之间的区分发人深省，并可能有助于解决版权和新数据生产者权利之间的分歧，但是尚不清楚立法者、政策制定者、诉讼当事人和执法人员是否能够轻易辨明二者之间的区别。胡根霍尔茨解释道："拷贝任何电影的电子数据（结构信息）的也必然会复制受版权保护的作品（语义信息）。因此，结构层面的新数据权利可以被用来阻碍数字化版权作品的任何电子拷贝或传播。基于同样的原因，新数据库生产者权利将与现存的数据库权利广泛重叠，即使它的范围仅限于结构层面。例如录音权利，尽管数据生产者权利仅限于记录音乐信号（音频数据），但当其范围延伸到语义（版权）领域，复制音乐表演的光盘数据，必然会导致基础音乐作品和表演的复制。"

例如美国职业篮球联赛，被授权机构使用多架无人机来拍摄一场职业篮球比赛并进行电视广播。作为在形成的同时立即传播、由声音和图像组成的作品，该电视广播享有版权。联盟或其指定的授权机构以及美国职业篮球联赛是该作品的版权所有者。使用欧洲委员会提供的定义，该电视广播将完全属于"语义信息"的范畴。与此同时，有关职业篮球运动员的统计数据，如上场时间、得分、篮板、助攻、抢断、拦网和失误，则将被归类为"结构信息"。因此，由无人机生成的数据同时受到新数据生产者权利和版权的保护。

然而，当所有的结构信息都被输入到一台存储与职业篮球运动员相关的三维图像的计算机中时，就像在电子游戏《美国职业篮球联赛实况》中的那样，这时计算机生成的电视广播将与受版权保护的电视广播非常相似，进而模糊了"语义信息"和"结构信息"之间的区别。在这种情况下，这两种信息的相互作用肯定会让美国职业篮球联赛感到担忧，因为如果要制定权利许可，不同类型的权利将引起非常复杂的问题。

政策制定者和评论家必须认识到，不能仅使用"语义"和"结构"的二分法区分信息。可以说，所有的信息在某种程度上都是结构信息，例如数字和符号可以组合起来表达含义并转化为语义信息。这种信息频谱类似于未结构化、半结构化和结构化的数据频谱——频谱的一端是语义信息，另一端是非结构化数据和结构信息。

使情况变得更复杂的是，没有硬性规定来说明到底是语义信息还是结构信息更值得保护。德雷克斯以汽车传感器定位的不平整路面为例，解释了为什么尽管知识产权通常保护语义信息，但最好不要对汽车传感器收集的语义信息予以保护。他观察到："法律是否应该保护语义信息或结构信息，或者仅仅保护数字文件的完整性，这个问题将取决于具体情况。这种分析认为应该针对具体情况具体监管。但是即使是关于保护行业数据的一般制度也会出现问题，因为在某些情况下，保护语义信息（如商业秘密）似乎是正确的，而保护通过公共领域传感器收集的数据则不应延伸到保护这些数据能够传达的含义。"

5. 限制和例外

最后一组政策问题涉及限制和例外的产生，或者更确切地说，合理使用和法定许可的"获取方式"。蒂莫·明森（Timo Minssen）和贾斯汀·皮尔斯（Justin Pierce）感叹道："如果没有得到授权，用户将需要依靠知识产权侵权的例外情况来使用数据。这在数据'所有者'、数据研究人员、提供支持技术的组织、大型基础设施研究机构和标准化平台之间引发了激烈的争论。"尽管数据通常被称为"新石油"，但人们不能忽视石油是一种有限资源（而数据不是）的事实。由于数据和石油的这一重要的区别，数据被多方同时使用或者被重复使用是大有裨益的。

数据生产者权利的一个潜在例外存在于文本和数据挖掘（TDM）中，这将有利于数据的使用和重复使用。其作为澳大利亚、欧盟、新加坡和世界其他地区版权法改革的一部分，目前正在探索制定一个类似的规则。在英国，现在可以在1988年《版权、设计和专利法》第二十九条第一款中找到这种例外，该条允许"合法获得作品的人复制该作品"，以便"对作品中记录的数据进行计算分析，但仅能用于非商业目的的研究用途"。其他有利于公共利益的合理使用和法定许可可能涉及政府准入、科学研究、数据可移植性、平台交互性、保护公共部门信息以及解决反不正当竞争问题。

为了促进竞争，欧盟委员会建议根据公平、合理、非歧视性原则（FRAND原则）制定法定许可条款来促进机器生成数据的利用和传播。欧盟委员会在其文件中提到，可以为数据持有人开发基于一些核心原则（例如FRAND原则）的框架，以便匿名访问他们所持有的数据而无须支付报酬。

最后，为了确保这些合理使用和法定许可的有效性，一些领域可能考虑通过"约定无效"条款，禁止使用合同形式规避合理使用和法定许可条款。2014 年 8 月，英国通过了《表演（引用和戏仿）版权条例》，该条例旨在防止或限制通过合同约定规避合理使用条款，例如与引用、漫画、模仿和模仿有关的条款。在限制和例外对公众非常有利的情况下，合同可能会迫使谈判地位薄弱的当事方放弃这些重要的保障措施。

（二）外源型复杂情况

第一小节重点讨论了在数据保护内作为一种新的保护形式的新数据生产者的权利。第二小节转到知识产权外的四个相关领域，在这些领域中，新数据生产者权利将会导致其他的复杂情况。本文将复杂情况分为四组。第一组复杂情况仍属于知识产权体系内的复杂情况，而其他三组则在知识产权体系之外。对这四组复杂情况的深入理解，对于发展一个健全的数据治理机制以满足快速发展的数据驱动型经济的新需求，具有非常重要的意义。

1. 知识财产领域

第一组复杂情况涉及知识财产权的其他保护形式。如前所述，新数据生产者权利可能会产生权利重叠的问题。例如，对机器生成数据的保护不仅会使现存的数据库保护机制更为复杂，这种复杂性还会映射到数据保护本身。尽管《欧盟数据库指令》继续使用版权来保护构成作品的数据库，但它同时也为不符合版权保护条件的数据库提供了特殊权保护。新数据生产者权利将为不受版权保护的机器生成数据增加一层新的保护，进而实现"双重保护"，如果投资是会了获取组成数据库的原始材料，而不是为了获取、验证或者展示这些数据，这种双重保护则显得没有必要。

如果把重点放在数据上，新数据生产者权利可能会给现有的与商业秘密和数据专属权有关的法律带来更多的麻烦。毕竟，这些知识产权的其他保护形式一直被用于保护数据。事实上，欧盟委员会工作报告表明，新数据生产者权利可以采取防卫权的形式。防卫权提供的保护可能与商业秘密法或反不正当竞争法提供的保护十分相似。

当权利重叠出现时，提议的权利可能会导致法律机制的冲突和过度保护的产生。这种冲突和重叠反过来会破坏现有知识产权机制提供的保护，特别是权利的限制、保障和适用。为避免权利重叠，评论家建议先发制人。评论家胡根霍尔茨观察到，防止数据权成为涵盖所有方面的"超级知识产权"的唯一方法是明确排除传统知识产权机制保护客体涵盖的所有数据：不仅是版权、数据库权和邻接权，还有外观设计和专利权。

2. 隐私领域

新数据生产者的权利可能涉及的第二个领域是个人数据保护，属于隐私或数据保护法领域。随着 2018 年 5 月《欧盟一般数据保护条例》（GDPR）的实施，以及其对欧盟内外的个人和企业产生的巨大影响，隐私法的复杂性引起了政策制定者、评论家、私营企业和个人的关注。

可以肯定的是，《欧盟一般数据保护条例》和其他隐私法涵盖了个人数据，而新数据生产者的权利集中于非个人的、匿名的机器生成的数据。尽管如此，数据分析的日益复杂化已经对数据匿名化的有效性提出了质疑。越来越多的研究已经表明看似匿名的数据有可能揭示数据主体的身份。

而且看似匿名的数据可能非常私人。以导航程序中出现的汽车位置数据为例。海蒂解释道："在导航应用程序中，绿色代表交通状况顺畅，橙色代表缓交通轻微堵塞，红色代表交通严重堵塞。这些信息并不是由数百架直升机或无人驾驶飞机通过飞越地区上空收集并向交通控制中心发送的。相反，这些信息是由经过相同位置的汽车驾驶员的手机的运动轨迹产生的。苹果、安卓和所有其他导航应用程序基本都使用类似的技术。不言而喻，汽车司机可以被识别；例如他们的个人手机上的数据可以与汽车本身产生的数据相结合，或者当交通堵塞时，他们的手机会收到附近餐厅的广告。"

总之，考虑到个人数据和非个人数据保护之间潜在的（也可能是不可避免的）重叠，政策制定者应该更深入地理解保护个人数据与所保护非个人、匿名数据之间的相互作用。如果政策制定者不确定如何保护个人数据，他们应该停下来更深入地思考新数据生产者隐私权保护的含义。

3. 贸易领域

新数据生产者权利可能涉及的第三个领域贸易领域，WTO 和其他国际或区域组织正在热议的话题之一是"数字贸易和跨境数据流动"。许多正在谈判或者最近签订的双边、多边和区域贸易协定中包含了促进数据自由流动的章节。在某种程度上，这些协议中的电子商务章节代表了一次独特的尝试，世贸组织在推动数据流通方面进展缓慢，这些协议走在了前端，并减少了随之而来的不确定性。

例如《跨太平洋伙伴关系协定》（TPP）中的电子商务章节规定非常全面，包括关税、数字产品的非歧视性待遇、国内电子贸易、电子认证和电子签名、在线消费者保护、个人信息保护、无纸贸易、互联网电子商务、电子信息跨境传输、互联网费用共享、计算设施定位、自发的商业电子信息、网络安全事项合作以及计算机软件的源代码。

希拉·布里（Mira Burri）解释道，这些问题出现在国际和地区论坛上的一个重要原因是只有数据实现跨越国界流动，数字经济才能蓬勃发展；但与此同时，各国对其境内事务享有管辖权是一项国际公法原则。在她看来，贸易规则以三种方式影响数据流通：（1）通过规范货物和服务贸易以及保护知识产权来规范数据的跨境流通；（2）制定跨境规则以要求改变国内监管制度，例如关于国内中介机构的责任的规定；（3）贸易法会限制监管者在国内制定政策的空间。

评论家们认为数据跨国流通存在很多限制，例如要求数据本土化和本土化处理、要求政府批准数据传输以及要求以不公平措施对待外国数据供应商。

在贸易领域，关于《跨太平洋伙伴关系协定》中的电子商务章节备受关注。该章节被认为是所有双边、多边和区域贸易协定中对电子商务事宜规定最为全面的，现已被《全面与进步跨太平洋伙伴关系协定》（CPTPP）所借鉴。CPTPP 中第 14 条第 11 款规定了跨境电子信息传输，明确规定："当进行商业活动时，各方应允许通过电子方式跨境传输信息，包括当事人个人信息。"

TPP 第 14 条第 11 款标题为"计算设施位置"，该条进一步规定了签署方的自由裁量权，签署方自行规定使用计算设施的相关监管规则，包括通信安全条款和保密性条款。然而，CPTPP 的电子商务章节禁止以歧视性方式和变相限制贸易的方式实施监管措施。

4. 投资领域

新数据生产者的权利可能延伸到的最后一个领域是投资领域。该领域目前正努力通过投资者与国家争端解决机制解决知识产权争端。正如我在《投资者与国家争端解决的概念和制度改进》中指出的那样，以投资者与国家争端解决机制来解决知识产权问题逐渐引发了一场变革，类似于 30 年前签订《与贸易有关的知识产权协议》（TRIPS），将知识产权与贸易结合时所经历的那场变革。

在撰写本文时，没有迹象表明美国数据生产者打算效仿菲利普·莫里斯（Philip Morris）公司、以利（Eli）公司和日本普利司通（Bridgestone）集团，利用投资者与国家争端解决机制来保护机器生成数据。尽管如此，由于大多数国际投资协定对投资的定义很宽泛，涵盖了所有知识产权形式，因此一旦新数据生产者权利被创设，相关国际投资协定会将该权利纳入投资范围。

事实上，如果用财产模式创设新数据生产者权利，数据生产者将有相当令人信服的论据以证明他们可以引用投资者和国家争端解决机制来解决涉及该新权利的争端。毕竟，这种机制最大的吸引力在于"避免无偿征用财产"。美国贸易代表办公室在其投资者与国家争端解决说明书中宣称该机制提供了一种保障：在没有得到相应赔偿的情况下，投资者的财产不会被政府征用或征收。

当机器生成数据的所有权争端与人权中的私有财产权联系在一起时，数据属于私有财产的论点也可能将在国际和区域人权领域中得到支持。在安海斯·布希（Anheuserh-Busch）公司诉葡萄牙一案中，欧洲人权法院扩大了《欧洲人权公约》第一议定书中的对财产的保护，对跨国公司的注册商标和未注册商标均予以了保护。《欧洲联盟基本权利宪章》中的财产权条款也明确涵盖了知识产权。

（三）总结

关于新数据生产者权的提案在知识产权领域内外都导致了复杂情况的发生。虽然知识产权制度发展迅速，但本部分已经阐明，新数据生产者权利会使知识产权制度变得更为复杂，学界和政府应该对该问题予以重视。无论是从过去的经验教训还是从目前的需求分析，新数据生产者权利都不应该被创设，基于该提案法律和政策层面的风险，在没有对该提案进行广泛研究和仔细评估的情况下，仓促通过该提案不是明智之举。引入数据生产者的权利不仅会损害个人和企业，还会影响知识产权领域和隐私、贸易和投资等其他领域的权利保护。

五 初步政策建议

该提案应该被否决，就像在 20 世纪 90 年代末和 21 世纪初国会否决数据库特殊权保护提案那样。无论是从过去经验教训的角度还是从现实需求的角度，新数据生产者权利都不应该被创设。而且，该提案不利于未来健全数据治理机制的发展。但是本文的立意不止于此。由于目前立法有待完善，监管环境亟待改善，发展健全的数据治理机制显得尤为重要，基于此，本文提出了四点建议。

第一，政策制定者应该拒绝为机器生成的非个人的匿名数据创设数据生产者权利，这是显而易见的。如果有足够的经验证据表明数据生产者权利总体上有利于行业和社会发展，政策制定者应该仔细研究探讨创设该权利是否合理，如果合理，应该考虑该权利以何种形式、在什么部门、在什么条件下设立。虽然目前没有足够的证据支持设立该权利，特别是在财产权模式下，但作者并不认为这项权利在任何形式、任何部门和任何条件下都是不合理的。这项权利是否应该存在取决于经验证据和影响评估。权利的定义越狭窄，政策制定者就越能仔细地审视权利存在的必要性。

第二，应该对数据治理有关的问题进行全面审查。第四部分第二小节的内容表明，数据治理涵盖了法律和政策的许多领域。隐私和知识产权领域的数据治理研究丰富，贸易与投资领域的数据保护也非常重要，而且与贸易和投资相关的数据研究是有待发展的。本文没有进一步探讨数据治理的一个重要领域——新数据生产者与竞争法之间的相互作用，但是其他学者在该领域的研究进展显著。如果要制定一个健全的数据治理机制，政策制定者必须打破各自的概念壁垒，对与数据治理有关的问题进行全面审查。仅仅进行碎片化审查（例如在知识产权制度内对数据生产者权利进行的有关审查）是远远不够的。

第三，如果政策制定者认为机器生成数据不应受到保护，他们需要在国际层面积极推动数据流通，进行游说以避免类似协议的签订。国际知识产权协议充斥着禁止阻碍原始数据流通的条款。《与贸易有关的知识产权协议》第9条第2款明确指出，版权保护不应延伸至"思想、程序、操作方法或数学概念"。第10条第2款进一步规定，对数据或其他材料的汇编作品的保护不应延伸到数据或材料本身。同样，《世界知识产权组织版权条约》中有一项与数据库有关的规定："任何形式的数据或者材料的汇编，只要因其独特的内容的选择或排列方式构成作品的，都应受到保护。这种保护并不延伸到数据或材料本身，也不影响汇编作品中的数据或材料本身的著作权。"

第四部分第二小节第三点表明，近年来双边、多边和区域贸易协定中的电子商务章节主要侧重于对个人信息保护、对电子信息跨境传播的保护以及计算设施位置等问题。政策制定者有必要探讨是否应该将机器生成数据保护纳入其中。

第四，政策制定者和评论家应仔细研究第四部分第一小节的内容中确定的五组政策问题。虽然问题棘手，但是问题的解决方案非常重要。对这些问题予以关注有利于学术辩论和法律和政策制定，并推动国际规范制定。事实上，鉴于20世纪90年代和21世纪初对数据特殊权保护的反对意见与今天对欧盟数据生产者权利的反对意见的相似性，如果欧盟新数据生产者权利的提案被驳回或逐渐消失，数据生产者权利迟早会以另一种形式得以设立，这种想法并不是无稽之谈。然而，如果该提案通过，并在美国影响力逐渐增强，政策制定者和学者们就有多的理由积极讨论以上五组政策问题。

本文的范围和长度限制了对以上四点建议的深入探讨。尽管如此，作者希望这份初步政策建议能够发挥作用，使我们能够批判性地审查和重新构想欧盟委员会关于创设新数据生产者权利的提案。在某种程度上，本文强调了发展健全数据治理机制的巨大的复杂性以及不同领域的法律和政策之间的关系。

结　论

2017 年 10 月，欧盟委员会提出了创设新数据生产者权利的提案。这一提案促使我们更深入地思考加强对机器生成数据保护的必要性。为了批判性地审查这一提案并强调在美国类似提案可能造成的潜在问题，本文回顾了数据库特殊权保护的发展历程；审视了我们当前的技术、商业、科学和个人的需求；并指出新数据生产者权利将在不同的法律和政策领域产生的复杂问题。

通过以上分析，本文强调了发展新数据生产者权利带来的巨大挑战。具体而言，发展这一新权利将产生一系列政策问题和溢出效应，政策制定者在创设该权利之前必须考虑这些问题。因此，政策制定者应对该提案进行全面分析和批判性审查。在可能的情况下，他们还应该先发制人，以确保健全的数据治理机制的发展。

信息法研究

《知识产权研究》 第二十七卷
第 69~74 页
© SSAP，2021

十年来知识财产的发展及中国面临的挑战*

彼得·德霍斯 著　周　林 译**

摘　要：本文概括了十年来知识财产的发展，并从政治学角度对中美贸易摩擦作出分析。本文认为，中国成功地适应了美国主导的知识财产全球化。中国实施创新驱动发展战略，在5G等领域的"技术竞赛"中取得了领先地位，这在美国看来是对美国的技术主导地位和国家安全构成威胁。美国已经开启了与中国积极对抗的新阶段。作者分析了施米特的政治理论，认为它有助于解释中美在知识财产上发生的交集。作者指出，中国无论做什么也无法就知识财产使美国满意。美国将竭尽全力使中国脱离科学知识和创新网络。在努力实现发展目标的同时，管控与美国的这一阶段的激烈竞争，是中国面临的巨大挑战。

关键词：知识财产　中美贸易摩擦　施米特政治理论　"技术竞赛"

尽管有自己的研究要求，周林教授还是抽出了时间来校订《知识财产法哲学》。他为此所付出的努力使我有机会对过去十年中知识财产的发展发表一些看法。当然，我不可能用简短的几句话就概括全球知识财产变化的细节。知识财产制度的规则处于不断调整的状态。但是至少我可以确定我认为最重要的知识财产的发展，并从政治哲学的角度对这一发展提供一些

---

　　*　本文系作者专为《知识财产法哲学》中文本修订本（商务印书馆，2017）所做的序。

　　**　彼得·德霍斯，意大利佛罗伦萨欧洲大学研究院教授；周林，《知识产权研究》集刊主编，《知识财产法哲学》中文本译者。

分析性的观察。

近年来，知识财产领域最重要的事件是，特朗普政府依据301条款，于2017年对中国知识财产和技术转让问题启动了调查。[①] 这项调查最终导致美国对中国商品加征关税，使美国和中国陷入报复性关税上涨的恶性循环。2020年1月，美国和中国签署了"第一阶段"贸易协议。

从里根政府开始，每一届美国政府都利用贸易施压或者双边谈判等手段促使中国加强知识财产保护，如果回顾一下美国贸易代表进行301特别审查的历史，就会发现中国一直是其主要的审查对象。这样的评论可以追溯到20世纪80年代。过去几年里发生的事件的不同之处在于，美国对知识财产、军事武器创新与国家安全之间的联系的认识更加明确。在维护美国国家安全的旗号下，中国获得美国技术的能力以及这对美国军事力量的影响，让美国四处按响警铃。特朗普政府内部的高级人士认为，中国的创新驱动发展，对美国技术主导地位和国家安全构成了重大威胁。

我认为，真正的问题不是中国没有尊重知识财产，而是中国成功地适应了美国主导的知识财产全球化。中国在非常短的时间内建立了世界上最大的专利局，其公司使用国际专利制度的能力同样令人印象深刻。[②] 2016年，中兴通讯和华为通过《专利合作条约》提交的数字技术领域的国际专利数量位居前二。鉴于两家公司大约十年前才开始使用该系统，世界知识产权组织将这一成果描述为"非同寻常"。[③]

最后，对于美国而言，最令人担忧的是，在全球基础设施的重要行业中，中国已经在技术方面展现出领先的实力。其中最具有代表性的例子是华为5G技术。中国在5G技术领域的领先地位已成为美国思考中国技术进步及其对国家安全影响的定义线。中国已在5G领域占据领先地位，这一点

---

① 《启动301条调查；听证；并征询公众意见：与技术转让、知识产权和创新有关的中国立法、政策和商业实务》，《联邦登记》第82卷第163页，2017年8月24日，第40213号。
② 程文婷、彼得·德霍斯：《中国如何建立世界上最大的专利局：压力驱动机制》，《国际知识财产与竞争法评论》2018年第5卷。
③ 世界知识产权组织：《2017年专利合作条约评论》（WIPO 2017）第19卷。

可以从中国已占全球 5G 基础设施市场 40% 的份额上看出。有史以来第一次，美国未能引领下一个技术时代。①

对于美国来说，5G 是一场更大的技术竞赛的一部分。在这场技术竞赛中，如果美国想要在军事创新领域保持领先，它就不能让中国在 5G 领域独占鳌头。最近针对美国出口管制系统的改革提案，使我们了解到对 21 世纪的武器装备至关重要的技术领域。神经生物学、神经技术、神经网络、进化生物学和遗传计算、人工智能云技术、微处理器技术、先进的计算技术以及量子信息和传感技术等新兴技术或基础性技术，已成为美国出口管制的重点。②

这些事态发展表明了一个简单的事实——美国已经开启了与中国积极对抗的新阶段。在这里，我想强调这一阶段的两个可能后果。第一个与知识财产的未来发展有关，第二个与知识财产多边机制的合法性有关。

在过去的十年中，TRIPS 协议中的标准对数字动力的推动作用明显减弱，而这种数字动力是包括武器技术在内的技术市场的推动力。毕竟，TRIPS 协议是在 20 世纪 80 年代达成的，远远早于云计算、大数据和机器学习等关键的技术变革。虽然 TRIPS 协议对数字技术的保护作用正在减弱，但是在武器的开发和交付取决于数字编码形式的算法世界中，一直以来身处要位的商业秘密保护变得越来越重要。

商业秘密保护对于保护算法性能的微调优化特别重要。对于像谷歌搜索算法这样的高使用频率的算法而言，它们会每天或每周在无止境的优化过程中得到完善。对于武器系统来说，避免揭开其控制方程和调整过程的神秘面纱可能是最有效的保护形式。TRIPS 协议确实在第 39 条中设定了商业秘密保护的标准，但这是一个非常开放的标准，允许各国采取不同的方

---

① 总检察长威廉·P. 巴尔:《在美国司法部启动对中国 301 调查会议上的主题演讲》，2020 年 2 月 6 日，https://www.justice.gov/opa/speech/attorney-general-william-p-barr-delivers-keynote-address-department-justices-china，最后访问日期: 2020 年 5 月 20。
② 参见美国商务部工业与安全局《对某些技术管制措施的审查》，《联邦公报》第 83 卷第 223 号，2018 年 11 月 19 日，第 58201 号。另请参见《2018 年出口管制改革法》。

法来制定和执行商业秘密保护。

美国更多地将重点放在扩大商业秘密的保护范围上。例如，奥巴马政府在 2013 年的一份文件中概述了一项商业秘密保护的策略，其中包括将商业秘密保护作为特别 301 程序的目标，在贸易协定中增加有关商业秘密的规定，并将该策略与国家安全问题联系起来。[①]当审查《美国—墨西哥—加拿大协定》草案中有关商业秘密的规定时，TRIPS 协议就显得过时了。与其说 TRIPS 协议本身过时，不如说 TRIPS 协议中相关条款数量不够，商业秘密条款细节不够清晰，保护范围范围也过窄。[②] TRIPS 协议中专门规定商业秘密保护的一节由 8 项条款组成。其中明确规定了商业秘密持有者对抗国有企业的权利，以及当事方有义务对盗用商业秘密的行为提起刑事诉讼。[③] 商业秘密保护也可在"数字贸易"一章中找到，该章规定，当贸易在一方的领土范围内进行时，该方不能访问贸易涉及的个人所有的源代码或第三人所有的算法。[④] 该规定是针对中国和俄罗斯等要求对市场上出售的外国信息技术产品进行源代码审查的国家。[⑤]

美国对中国和知识财产的态度的第二个更深层次的后果在于，它揭示了美国如何看待知识财产多边机制在政治上的正当性。为了说明这一点，我将分析 20 世纪最有争议的律师、哲学家和思想家之一的卡尔·施米特（Carl Schmitt）所提出的政治理论。美国为何在创设 TRIPS 协议和 WTO 上投入大量资金后却似乎中途放弃，施米特的理论对此提供了一些分析。这也有助于解释为什么美国如此直接和积极地与中国在知识财产上发生交集。

施米特在《政治的概念》一书中尝试探索政治体系与其他体系的不同

---

① 《缓解美国商业秘密被盗的管理策略》，2013 年 2 月，https://www.justice.gov/criminal-ccips/file/938321/download，最后访问日期：2020 年 5 月 20 日。

② 《美国—墨西哥—加拿大协定》已经由三方签署，以取代将于 2020 年 7 月 1 日生效的《北美自由贸易协定》。

③ 参见《美国—墨西哥—加拿大协定》第 20.69 条和第 20.71 条。

④ 参见《美国—墨西哥—加拿大协定》第 19.16.1 条。

⑤ 国家反情报与安全中心：《网络空间中的外国经济间谍活动》，2018，第 13 ~ 14 页。https://www.dni.gov/files/NCSC/documents/news/20180724-economic-espionage-pub.pdf。

之处。① 对施米特而言，政治的本质来自敌友对立关系。正是政治团体对联合和统一与分裂和对立作出最终判断。这些判断最终构成了"无所不包的政治团体——国家"。② 施米特坚持对立关系的自治性。它不能从好与坏的价值判断中得出，也不能与经济竞争者之间的竞争关系相混淆。敌友标准是一种经验现实，是关于政治体系如何发展身份的组织真理。施米特并没有说战争是政治的目的，也没有说战争是可取的，而是说战争是"永远存在的可能性"。③ 处理这种永远存在的可能性是政治体系的任务。

美国的主导地位和国家安全依赖美国在武器创新方面保持活跃并领先世界。为此，知识财产权已成为极为重要的工具，它们为干预和规范潜在军事应用技术的全球创新网络提供了美国国家战略。财产作为国家最基本的制度，被应用于知识和技术，变得与政治密不可分。关于财产的决定不再局限于经济学或道德观念的矛盾中。按照施米特的说法，各种国际知识财产协议的政治正当性不能源自知识财产协议的合法性。财产合法性不能成为政治正当性的核心，因为这将威胁对划分敌友界限并采取行动负有决定性责任的政治团体。新知识建立在新的，也许是革命性的装备能力上，而装备能力建立在政治对谁是"真实的"或"绝对的"敌人的判断上。④ 在一个财产是快速发展的武器创新的管制工具的世界里，财产的正当性只能来源于政治。

最终，财产正当性不是从法律规范中衍生出来的。政策是敌友区分的一种应用，国际法律秩序不能限制国家根据敌友区分采取行动的能力。

---

① 卡尔·施米特：《政治的概念》，乔治·施瓦布译，芝加哥：芝加哥大学出版社，2007。
② 卡尔·施米特：《政治的概念》，乔治·施瓦布译，芝加哥：芝加哥大学出版社，2007，第32页。
③ 卡尔·施米特：《政治的概念》，乔治·施瓦布译，芝加哥：芝加哥大学出版社，2007，第34页。
④ 对真实敌人与绝对敌人的区别是施米特的另一个广为人知的区别。一个人可以与真实的敌人和解，但不能与绝对的敌人媾和。参见卡尔·施米特的《游击队理论——"政治的概念"附识》，G. L. 厄尔门译，Telos 出版社，2007，第 85～95 页。（中译本可参见刘小枫编，刘宗坤、朱雁冰等译《政治的概念》（增订本），收入刘小枫主编《施米特文集》，上海人民出版社，2018。——译者注）

如果施米特之辈对政治正当性的描述与美国对正当性的看法相符，那么它对国际知识财产规则的影响可能是什么？一个明显的含义是，知识财产将越来越局限于工具性，并与经济和道德的正当性理论渐行渐远。重要的是知识财产法如何在军事创新领域为安全国家服务。知识财产法开始变得更像是一种武器系统，在该系统中必须重新编写规则，以适应新的威胁和思想环境，从而发明新的保护系统。

TRIPS 协议代表了当今世界中需要改进和创新的旧标准，在当今世界中，数据、云计算、机器学习和机器人等技术正在以惊人的速度融合在一起。中国加入和遵守 TRIPS 协议是加入 WTO 的条件之一，与 20 世纪 80 年代制定 TRIPS 规则时相比，如今是一个创新发展如此迅速的时代，TRIPS 协议的影响力已经不如当年。因此，制定知识财产标准的双边协议对美国及其安全变得更加重要，因为它是绕过多边主义共识要求的一种手段。

施米特的分析还有一个更合理的直接含义。中国几乎无论做什么也无法就知识财产使美国满意。中国在创新方面的成功将使美国对它提出更多要求。美国将竭尽全力使中国脱离科学知识和创新网络。在努力实现其发展目标的同时，管控与美国的这一阶段的激烈竞争，是中国面临的巨大挑战。

《知识产权研究》 第二十七卷
第 75~81 页
© SSAP，2021

中国《民法典》中的个人信息保护

——欧洲的观点

托马斯·霍伦　斯蒂芬·皮内利著　陈　璐译*

摘　要：本文从欧洲的角度，特别是从欧盟《通用数据保护条例》（GDPR）的角度，比较和评论《民法典》在个人信息保护方面的变化。《民法典》中的个人信息的概念，其内涵和外延与 DGPR 中的个人数据基本上是一致的。信息和数据处理都必须保证其合法性、正当性和必要性，并遵守禁止过度处理的原则。这表明，中国正在向与国际接轨的数据保护制度迈进。

关键词：个人信息保护　《通用数据保护条例》　《民法典》

《中华人民共和国民法典》（以下称《民法典》）于 2020 年 5 月 28 日通过，将于 2021 年 1 月 1 日起施行，《民法典》共 7 编，其中第 4 编人格权编第 6 章（隐私权和个人信息保护）规定了收集和处理个人信息的原则以及包括隐私权在内的信息主体的权利。尽管《民法典》没有对个人信息的保护进行详细规定，但本文将尝试从民法的角度阐述个人信息的保护规则。

由于《民法典》进一步完善了中国现有的由《网络安全法》①《消费者

---

* 托马斯·霍伦，德国明斯特大学法学院教授；斯蒂芬·皮内利，大众汽车（德国）数字法律部负责人。陈璐，中国社会科学院研究生院 2018 级在读法律硕士，研究方向为知识产权。
① 《中华人民共和国网络安全法》自 2017 年 6 月 1 日起施行。

权益保护法》① 《刑法修正案（九）》② 和《个人信息安全规范》③ 所组成的个人信息保护和隐私权保护体系。此外，《民法典》也是中国即将出台的《个人信息保护法》④ 和《数据安全法》⑤ 的法律依据。目前这两部法律正在草拟和向公众征求意见，预计将在未来两年内公布施行。

下文将重点介绍《民法典》第 4 编第 6 章所涉及的基本原则和权利等 5 个具体方面。其中的重点是将其与《通用数据保护条例》⑥ 的规定进行比较。

一　隐私和个人信息

《民法典》第 1032 条对隐私和隐私权进行了定义："自然人享有隐私权。任何组织或者个人不得以刺探、侵扰、泄露、公开等方式侵害他人的隐私权。隐私是自然人的私人生活安宁和不愿为他人知晓的私密空间、私密活动、私密信息。"根据《民法典》第 1033 条，侵犯隐私权不仅包括传统的侵犯隐私行为，如间谍和窃听，还包括对私人生活的侵扰。在数字时代，保护隐私也包括防止通过即时通信工具、电子邮件和网站上的弹窗广告等方式侵犯公民的个人隐私。

---

① 参阅 2014 年 3 月 15 日起施行的新版《中华人民共和国消费者权益保护法》，https://www.zchinr.org/index.php/zchinr/article/view/527/551，最后访问日期：2020 年 7 月 13 日。

② 2015 年 8 月 29 日，第十二届全国人大常委会第十六次会议表决通过《中华人民共和国刑法修正案（九）》，自 2015 年 11 月 1 日起开始施行。

③ 就 2018 年 5 月生效的《个人信息安全规范》（GB/T 35273 – 2017），信安标委分别在 2019年 2 月、6 月和 10 月先后多次发布了征求意见稿，对这项刚开始实施不久的国家标准进行修订。历经多次征求意见，2020 版（GB/T 35273 – 2020）于 2020 年 3 月 6 日正式发布，并将于 2020 年 10 月 1 日正式实施。该规范具有纯粹的推荐性。

④ 据新华社记者 2020 年 5 月 14 日报道，个人信息保护法正在研究起草中，目前草案稿已经形成。http://www.npc.gov.cn/npc/c30834/202005/b6b0627ffb9e4ab382811b39d7ba9106.shtml。

⑤ 2020 年 7 月 3 日，《中华人民共和国数据安全法（草案）》全文在中国人大网公开征求意见。草案内容共 7 章 51 条，提出国家将对数据实行分级分类保护、开展数据活动必须履行数据安全保护义务承担社会责任等。

⑥ 2018 年 5 月 25 日，欧洲联盟出台《通用数据保护条例》（General Data Protection Regulation，简称 GDPR）。

《民法典》第 1034 条对个人信息进行了定义，"个人信息是以电子或者其他方式记录的能够单独或者与其他信息结合识别特定自然人的各种信息，包括自然人的姓名、出生日期、身份证件号码、生物识别信息、住址、电话号码、电子邮箱、健康信息、行踪信息等"。该概念与欧盟《通用数据保护条例》第 4 条第 1 款个人数据的概念基本一致。有关主体仅限于自然人①，《通用数据保护条例》第 4 条第 1 款中对权利主体身份信息或可识别性信息的规定在《民法典》第 1034 条中也有所体现。

诚然，概念上对个人隐私和个人数据的区分并不意味着在实践中需要对其区分保护。《民法典》中的个人信息的概念，其内涵和外延与《通用数据保护条例》中的个人数据基本上是一致的。因此，数据可以受到隐私权的保护，同时对隐私信息的处理也要遵守关于个人数据的规则。

二　个人信息的处理原则

《民法典》第 1035 条规定，"个人信息的处理包括个人信息的收集、存储、使用、加工、传输、提供、公开等"。在处理个人信息时，应该遵守《民法典》第 1035 条的规定，必须始终保证个人信息处理的合法性、正当性、必要性，并遵守禁止过度处理原则。第 1035 条中处理信息的前两项条件也包含知情同意原则，该原则现在也适用于对个人数据的处理。根据这一原则，只有在权利人完全知情并同意的情况下才能处理权利人的个人信息和数据。

《民法典》规定必须满足以下条件才能处理个人信息：

（1）征得该自然人或者其监护人同意，但是法律、行政法规另有规定的除外；

（2）明示处理信息的目的、方式和范围；

---

① 《通用数据保护条例》第 4 条第 1 款："个人数据"是指任何指向一个已识别或可识别的自然人（"数据主体"）的信息。

（3）公开处理信息的规则；

（4）不违反法律、行政法规的规定和双方的约定。

虽然将这些重要原则纳入《民法典》具有积极意义，但是仍需要进一步明确处理个人信息的条件，特别是何时属于"过度处理"。

《通用数据保护条例》中规定了合法性、公平性和透明性原则，目的限制原则和与必要性原则类似的数据最小化原则①，这些原则在《民法典》第1035条中也有所体现。《通用数据保护条例》也体现了知情同意原则，强调了"同意"的核心作用。但是，对于处理期限问题《民法典》没有进一步明确，《通用数据保护条例》在第5条第1款（e）项则规定了处理期限的储存限制原则。总体来说，可以将《民法典》第1035条看作原则性规定，其基本内容与《通用数据保护条例》第5条相似。

三　个人信息处理的免责情形

《民法典》第1038条规定，原则上只有"经过加工无法识别特定个人且不能复原"的信息才可以向第三方披露。这可能对应了中国《网络安全法》中的"数据匿名化"一词；但本文认为对"数据匿名化"最好能有一个准确的法律定义。

《民法典》第1036条明确在以下三种情况下处理个人信息不用承担民事责任：

（1）在该自然人或者其监护人同意的范围内合理实施的行为；

（2）合理处理该自然人自行公开的或者其他已经合法公开的信息，但是该自然人明确拒绝或者处理该信息侵害其重大利益的除外；

（3）为维护公共利益或者该自然人合法权益，合理实施的其他行为。

虽然《民法典》第1036条明确规定了三种例外免责情形，在一定程度上提高了法律上的明确性，但该规定的适用范围远远不够，"适当行为"、

---

① 《通用数据保护条例》第5条第1款（a）至（c）项。

"公共利益"和"信息已被公布或披露"等情形没有被提及。这些情形需要另外的立法或司法解释予以明确。

《通用数据保护条例》第 6 条详细规定了处理个人信息的免责情形。例如，第 6 条第 1 款（a）项规定了"数据主体同意他或她的个人数据基于一个或多个目的而处理"和第 6 条第 1 款（d）至（f）项的规定的必要性条件。① 在对免责情形的规定上《民法典》与《通用数据保护条例》具有实质上的可比性。

四　信息主体的权利

根据《民法典》第 1037 条，信息主体在个人信息被处理后具有以下三项权利：

（1）查询权。信息主体有权依法向信息处理者查询或复制其个人信息。

（2）修改权。如果出现与信息主体有关的不准确信息，他/她有权提出异议并要求纠正；因此，他/她有权要求信息处理者及时采取必要的措施。

（3）删除权。信息主体发现对其个人数据信息的处理违反法律、法规、行政规定或双方约定的，有权要求处理者及时删除信息。

与中国《网络安全法》相比，《民法典》赋予了信息主体查阅信息的权利，这为行使更正权和删除权奠定了基础。

除了这三项权利外，中国《电子商务法》还规定了"注销权"（关闭在线账户）。这些权利与《通用数据保护条例》的规定类似，但其范围不及后者广泛，有些情形还需要进一步明确。例如，《通用数据保护条例》第 12 条第 3 款和第 4 款明确规定了信息主体"不应无故拖延提供信息"②，但目

---

① 《通用数据保护条例》第 6 条第 1 款："只有在适用以下一条的情况下，处理视为合法……"
② 《通用数据保护条例》第 12 条第 3 款："控制者应当及时（在任何情况下不得超过一个月）提供第 15 条至第 22 条采取的行动信息……"；第 4 款："如果控制者没有根据数据主体的要求采取行动，控制者应该及时通知数据主体未采取行动的原因、向司法机构提起申诉以求寻求司法救济的可能性。"

前《民法典》还没有对信息处理者获取信息的时间作出具体规定。此外，《民法典》也没有与《通用数据保护条例》第 13 条相对应的规定，从而将对数据处理者的主动提供信息义务进行规范化。[①] 在中国即将出台的《个人信息保护法》和《数据安全法》中，应及时补充并具体化此类问题。

五　违反信息保护的后果

《民法典》第 1038 条规定了违反上述规定的后果。数据处理者必须采取技术和其他必要措施，以确保其处理的个人数据的安全，防止数据泄漏、丢失和被操纵。数据处理者对于任何发生或可能发生的个人资料泄露、丢失或篡改，都必须及时防范或补救。此外，信息处理者必须通知相关信息主体，并向主管部门报告违规情况。然而，迄今为止，《民法典》对信息泄露后信息处理者的处理时间没有进行限制，也没有规定任何具体的防范或补救措施。因此，今后仍需制定具体的操作标准。《民法典》已经为未来几年具体法律的出台奠定了基础。

结　论

综上所述，《民法典》中的数据保护条款提高了个人数据和隐私保护的法律地位，由此可以看出国家层面对数据保护重视程度的提高。

一方面，《通用数据保护条例》第 5 条中的"目的限制"和"数据最小化"等原则可以在《民法典》中找到类似的规定。中国《民法典》第 1037 条中的规定的信息主体的权利与《通用数据保护条例》中的规定也有部分类似。

另一方面，与欧洲数据保护法，特别是《通用数据保护条例》的详细规定相比，中国《民法典》中的一些概念和综合监管体系仍不够清晰。这

---

① 《通用数据保护条例》第 13 条数据主体收集的个人数据的提供。

些都需要在今后的法律中进一步澄清和阐释。尤其是与《通用数据保护条例》相比，中国《民法典》缺乏对信息主体权利的进一步细化，也缺乏对违法行为的具体制裁方案。

在《民法典》中加入对个人信息的保护是具有积极意义的一步，但是中国距离建立全面的成熟的信息保护体系还有很长的路要走。

《知识产权研究》第二十七卷

第 82~104 页

© SSAP, 2021

新闻出版商邻接权效用研究

——以欧洲立法为视角

唐丹蕾*

摘　要：2019 年,《数字化单一版权指令》在欧盟议会通过,其中第 15 条为新闻出版商创设了一项全新的邻接权。这项权利赋予了新闻出版商在网络环境中复制和向公众传播新闻作品的权利。欧盟旨在通过此项立法,应对数字技术给版权法带来的危机,维护新闻出版商的权益。与欧盟国家一样,我国也处于信息社会,面临着同样问题。这项指令对我国的相关立法有极强的参考价值。本文试图系统回顾该指令出台的背景、具体条文内容的变化、该项权利创设的正当性与必要性以及权利的实施效果,探讨该制度在欧盟实施的效果、我国有无必要引进该制度以及该制度给我国的启示。

关键词：新闻版权　出版商邻接权　新闻聚合　欧盟立法

绪　论

数字与互联网技术的发展,促使网络成为作品和其他受版权保护内容传播与利用的主要环境。在新闻出版领域,网络动摇了原有的利益格局,

---

* 唐丹蕾,中国社会科学院研究生院法律硕士,现就职于中国知识产权研究会。曾在《知识产权研究》《中国发明与专利》等杂志发表多篇文章及译文。

使新闻出版商同时面临经济上的损失与法律上的不确定性。面对技术的变革，传统纸质媒体虽积极寻求转型，但也没能抵过网络中介平台，如新闻聚合平台（例如今日头条）、搜索引擎（谷歌）、社交媒体（例如脸书）和通信工具（例如微信）的层出不穷。网络新闻中介商，尤其是新闻聚合平台，将各个出版商的新闻作品或片段与摘要通过链接（往往是深度链接）聚合到自己的平台上，并通过投放广告来获得巨额广告费。深度链接使读者点击链接之后仍停留在新闻聚合平台上深度阅读新闻作品。这种商业模式迎合了读者一站式阅读的需求，迅速改变了读者的阅读习惯——读者往往满足于聚合平台所展示的新闻作品片段，而不会选择到原出版商的网站上继续阅读。这使新闻出版商无法在电子市场上获得份额，因此造成收入减少。同时，对于新闻作品的网络复制与传播，各国的版权法中都未规定新闻出版商拥有什么权益。新闻出版商无法直接通过行使版权来维护自己的权益，因此面临法律上的不确定性。

为了实现欧盟版权规则的现代化，使欧盟的版权规则适应数字网络环境，2016 年 9 月 14 日，欧盟委员会提出了《数字化单一版权指令》这一立法建议。其中第 11 条（最终版本的第 15 条）为新闻出版商设立一项新的邻接权利，赋予其在网络环境中对新闻出版物的复制与向公众传播权，允许其就其出版物的在线使用索取报酬。① 这一立法是对新闻出版商面临的法律不确定性的回应，也反映了新闻出版商使自身的经济投入获得有效回报的强烈诉求。

不可否认，传统媒体的衰落在我国及其他任何国家都在发生。欧盟此次的立法，是使版权法适应数字网络环境的一次大胆尝试。分析该条款的正当性以及实施效果，对我国有极大的参考价值。

---

① 对于该条款，利益相关者和学术界意见存在较大分歧。2019 年 2 月，经过两年多的漫长谈判，共同立法者在 2018 年 9 月的新修正案基础上，再易其稿，就一套新的版权规则达成一致，该项全新的邻接权最终获得通过。该指令于 2019 年 5 月 15 日在欧盟官方公报上公布，所有成员国必须在 2021 年 6 月前将新规则纳入本国法律。值得注意的是，在该指令出台之前，德国与西班牙已经在国内创制了类似的权利。

一　欧盟新闻出版商邻接权之系统梳理

（一）新闻出版商邻接权设立的背景

1. 信息传播渠道控制权的变化引发利益格局变动

在网络新浪潮中，对信息传播渠道的控制权从报刊流向了新闻聚合平台。在纸质媒体时代，报刊曾经是公众获取信息的主要来源，也因此，报刊受到无数广告商和投资者的青睐。数字时代，传统报刊业并不甘于落后，它们也采取措施，建立数字报刊等，希望加快自身的数字化进程。然而，根据相关数据显示，传统媒体的收入仍然长期下降，而新兴新闻聚合平台却赚得盆满钵满。[①] 鲜明的数字对比无法不动摇新闻出版商的军心。更不用说，长期以来，以谷歌新闻为代表的新闻聚合平台，其商业模式一直被诟病属于"搭便车"行为。

谷歌新闻的商业模式，就是聚合各大新闻出版商的新闻内容，为用户提供电子新闻的片段或链接。同时，依托谷歌搜索，借助大数据等先进的算法，谷歌新闻可根据用户的喜好进行个性化推荐。用户对谷歌搜索引擎的路径依赖使得谷歌新闻具有高用户黏性。这样的效果是单个电子报刊网站所不能提供的，因为它们无法聚合海量的信息，也缺乏相应的技术。新

[①] 根据欧盟委员会的调查，2010～2014年，欧洲的新闻出版商从印刷报刊上所获得收入降低了13.45亿欧元，在电子报刊中所获收入增加了3.98亿欧元，总收入仍然降低了9.47亿欧元。而在我国，情况也同样不乐观，自2012年开始，全国报纸广告收入连续5年下滑，2016年是降幅最大的一年。2017年报纸广告收入降幅与2016年相比略有缩小，但与2012年同期相比，降幅达77％。报业广告回暖的"拐点"至今没有出现。与传统媒体的落寞相对的，是新兴媒体的蒸蒸日上。以谷歌新闻为代表的新闻聚合平台和以脸书为代表的社交媒体，是公认的两类发展最迅猛的网络新媒体。谷歌的广告收入自2008年到2019年从8亿美元升至约43亿美元，增长了4倍多，脸书的广告收入也从几乎为零升至约24亿美元。以上数据参见 https://cj.sina.com.cn/articles/view/5617041192/14ecd3f2802000uccl? from = finance，最后访问日期：2020年3月10日；Ref. Ares（2017）6256585 - 20/12/2017，On-line News Aggregation and Neighbouring Rights for News Publishers. https://www.asktheeu.org/en/request/4776/response/15356/attach/6/Doc1.pdf.

闻聚合平台在聚合各大报刊内容的同时，似乎也将它们的读者和广告收入一同收入囊中。

在新闻出版商眼里，新闻聚合平台取得的经济收入，全靠自己所提供的新闻内容。因此，他们认为，聚合平台应当与自己共享收益，以使自己对内容生产的投入获得合理的回报。而谷歌却拒绝与新闻出版商分享收益。① 新闻出版商和新闻聚合平台之间的矛盾愈演愈烈。

2. 新闻出版业的公益性及保护的必要性

托马斯·杰斐逊曾经说："如果必须选择没有报纸的政府，或者没有政府的报纸，那我会毫不犹豫地选择后者。"② 这句蕴含着西方社会对报刊业看法的缩影。报刊新闻业在西方被认为具有极高社会价值，扮演着公众和政府间桥梁的作用。而新闻的数字化和在线可用性使新闻市场更加复杂，加重了"假新闻现象"，即使是敏锐的读者也很难区分所有新闻来源的质量和信誉，这影响了新闻作品的质量和新闻作用的发挥。另外，新闻聚合器通常使用搜索排名来驱动消费者的喜好，单纯的以热度为标准评价新闻作品。这在一定程度上，会对坚持生产高质量新闻的出版商产生负面影响。

无法保障收入，也就无法保障新闻出版商的独立和自主性，目前新闻报刊业萎靡的现状便无法得到改善。因此，欧盟委员会在版权规则现代化的提案中，为新闻出版商创立了全新的邻接权，希望该权利能够使新闻出版商获得合理的报酬，以维持新闻报刊业的健康和可持续发展。

3. 欧盟成员国德国与西班牙的在先立法

在《数字化单一版权指令》第 15 条出台之前，欧盟成员国德国和西班牙已经对本国版权法进行修改，为新闻出版商创设了全新的邻接权。2013年，德国立法者赋予新闻出版商对其出版物为期一年的邻接权，规定其享

---

① Ref. Ares （2017） 6256585 – 20/12/2017Online News Aggregation and Neighbouring Rights for News Publishers. https://www.asktheeu.org/en/request/4776/response/15356/attach/6/Doc1.pdf.

② 刘冬生：《杰斐逊的新闻自由思想与实践》，《中山大学研究生学刊》2011 年第 3 期，第 18 页。

有将其出版物及片段用于商业用途的权利，具体为在第二章增设第 87f 和 87g 条。① 西班牙也对本国的知识产权法进行了修改，为新闻出版商创设了一个"公平求偿权"，此法于 2015 年 1 月 1 日起已经生效。②

"新闻出版商邻接权"首先在德国和西班牙产生，与德国和西班牙新闻出版商在诉讼上的失利有关。其中在德国，最著名的就是 2003 年的"报童"案（"Paperboy"案）③。德国法院并不认为"报童"所提供的深度链接是向公众传播的行为，而是倾向于认为深度链接是引导用户访问已发表作品的一种方式。同时，法院认定"报童"向用户提供的摘要并不足以获得

---

① 德国的版权法规定，新闻产品的生产者（报刊出版者）享有将报刊产品或者其部分以商业目的进行网络传播的专有权。若报刊产品在企业被生产，企业所有人可以被视为生产者。但是使用个别词语或者最小的文本片段，并不在该专有权范围之内。该权利的期限为报刊产品出版后一年，此权利可以转让。同时，德国还规定，报刊出版社的权利不能对报刊产品所包含的作者或其他邻接权人的权利行使产生不利影响。另外，关于该项权利规制的对象，第 87e 条第（4）款规定，除非是搜索引擎的商业提供者或者内容整合服务的商业提供者进行的传播，否则允许通过网络传播新闻产品或者其部分。这种允许属于法律规定的限制与例外。详见德国版权法。http：//www. gesetze-im-internet. de/english_ urhg/englisch_ urhg. html#p0616。显而易见，德国为报刊出版者赋予的权利，直接将义务人指向了搜索引擎和内容整合平台。个人和其他组织对报刊产品的使用并不受到该法案的影响。德国规定新闻产品的定义是以某一名称在任何载体上定期出版的汇编物中间对于新闻投稿的编辑上和技术上的固定，其整体上主要被视为典型的出版社风格，且最主要部分不是用于自我宣传。更具体地，新闻产品主要是用于介绍信息、形成舆论或者进行娱乐的文章和图片。
② 西班牙将对新闻出版商权利的保护规定在了知识产权法（即版权法）第 32 条"用于教育或科研目的的引用、评论和说明"限制与例外下。具体地，内容聚合电子服务提供商将在报纸期刊或定期更新的网页上发表的，且以信息提供、舆论形成或休闲娱乐为目的的内容中的非实质性片断的内容向公众提供的，无须取得许可，但不得损害出版者或特殊情况下其他权利人获得公平补偿的权利。该权利不可放弃，补偿费通过知识产权集体管理组织统一收取。在任何情况下，第三方将发表在期刊或定期更新的网页上的任何图像、摄影作品或普通照片向公众提供的，需经许可。也就是说，虽然内容聚合电子服务提供商向公众提供的只是报刊或者新闻网站内容中的非实质片段，仍然需要向出版者支付补偿费用。不过，该条同样规定，搜索引擎为了向用户提供查询功能，向公众提供了上述内容中包含的个别词句，只要这种行为不具有自身商业目的，严格限制在回应用户先前查询的必要范围内提供搜索结果，且搜索到的内容包括源网页链接的，就无须取得许可和进行公平补偿。"不具有自身商业目的"的标准显然较为模糊，类似谷歌这样的搜索引擎，在用户搜索的页面，虽然只是包含个别词句，但是却显示自己的广告内容，这样的行为是否具有自身商业目的存在争议。
③ "Paperboy" Judgment of 17 July 2003（BGH I ZR 259/00），BGH ［2001］GRUR 958（German Federal Supreme Court）.

版权法上的保护，因为它太微不足道，无法认定具有独创性。另外，在法兰克福汇报的案子中，新闻出版商的诉讼地位也遭到了质疑。这与丹麦的"Infopaq"案中，丹麦的新闻集体管理组织 DDF 大获全胜形成鲜明对比，①在后者的努力下，谷歌新闻至今都没有在丹麦开展业务。

也因为以上的背景，德国和西班牙的规定都主要针对新闻聚合平台和搜索引擎。不过，西班牙的立法与德国最主要的不同点在于，这项"公平求偿权"是不可放弃的，此权利更具有强制性。两项立法通过后，在各自的国内都引发了不小的争议。尤其是在西班牙，因为这一不可放弃的权利，谷歌新闻在 2014 年 12 月 16 日关闭了其在西班牙的服务。

（二）新闻出版商邻接权的具体规定

第 15 条规定在第三个大标题"完善版权市场的措施"第一章"出版者的权利"中。法案②认为，在从印刷时代到数字时代的转变过程中，新闻出版物的出版商在许可其出版物的在线使用和获得相应报酬方面面临问题。如果不确认新闻出版商作为权利主体，新闻出版商便无法有效和简便地在数字环境中行使其权利。对新闻出版物的再使用构成了新闻聚合平台和媒体监测服务主要的收入来源。新闻出版商在制作新闻出版物方面的组织和财政贡献需要得到承认和鼓励，以确保出版业整体发展

---

① 在 Infopaq 案中有两大进展。第一是关于"新闻作品的片段或摘要有无版权法上意义"的问题，法院的回答为"有"。欧洲法院裁定，在某些情况下，连续的 11 个字可能受到版权的实质性保护，因此，可以针对这 11 个字提出索赔。虽然仅有 11 个字，但是它却能够表达"作者自己的智力创造"。第二，法院澄清了临时复制免责的范围。法院认定，临时复制行为必须是技术过程的临时、暂时或偶然的组成部分，该过程的唯一目的是使第三方合法使用某件作品或受保护的内容，并且这一行为没有独立的经济意义。法院还解释说，如果用户决定启动或终止该技术过程，所生成的副本必须自动存储或删除，而不是依赖于其他人工干预，并且复制的持续时间应限于完成相关技术过程所需的时间。因此，法院认定 Infopaq 的行为中有人工的干预，并且这一行为有经济意义，Infopaq 的抗辩不成立。

② 本篇文章中对此法案所做的所有介绍都来自欧盟官方。Directive（EU）2019/790 of the European Parliament and of the Council of 17 April 2019 on Copyright and Related Rights in the Digital Single Market and amending Directives 96/9/EC and 2001/29/EC Official Journal of the European Union 17. 5. 2019.

的可持续性和公民获得可靠信息。因此，有必要制定欧盟版权新规则，赋予新闻出版商复制权和向公众提供新闻出版物的权利。该章的具体规定和要点如下：

（1）成员国应赋予在成员国内设立的新闻出版物的出版商①第 2001/29/EC 号指令第 2 条和第 3 条第 2 款规定的权利（也即复制和向公众传播权），适用于当信息社会服务提供商②在线使用其新闻出版物③的情况。而这项权利有以下三个方面的限制与例外：不适用于个人用户对新闻出版物的私人和非商业用途、超链接行为和对新闻出版物个别词句或非常简短的摘要的使用。

（2）该项权利不得影响其他权利的正当行使。前述第一款之权利，不得影响作者或者其他权利人对新闻出版物中包含的作品或其他标的权利的行使，不得对这些作者和其他权利持有人援引第 1 款规定的权利，尤其是不

---

① Publishers of Press Publication.

② Information Society Service Providers. "信息社会服务"是指欧盟第 2015/1535 指令第 1 条第 1 款（b）项所规定的服务。在该指令中，"信息社会服务"的定义为：应服务接受者的个人要求，远距离地，为其通过电子方式有偿提供的任何服务。其中，远距离是指，提供服务时，各方并没有同时出席；"通过电子方式"是指该服务原本是通过使用电子设备发送和接收的，具体地，通过使用电子设备进行数据处理（包括数字压缩）和数据存储，并完全经由有线电、无线电、光学手段或其他电磁手段传输、传送和接收；"应服务接受者的个人请求"是指通过根据个人请求传输数据来提供服务。一项服务，如果属于"信息社会服务"，就必须同时具备以上三个条件。可以看出，使用电子设备进行数据处理和存储，是信息社会服务最重要的特点。因此，根据第 2015/1535 指令附件 1 的内容，"信息社会服务"不包括电视和音乐广播（即使是点播也不包括）；也不包括通过电子设备进行的医生和律师咨询；等等。毋庸置疑，"信息社会服务"的范围是较广的。在涉及新闻版权的范围内，它包括了新闻聚合平台，也包括搜索引擎和一些新闻网站。

③ "新闻出版物"是指主要由新闻性质的文学作品构成的合集，也包括其他类型的作品或内容，并且：（1）能够构成期刊或以同一标题定期更新的出版物（例如报纸或者综合或特定方向的杂志）中的一项独立内容（individual item）；（2）以向一般公众提供有关新闻或者其他主题的信息为目的；（3）由新闻服务提供者发起（initiative）、承担编辑责任（editorial responsibility）以及管控（control），并且发表在任何载体上。应当注意的是，为科学或学术目的出版的期刊，例如科学杂志，不是本指令所指的新闻出版物。同时，根据法律论述第 56 条，诸如博客一样的网站，并不受本法保护，因为其并不是由新闻服务提供者发起（initiative）、承担编辑责任（editorial responsibility）以及管控（control）的。最终指令法律论述第 55 条提到，新闻出版商的概念应理解为出版本指令意义下的新闻出版物的新闻服务的提供者，如新闻出版商或新闻通讯社。

应剥夺他们独立地利用出版物中作品和其他标的权利。当基于非排他性许可将作品或其他标的合并到新闻出版物中时，不得援引第 1 款中规定的权利以禁止其他授权用户使用。不得援引第 1 款规定的权利来禁止使用已过保护期的作品或其他标的。

（3）欧盟理事会（19）的第 2001/29/EC 号指令（版权指令），第 2012/28/EU 号指令（关于"孤儿作品"的指令）和第 2017/1564 号指令（EU）第 5 至 8 条（关于有视觉和书写障碍的人群对作品使用的限制与例外的指令）应比照适用于本条第 1 款。

（4）关于权利期限，此权利在新闻出版物出版 2 年后届满，起算日为出版物发表之日次年的 1 月 1 日。该权利不适用于 2019 年 6 月 6 日之前首次出版的新闻出版物。

（5）指令还强调了新闻出版物作者应当享有的权利。会员国应规定，纳入新闻出版物的作品的作者应获得新闻出版者通过行使第一款规定权利所获得的收入的适当份额。

（三）指令第 15 条的纵向比较

可以看出，与德国和西班牙的在先立法相同，已经通过的指令第 15 条主要针对的也是信息社会服务提供商，不针对个人，并且将个人对新闻出版物的私人和非商业用途排除在了权利适用范围之外。不过，在 2016 年 9 月 12 日欧盟委员会首次提出的原始提案中，该项全新的邻接权义务主体范围是极其模糊的。原始的提案仅仅提到，为了新闻作品的数字使用，成员国应当赋予新闻出版商就其新闻作品的复制权和向公众提供和传播权。并且，权利的限制与例外、权利期限等都与现有版本不同。在本法案立法的过程中，一共有三个不同的版本，在 2018 年 9 月，送往欧洲议会一读的版本已经较原始版本有所改动，但仍然与最新版本有所不同。这三个版本的变化具体如表 1 所示。

表 1　《数字化单一版权指令》第 15 条内容变化

版本	2016 年 9 月 12 日原始版本①	2018 年 9 月议会一读版本②	2019 年 5 月 17 日欧盟公报版本
权利内容	复制权和向公众传播权	复制权和向公众传播权	复制权和向公众传播权
义务主体范围	不明确，仅描述为"新闻作品的数字使用"	明确指出为"信息社会服务提供商"	"信息社会服务商"
权利期限	20 年	5 年	2 年
权利的限制与例外③	没有明确④	排除个人的私人和非商业使用；排除仅包含个别词句的超链接	排除个人的私人和非商业使用；排除超链接；排除对个别词句和非常简短摘要的使用
作者和其他权利人的权利	规定不得影响其正常行使权利	除规定不得影响之外，规定作者可以获得补偿的适当份额	除规定不得影响之外，规定作者可以获得补偿的适当份额
溯及力	无规定	无溯及力	不溯及 2019 年 6 月 6 日以前出版的新闻作品
条文位置	第 11 条	第 11 条	第 15 条

注：①来自指令原始草案。Proposal for a Directive of the European Parliament and of the Councilon Copyright in the Digital Single Market Brussels，14.9.2016 COM（2016）593 Final 2016/0280（COD）.

②来自 2018 年的修正案。Copyright in the Digital Single Market Amendments adopted by the European Parliament on 12 September 2018 on the Proposal for a Directive of the European Parliament and of the Council on Copyright in the Digital Single Market（COM（2016）0593 - C8 -0383/2016 - 2016/0280（COD））.

③三个版本的提案都有如下论述："此项权利将受到与第 2001/29/EC 号指令（关于信息社会中的版权）的版权适用的相同限制，比如因批评和评论而做的引用。不过这些论述都未在条文里显示，因此笔者并没有写入表格。

④第一版在提案的条文中并没有提到任何的限制与例外，但是在法律陈述第 33 条有提到"该项权利的保护并不及于不构成向公众传播的超链接"，不过因为条文没有提到，所以在此处笔者并没有写入表格。这也从另一方面证明了，提案初始版本的撰写并不明晰，存在很多法律不确定性。

从表 1 可以看出，《数字化单一版权指令》的原始版本对义务主体的范围规定所采用的措辞是"新闻作品被数字使用"，如采用字面意思理解，就可能涵盖个人用户对新闻出版物的非商业和私人使用。并且，在原始法案的法律解释中也没有进一步明确该项权利的义务主体。此提案发布不到一个月，就出现担忧的声音，认为公众可能要为同样的内容付费两次，并希

望法案可以明晰该项权利的边界和限制。① 在权利和限制与例外方面，原始
提案只是在立法论述中提到将超链接排除在外，但是由于条文正文并没有
做出明确规定，因此存在争议。可以说，原始提案在撰写上极不严谨，带
来了许多法律不确定性。

原始法案发布之后，欧洲议会的多个专门委员会分别就法案提出了自
己的修改意见。其中，单一市场和消费者保护委员会②与文化与教育委员
会③都提出，应当将该权利明确指向新闻聚合平台和搜索引擎。另外，在
权利的例外和限制方面，两个委员会都提出，应当将超链接排除在外，文
化与教育委员会还提出排除私人使用。对于限制与例外，工业研究和能源
委员会④的意见是，应当排除非为了自己利益的链接。同时，工业研究和
能源委员会认为，应当确保新闻记者可以通过此权利获得合理的补偿。可
以说，后来的两个版本条文的变化，在一定程度上参考了各个专业委员会
的意见。

2018 年 9 月议会一读的提案进一步明确了义务主体的范围，不过却并
没有直接采纳以上两个委员会的建议，直接指向新闻聚合平台和搜索引擎，
而是采用了欧盟第 2015/1535 指令第 1 条第 1 款（b）项所规定的"信息社
会服务商"的概念，此概念涵盖了上面的两类服务商，并且范围还要更广。
毫无疑问，个人对新闻出版物的私人使用并不在规制范围内，这也从第二

---

① Cristophe Dickès, "Mr Smith, Google and the EC," https://www.linkedin.com/pulse/mr-smith-google-ec-christophe-dick%C3%A8s.

② 提交于 2017 年 6 月 14 日。Opinion of the Committee on the Internal Market and Consumer Protection for the Committee on Legal Affairs on the Proposal for a Directive of the European Parliament and of the Council on Copyright in the Digital Single Market [COM (2016) 0593 – C8 – 0383/2016 – 2016/0280 (COD)].

③ 提交于 2017 年 9 月 4 日。Opinion of the Committee on Culture and Education for the Committee on Legal Affairs on the Proposal for a Directive of the European Parliament and of the Council on Copyright in the Digital Single Market [COM (2016) 0593 – C8 – 0383/2016 – 2016/0280 (COD)].

④ 提交于 2017 年 8 月 1 日。Opinion of the Committee on Industry, Research and Energy for the Committee on Legal Affairs on the Proposal for a Directive of the European Parliament and of the Council on Copyright in the Digital Single Market [COM (2016) 0593 – C8 – 0383/2016 – 2016/0280 (COD)].

版开始就在条文中得以明确。同样在第二版被明确排除的还有超链接。在最终通过的版本中，对新闻出版物个别词句和最短摘要的使用，也被认为不属于对该项新邻接权的侵犯。这并不意味着只要是对新闻作品部分内容的使用就一定不构成侵权。根据法律论述第 58 条，对部分出版物的使用也同样具有经济意义，只有单个单词或新闻出版物的简短摘录才可能不会损害新闻出版物的出版商在内容制作方面的投资。而对"最短摘要和个别词句"的解释应当以不影响本指令规定的权利效力的方式进行。

二　新闻出版商邻接权的绩效分析

为新闻出版商引入邻接权，是数字环境中欧盟面对新闻出版商的呼吁交出的答卷。而在我国，也不乏新闻出版商对新闻聚合行为的痛斥和对保护自身利益的强烈诉求。① 分析欧洲的新闻出版商邻接权的实际效应，对指导我国的立法有极大的意义。

（一）新的邻接权所带来的影响

直到 2019 年，欧盟将新闻出版商邻接权适用到全欧盟的努力才在欧洲议会通过，因此无法验证这一条款的既有影响。不过，德国和西班牙国内新闻出版商邻接权的实施现状对于分析新闻出版邻接权的有效性便极为重要。网络时代，新闻数量爆炸式增长，同时新闻作品具有时效性，这项邻接权只有能够完成海量新闻的快速许可，才能提高新闻的浏览量和访问量，进而增加新闻出版商的收入。

在相继颁布新的立法之后，德国和西班牙的新闻出版商并没能快速地完成新闻作品的许可，同样也没有迎来自身收入的提高。德国一项研究发现，2014 年 10 月德国版谷歌新闻根据法律的修改采用了"选择加入"（opt

---

① 如 2014 年在网络引发激烈讨论的《新京报》社论《"今日头条"，是谁的头条》，谴责今日头条的商业模式侵犯他人的版权。

in）政策①后，出版商施普林格在两周后退出了谷歌新闻，其所控制的网点访问次数减少了7%。② 因此，施普林格在之后无奈选择加入了谷歌的"Opt in"政策。在西班牙引进邻接权之后，谷歌关闭了其在西班牙的服务。在谷歌新闻退出西班牙后，西班牙的整体新闻消费（包括谷歌新闻首页的消费）减少了约20%，而新闻出版商网站的访问量则减少了约10%。值得注意的是，访问量减少较多的主要是规模较小的新闻出版商，规模较大的新闻出版商在整体上却没有发生重大变化——其首页浏览量有所增加，但是文章的浏览量有所减少，二者几乎抵消。③ 在欧盟就此次立法所进行的一次利益相关方会谈中，西班牙的新闻出版商便表示，邻接权无法改善许可和执法环境。④ 他们认为，欧盟层面的立法干预可能会对在线服务提供商（如新闻聚合平台）和出版商之间的合作产生负面影响，最终会对较小的出版商产生负面影响。⑤ 从德国和西班牙的现状来看，这项权利并没有使新闻出版商在数字环境中更加有效和简便地进行新闻作品的许可，对于新闻出版商议价地位和收入的提升也并无帮助。

该项邻接权还可能会造成其他负面的影响。此项权利可能会影响记者和作家的权益。作家在邻接权引入之前也曾经表达过这样的担忧。⑥ 事实确

---

① "Opt in"政策是只有当新闻出版商同意免费将作品许可给谷歌，谷歌才会显示该新闻出版商的内容；之前谷歌一直称自己抓取所有出版商的内容属于"Opt out"（选择退出）的模式，如果没有明确的反对，则视为出版商已经同意自己的内容被谷歌抓取并显示。

② 后来Springer就以选择加入的方式免费向谷歌提供了许可。

③ S Athey, M Mobius and J Pal, 'The Impact of Aggregators on Internet News Consumption' (2017). https://www8. gsb. columbia. edu/media/sites/media/files/Marcus%20Mobius%20paper. pdf.

④ 欧盟委员会于2016年9月14日正式提出提案之前，其于2016年3月23日和2016年6月15日之间就出版商在版权价值链中的角色进行了公众协商，收集了各方意见。

⑤ "Public Consultation on the Role of Publishers in the Copyright Value Chain and on the 'Panorama Exception'" (23 March to 15 June 2016), introductory section, "The role of publishers in the copyright value chain". https://ec. europa. eu/digital-single-market/en/news/public-consultation-role-publishers-copyright-value-chain-and-panorama-exception.

⑥ Xalabarder, "The Remunerated Statutory Limitation for News Aggregation and Search Engines Proposedby the Spanish Government; Its Compliance with International and EU Law" (infojustice. org, 2014). (http://infojustice. org/archives/33346); Xalabarder at CIPIL-IViR, 2016; CREATe, 2016, 20.

实如此，报刊社经常会以"投稿须知"的方式获得对新闻作品一定的版权权利。作者的谈判地位相对新闻出版商来说更加薄弱，需要比价值链中的其他参与者受到更多保护。而指令第 15 条直接将作品的数字复制和传播权给予新闻出版商，作者有理由担心出版商绕过自己直接许可作品使自己的利益受损。

另外，该项邻接权还被指可能会影响市场的自由度和阻碍创新。由上文可知，小规模的新闻出版商受到更多的负面影响，邻接权无形中提高了新闻出版市场的准入门槛，这反而会挫伤新闻出版业，阻碍创新。同样地，对于新闻聚合器来说，初创的新闻聚合服务提供商也可能会因为许可费过高而失去活力。在西班牙，除了谷歌新闻关闭之外，另有一家初创公司关闭，两家初创公司由于法律上的不确定性而决定不开放。一位西班牙的新闻聚合器总裁接受采访时说，这项新的邻接权使西班牙的在线新闻市场处于不利地位，我们无法在国际上进行创新和竞争。①

（二）邻接权不能解决新闻出版商困境的原因

1. 对数字时代和媒体融合的趋势认识不准确

这项邻接权最致命的弱点是它并不适应生产力发展的趋势，将传统媒体与新兴媒体分立地看待，前者视为权利人，后者视为义务人。新闻聚合器被放在新闻出版业的对立面，甚至被看作传统媒体衰落的罪魁祸首——不管是新闻出版商对新闻聚合服务商的看法②，还是《数字化单一版权指令》的立法解释③都体现了此种观点。这样的观点显然有失公允。互联网和数字技术的发展，降低了媒介传播的门槛，由此带来传统新闻出版商的衰落，这是生产力发展的必然结果。而在实际的新闻市场中，消费者、内容

---

① Raquel Xalabarder，" Spanish Supreme Court Rules in Favour of Google Search Engine … and a Flexible Reading of Copyright Statutes? 3（2012）JIPITEC 162，para. 1. https：//www. jipitec. eu/issues/jipitec – 3 – 2 – 2012/3445/xalabarder. pdf.

② 认为新闻聚合服务商的行为属于"搭便车"，借由他人的内容以实现自己的利益。

③ 在该指令第而版本立法解释第 31 条有如下的表述，强大的平台（Platform）和新闻出版商之间的利益不平衡日益加剧，已经导致传统媒体的衰落。

提供者、广告商、聚合服务提供者的利益是统一的。传统媒体与新兴媒体的范围也有重合，它们无法被割裂地看待。这项邻接权所保护的权利人（新闻出版商）可能一不小心就会变成义务人（新闻聚合平台）。① 另外，不仅如此，有相关实证研究证明，新闻聚合器对出版商并不起替代作用，反而会起到补充作用。

人们之所以认定新闻聚合器实质性替代了出版商，是基于许多用户往往只会浏览聚合平台给出的新闻摘要，并不会再点击链接进入报刊的网站。2010 年 1 月，在许可协议破裂后，谷歌从其平台中删除了美联社发布的所有新闻报道。与此同时，雅虎新闻还保持着与美联社的合作，显示着相关的新闻内容。如果新闻聚合器果真对新闻出版商起替代作用，当谷歌将美联社的文章移除后，消费者会转而去访问原网站或者投入雅虎新闻的怀抱。然而，根据大数据监测和计算，谷歌的总访问量并没有下降，在访问谷歌之后，谷歌新闻用户不太可能访问其他与美联社有关的新闻网站②，新闻聚合器对新闻出版商并不起明显的替代作用。还有一组更为直接的数据，有研究证明，在访问新闻出版商网站的流量中，通过推荐链接访问的流量平均占发布者页面浏览总量的 66%，而直接流量（通过发布者网页直接驱动新闻网站的流量）则只占其余 34%。2014 年，新闻网站的推荐访问量为法国、德国、西班牙和英国的新闻出版商带来了超过 7.46 亿欧元的在线收入。③ 另一方面，正如许多新闻出版商依赖新闻聚合器一样，新闻聚合服务

---

① 规模大的新闻出版商一直在寻找自身的转型。德国的 Springer 集团在 2017 年与三星集团合作推出了新闻内容汇总平台 Upday，该平台将预装在新的 Galaxy S7 和 S7edge 设备上，以供法国、德国、波兰和英国的客户使用，平台也会根据客户需求进行内容推荐。这样一来，Springer 集团就会既是新闻出版商邻接权的权利人，也是义务人。这一新闻出版商转型的例子，更加证明了新闻市场的统一和不可分割性，也更折射出邻接权的不合理性。

② Lesley Chiou；Catherine Tucker，"Content aggregation by platforms：The case of the news media" *Journal of Economics and Management Strategy*，p. 784.

③ Deloitte，"The Impact of Web Traffic on Revenues of Traditional Newspaper Publishers. ? A Study for France, Germany, Spain, and the UK". https://www2. deloitte. com/content/dam/Deloitte/ uk/Documents/technology-media-telecommunications/deloitte-uk-impact-of-webtraffic-on-newspaper-revenues – 2016. pdf.

商同样依赖于出版商所提供的内容。

在数字技术引发的媒体融合浪潮下，传统报刊业和新闻聚合服务商只会更加趋向一体化。新的邻接权正在试图割裂这个统一市场，这将会对现代媒体造成损害。

2. 权利规则设置具有明显局限性

根据相关的法律条文，德国和欧盟的指令，都蕴含着"先许可，后使用"的规则，这也是版权许可的通常路径。但是，这样的路径显然并不适合数字环境下的新闻出版业。最重要的原因是这样的模式会大大提高交易成本。与公众的需求相对应，新闻出版商的需求就是尽可能抢占先机，先人一步将信息又好又快地传播，以占领市场，提高收入，巩固品牌。如果对海量的新闻作品都采用先许可、后使用的模式，必定会降低新闻作品的传播效率。保护新闻作品免遭未经许可的使用与通过部署新闻产品获得最大化收益之间似乎存在矛盾。[1] 这也可以解释，在德国媒体协会与谷歌僵持之时，为什么大多数新闻出版商选择以零许可费允许谷歌使用它们的内容——这样做显然更符合它们的利益。德国和西班牙都采取了集体管理的模式来实施邻接权的许可，由于实际许可效果的不理想，集管组织被新闻出版商诟病带来了附加成本。[2] 其实，采取集管的措施正是为了集中、快速地进行许可，需要被诟病的是"先许可，后使用"的规则。

这项新的邻接权所采用的规则为财产规则，甚至西班牙的规定可能有不可转让的性质。[3] 在财产规则下，必须通过自由交易，经由权利人允许，以卖方同意的价格取得该权利。而在责任规则下，可以在不经权利人允许的情况下使用该权利，不过应当给予相应的补偿。不可让与规则是承认某

---

① Xalabarder, "The Remunerated Statutory Limitation for News Aggregation and Search Engines Proposedby the Spanish Government; Its Compliance with International and EU Law". http://infojustice. org/archives/33346; CREATe, 2016, 20.

② Online News Aggregation and Neighbouring Rights for News Publishers. Ref. Ares (2017) 6256585 – 20/12/2017 https://www. asktheeu. org/en/request/4776/response/15356/attach/6/Doc1. pdf.

③ 吉多·卡拉布雷西：《财产规则、责任规则与不可让与性：一个权威的视角》，明辉译，法律出版社，2005，第 285 页。

一主体具有相应的权利，但是禁止其转让。德国和欧盟的指令显然采用的是财产规则。西班牙将关于邻接权规定在限制与例外里，从表面上看是试图采用责任规则。但是其规定该项权利不可放弃，就相当于剥夺了权利人的自由处分权，实际上使该规则具有不可让与的特点。知识产权虽然是一种排他性权利，但是不应该影响作品的传播和公众的利益。Trips 协议第 7 条规定，知识产权的保护和执法应有助于促进技术革新，使技术知识的创造者和使用者互相受益并有助于社会和经济福利的增长及权利和义务的平衡。作为版权许可的通常路径，"先许可后使用"规则也许在其他领域还依然有效。但是新闻出版业天生具有公益性，行业内各个主体对新闻快速传播有着共同的追求，这就决定了在新闻版权上我们或许可以不用"先许可，后使用"的规则。

三　新闻出版商邻接权对我国之参考

（一）我国新闻出版领域的版权现状

改革开放之前，我国一直实行计划经济体制，所有的出版单位都为国有。因此，在很长的一段时间里，我国出版物（包括新闻出版物）扮演着宣传工具和服务人民文化生活的角色，主要发挥的是其政治与公益的功能。与之相对应，我国的新闻出版机构大多属于事业单位，经营上主要依靠主管部门。在当时，中国尚未制定《著作权法》，报刊出版者也似乎不需要版权的保护。改革开放之后，我国逐渐推进了新闻出版机构改革，鼓励其由事业单位转为企业制。国有新闻出版机构逐渐成为市场经济中的竞争主体，出版物的商品属性也渐渐凸显。① 1990 年，我国制定了《著作权法》，逐渐

---

① 1983 年 6 月 6 日，党中央和国务院联合颁布了《中共中央和国务院关于加强出版工作的决定》，指出"社会主义的出版工作，首先要注意出版物影响精神世界和指导实践活动的社会效果，同时要注意出版物作为商品出售而产生的经济效果……出版物要加强经济核算，提高经营管理水平"。

市场化的国有新闻出版机构认识到了版权保护对改善自己经营状况的重要性。同时，民营资本被允许进入出版领域。尤其是 2009 年，国家新闻出版总署印发《关于进一步推进新闻出版体制改革的指导意见》第 14 条提出，要引导非公有出版工作室健康蓬勃发展。

要发挥新闻作品的政治与公益属性，新闻作品应具有较高的传播效率。只有新闻作品被快速和广泛地传播，才能更好地沟通政府与公众，才能使人民群众"足不出户便知天下事"，保障人民群众的基本文化权益。另外，改制后的新闻出版单位面临着经营的压力，新闻作品的商品属性亟待发挥。从版权的角度来看，随着我国版权市场的不断发展，版权的许可和流转逐渐成为新闻出版商营利的重要方式。版权不仅成为新闻出版商保护自己独家内容的有力工具，也有利于其进行市场竞争。从版权的角度来看，要发挥新闻作品的商品属性就要提高新闻作品的许可效率。

随着网络时代、大数据和智能手机时代的到来，公众对网络的依赖演变成了对新闻聚合平台的依赖。对我国的新闻出版商来说，丧失了传播信息的渠道优势，其最重要的政治宣传与公益功能便无法发挥。同时，商业网站和新闻聚合平台对它们作品的无偿使用，也对它们的营利情况造成了负面影响。2014 年 6 月，我国最大的新闻聚合平台今日头条①宣布拿到了 1 亿美元的融资，这一新闻触碰了传统媒体本就敏感的神经。《新京报》随即以一篇《"今日头条"，是谁的"头条"》指责今日头条搬运新闻却不付费的行为，成为当时呼吁保护自己权益的传统媒体代表。

在收到了有关传统媒体的投诉之后，国家版权局于 2014 年 6 月立案调查，并于 9 月 15 日表示："今日头条"构成侵权。② 今日头条在运行时，有对媒体网页新闻进行"转码"——将媒体的新闻储存到自己服务器中的行为。"今日头条"方面强调这种行为只是"临时"的。但是当用户浏览结束之后，今日头条声称所"临时"复制的媒体新闻并没有被自动删除。

---

① "今日头条"用户量超 6.5 亿，日活量达到 1.2 亿。
② 《国家版权局拍板："今日头条"构成侵权》，http://www.infzm.com/content/104191。

因此，根据《关于审理侵害信息网络传播权民事纠纷案件适用法律若干问题的规定》第 3 条，今日头条的这种"转码"行为实际上构成了侵犯信息网络传播权的行为，具有独立的经济价值。[①] 在国家版权局的压力下，今日头条与绝大多数新闻出版商开展了合作，截至 2015 年年初，与今日头条有正式合作的媒体、政府和机构总计 5000 家，其中签约的传统媒体超过 1000 家。

由上级主管部门主控的机制，是我国独有的版权纠纷解决机制，对于解决和协调本部门内部的矛盾较为有效。但是，这种调整行为并未落实在法规或文件中，所以显得缺乏稳定和可预期性。[②] 从表面上看，在主管部门版权局的介入下，目前我国的新闻聚合平台与新闻出版商正处在较为有效的合作关系中。不过，这种状态不具有绝对的持续性，随着新闻聚合平台和新兴媒体的增多，现有的机制无法持续有效地进行规制。在版权局执法之后，仍然有许多媒体与今日头条产生纠纷，如 2017 年腾讯诉今日头条的案件以及 2018 年判决的现代快报诉今日头条案。

（二）欧洲新闻出版商邻接权的实效给我国的启示

不管是从新闻出版机构的性质，还是从版权保护的规制路径来看，我国的新闻出版行业都有极具中国特色。由于我国大部分新闻出版机构具有国有性质，其最看重的还是如何发挥新闻作品的政治与公益功能，即如何提高新闻作品的传播效率，促进其快速和广泛地传播。但同时，新闻作品的商品属性的充分发挥也符合新闻机构营利的需求。根据前面的论述，网络的普及是生产力发展的结果，由此引发的媒体融合现象是新的生产关系的反映。新闻聚合器的出现符合生产力发展和媒体融合的趋势。它并非洪水猛兽，不会实质性替代新闻出版商，反而会为新闻出版商带来更多访问量。在流量时代，访问量的增多便意味着新闻作品传播效率的提高与新闻

---

① 王迁：《"今日头条"著作权侵权问题研究》，《中国版权》2014 年第 4 期，第 5 页。
② 熊琦：《中国著作权立法中的制度创新》，《中国社会科学》2018 年第 7 期，第 118 页。

出版商收入的增多。所以，在我国，新闻出版商有更多可能与目前的信息传播渠道控制者——新闻聚合平台开展合作。

欧盟所创设的出版商邻接权基于对新闻聚合器性质的片面理解，无法促进新闻聚合器和新闻出版商之间的合作。因此，我国不应当引进欧盟的制度。我国应当根据本国的实际情况，探索建立能够实现海量新闻作品快速许可的新闻版权制度。

1. 顺应媒体融合潮流

我国立法者应当认识到，保护新闻出版业并不是保护旧的商业模式，而是应当顺应时代潮流，在新的商业模式中做好利益平衡，进一步促进媒体融合下新闻出版业的可持续性发展。以版权为名义保护自己是很容易的，但要是以为拥有版权就拥有了未来，是很不靠谱的。[①] 面对新技术的冲击，新闻出版商不应以版权来筑就围城，而应当勇于加入媒体融合的大潮，更好地促进自身转型。

传统媒体的优势就是其在生产优质新闻方面的经验和能力以及长期积累的品牌效应。而新闻聚合器的优势在于对数字技术的应用能力和对用户喜好的掌握能力。假如将二者的优势结合，一定会在网络环境中为公众提供更多更优质的内容。而且，平台的技术优势可以被用来维护版权。

2. 注重作者收入的提高

我国的《著作权法》目前正在进行第三次修订。《著作权第三次修改送审稿》第 20 条修改了职务作品的规定，规定报刊社、通讯社、广播电台和电视台的职工专门为完成报道任务创作的作品的著作权由单位享有，作者享有署名权。这意味着，如果此条通过，在没有约定的情况下，记者为完成报道任务创作的作品版权归新闻机构所有。鉴于我国新闻机构的国有属性，新闻机构的雇员有相当一部分属于事业编制，工资来自国家。再加上新闻作品的创作要求前期有较大的采编投入，这些投入几乎全部来自新闻机构。因此，此条的修改有其合理性。它也能够帮助新闻出版商在数字环

---

① 《版权扼杀不了新媒体的未来》，https://m.huxiu.com/article/35140.html。

境下更加便利地维权。

但是，我国的立法者不应忽视对作者权益的保护。我国新闻作品的作者几乎都是新闻出版单位的雇员。[①] 许多报刊出版者在与记者签订雇佣劳动合同时，就已经通过约定将职务作品的著作权归报刊所有。在许多新闻出版商与聚合平台产生纠纷的案例中，出版商都出示了此种合同。[②] 作者在我国并无足够的议价能力，事实上，长期以来，在版权领域，控制传播渠道的中间商控制了作品传播并且截留了大部分收益。[③] 在新闻出版业，从前这个中间商是新闻出版商，现在是新闻聚合器。而作者——作品的创作者，却一直在夹缝中生存。如果版权不能有效保护创作者的利益，就无法达成其促进创新和文化繁荣的目的。

因此，立法者应当对作者获得多少利益份额予以关注。比如，可以规定应当根据作者所创作的内容被使用的情况，使作者分享报刊出版者所获得报酬的一部分。或者，可以规定报刊社的记者在一定期限（如 2 年）后，可通过汇编等形式对职务作品进行二次利用。

3. 尝试默示许可制度规则

从德国和西班牙的例子可以得知，采取权利规则会降低新闻传播的效率，增加交易成本，无益于完成网络环境下海量新闻作品的快速许可。要完成这一目标，网络新闻版权规则应以"提高传播效率，降低交易成本"作为价值取向。默示许可制度符合这一价值取向，或许可以作为中国未来网络新闻版权制度的选择。默示许可制度与谷歌所提倡的选择退出（opt

---

① 而在欧洲，具有相当数量的自由撰稿记者。根据欧盟委员会的一个报告，在德国，工会会员中，43000 名成员中有 26000 名自由撰稿人记者。参见 The status of journalists in Europe Report1 Committee on Culture, Science, Education and Media Rapporteur: Ms Elvira DROBINSKI-WEISS, Germany, Socialists, Democrats and Greens。http://website-pace. net/documents/19871/3306947/20171204 StatusJournalistsInEurope-EN. pdf/80000471 – 7f19 – 49b5 – 8186 – 0ca1b185fa8f.

② 如《经济参考报》社诉广州网易计算机系统有限公司著作权侵权纠纷案（2016）粤 0106 民初 15119 号；北京字节跳动科技有限公司与江苏现代快报传媒有限公司、江苏现代快报传媒有限公司无锡分公司等著作权权属、侵权纠纷二审民事判决书；（2018）苏民终 588 号。

③ 杰西卡·李特曼：《视版权为财产时我们会忽视什么》，倪朱亮译，《知识产权》2019 年第 9 期。

out）机制原理相同，是在互联网市场中自生自发的交易秩序的体现。① 它是指，只要权利人没有明确表示拒绝，就默认权利人同意使用其内容，不过使用者负有向权利人支付合理报酬的义务。

新闻作品的特性决定了其可以适用"默示许可"制度。相比于小说等其他文字作品，新闻作品更具时效性，对保护措施的及时性有更高的要求。同时，新闻作品具有极强的公益性，通过新闻获取信息是民主社会的公众所拥有的基本权利。新闻出版商与新闻聚合平台的矛盾点主要在于是否给予报酬，使自己的新闻被更多人阅读也符合新闻出版商的利益。适用默示许可制度，促进许可效率的提高，也有利于新闻出版商增加收入。网络原本就是一个选择退出的系统，其最大的特点就是开放与共享。② 在我国网络新闻出版领域适用默示许可制度，符合读者、新闻出版商和聚合平台的共同利益。

由于默示许可制度对权利人有一定程度的限制，应当明确其适用的条件。首先，新闻作品应当已经被著作权人公开上传至网络环境中，且未采取任何技术保护措施避免作品被抓取或使用，这代表权利人没有明确表示自己的作品不能被使用。其次，应保证权利人的知情权，使用者应当及时将自己使用作品的情况通知权利人，如果权利人明确表示不允许作品的使用，使用者应立即停止使用，这便是权利人的退出机制。最后，此种对新闻作品的使用应当只涉及新闻作品的信息网络传播权和复制权，不得损害权利人的其他权利。

要实施默示许可制度，需要完善相关的配套制度，尤其是著作权集体管理制度。在默示许可制度下，由于省略了前期的沟通过程，一定会出现使用者找不到权利人，或者因客观情况无法向权利人支付报酬的情况。此时，便需要集体管理组织发挥转付报酬的作用。权利人提前授权著作权集

---

① 王国柱：《著作权"选择退出"默示许可的制度解析与立法构造》，《当代法学》2015 年第 3 期。

② John S. Sieman, "Using the Implied License to Inject Common Sense into Digital Copyright," *North Carolina Law Review* 8, 3（2007）：889.

体管理组织管理其权利,是集体管理制度蕴含的内在要义。但是在默示许可规则之下,集体管理组织是基于"选择退出"机制发挥作用的,先授权再管理的机制便因此失效。因此,在适用默示许可时,可以考虑采用延伸性著作权集体管理制度。在延伸性集体管理制度下,会员与集体管理组织所确定的授权协议不仅及于会员,而且及于非会员权利人。这种发源于北欧的制度原本的目的就是为了解决作品的大规模许可问题①,符合默示许可制度的价值追求。

延伸性集体管理制度的合法性在于,其以组织会员与组织之间的自由平等协商为基础。② 同时,将延伸性集体管理限定在新闻作品的网络复制与传播权的适用上,要求著作权集体管理组织仅仅替非会员成员转收报酬,不会造成对非会员权利人权益的损害。法律还应当允许权利人可以任意退出延伸性集体管理机制,如果权利人不情愿集体管理组织代收报酬,可以在任意时间通过通知等方式退出延伸性集体管理。这其实也是另一种"选择退出"机制,在提高许可效率的基础上尊重了权利人的自由意志。

目前,我国没有专门的新闻版权集体保护与管理机构。我国的新闻作品主要依靠中国文字著作权协会进行集体维权。中国文字著作权协会的管理范围较广,除了新闻作品之外,还包括其他所有的文字作品。若是对新闻作品采取特殊的许可规则,那么可以组建一个专门的新闻版权集体管理组织。在德国与西班牙制定新闻出版商邻接权制度之后,受到冲击的主要是规模较小的新闻出版商。集体管理组织也可以为较小新闻出版商提供维权帮助,从而促进行业整体的健康发展。

结　语

当法律将以前不属于财产的东西转变为财产权对象时,将对导致对财

---

① 熊琦:《著作权延伸性集体管理制度何为》,《知识产权》2015 年第 6 期。
② 熊琦:《著作权延伸性集体管理制度何为》,《知识产权》2015 年第 6 期。

产的控制最终流向具有最大议价能力的人手中。欧盟的新闻出版商邻接权将新闻出版商与新闻聚合器粗暴地对立，虽然赋予了新闻出版商权利，但最终议价能力高的新闻聚合器仍然获得了新闻作品的免费许可。在媒体融合的时代，寻求传统媒体与新闻聚合器的优势互补，共同保护优质的新闻作品是网络新闻版权制度的应有之义。我国的网络新闻版权制度应该坚持促进媒体融合发展，注重保护作者的权益，创新制度设计以促进新闻作品许可效率的提升，默示许可或可成为创新的选择。

《知识产权研究》第二十七卷
第 105~113 页
© SSAP，2021

《反不正当竞争法》一般条款在网络
爬虫案件中的适用

王建英[*]

摘　要： 随着华住集团数据泄露案等大规模数据泄露事件以及《网络安全法》等法律法规的出台，数据安全越来越受到重视，在特定的重要行业和领域，数据安全甚至与国家安全紧密关联。而黑科技下的网络爬虫行为，作为威胁数据安全的一门技术，也被从刑事和民事等多个角度进行打击。在网络爬虫相关判决中，《反不正当竞争法》一般条款，即《反不正当竞争法》第二条如何适用，在多年的裁判中也有了阶段性的定论，该定论不排除随着科技和司法实践的发展将会有新的更新。网络爬虫案件潜在可能造成的损失可以非常巨大，因此当事人如何经济便捷地维权，如何适用诉前禁令遏制侵权方的侵权行为，成为另一个司法实践中需解决的问题。

关键词： 反不正当竞争法　一般条款　网络爬虫

一　网络爬虫相关的刑事判决

随着华住集团数据泄露案等大规模数据泄露事件以及《网络安全法》

---

* 上海华诚律师事务所律师。

等法律法规的出台，数据安全越来越受到重视。《网络安全法》甚至将公共通信和信息服务、能源、交通、水利、金融、公共服务、电子政务等重要行业和领域，以及其他一旦遭到破坏、丧失功能或者数据泄露，可能严重危害国家安全、国计民生、公共利益的关键信息基础设施列为重点保护对象。随着大数据和人工智能技术的普及，爬虫技术成为一项高风险的专业技术。爬虫技术即 Web Crawler，也叫网络蜘蛛，是通过网络的链接地址来寻找网页，读取网页的内容，提取对自己有用的相关信息，整理好后存储到数据库中，它能从广度和深度两个角度来循环遍历链接地址，直到事先约定好的地址全部遍历完为止。① 虽说技术中立，谷歌、百度、搜狗、必应等搜索引擎都是建立在网络爬虫技术上的，但是现实中很多爬虫获得的数据都用于买卖或者攫取不正当利益等非法活动。本文并不是对网络爬虫技术做否定性评价，而是对利用网络爬虫技术实施违法犯罪行为做否定性评价，俚语有云"爬虫玩得好，监狱进得早"，诸多的判决也印证了这一说法。

在于剑、宁合泉侵犯公民个人信息罪二审刑事裁定书［（2019）苏 08 刑终 216 号］、湖南九象信息集团有限公司侵犯公民个人信息罪一案一审刑事判决书［（2018）苏 0803 刑初 643 号］中，法院均以侵犯公民个人信息罪定罪量刑。王博一文、黄业兴破坏计算机信息系统二审刑事裁定书［（2018）津 01 刑终 300 号］中原审被告则以破坏计算机信息系统罪被判刑。北京瑞智华胜科技股份有限公司非法获取计算机信息系统数据、非法控制计算机信息系统罪一案一审刑事判决书［（2019）浙 0602 刑初 636 号］中，法院则以非法获取计算机信息系统数据、非法控制计算机信息系统罪定罪量刑。

---

① 参见天津市第二中级人民法院［（2017）津 02 民终 3177 号］上海视畅信息科技有限公司、乐视网（天津）信息技术有限公司侵害作品信息网络传播权纠纷二审民事判决书。

二 研究《反不正当竞争法》一般条款在网络爬虫相关判决中的运用的意义

在民事领域中，探究《反不正当竞争法》一般条款在网络爬虫相关判决中的运用具有重要意义。该问题之所以重要，是因为《反不正当竞争法》一般条款具有不确定性和扩张性，法院对该一般条款的适用有自由裁量权，假如不限制法院的自由裁量权，将会对相关行业企业的科技进步和发展形成较大的阻力，不利于企业健康发展，但法院在该条款的自由裁量权又该限制到哪个程度是问题的关键。管制过松则使弱肉强食无序竞争的丛林法则大行其道；管制过紧则使行业人人自危，不利于自由创新和科技进步。也就是说，自由竞争和公平竞争之间的权衡，成为《反不正当竞争法》一般条款适用妥当与否的关键考量因素。《反不正当竞争法》一般条款在设置上使《反不正当竞争法》具有灵活性，能够囊括除了其明确列举的不正当竞争行为以外的符合一般条款的不正当竞争行为，不过也正因为其灵活性，如何在适用时设置和把握合法合理的原则，成为法律从业者面临的一个难题。

三 《反不正当竞争法》一般条款在网络爬虫相关判决的适用条件

在司法判决中，关于《反不正当竞争法》第二条①（下称"一般条款"）能否在网络爬虫相关判决中运用，可以参考最高人民法院 [（2009）

---

① 《反不正当竞争法》第二条：经营者在生产经营活动中，应当遵循自愿、平等、公平、诚信的原则，遵守法律和商业道德。
　　本法所称的不正当竞争行为，是指经营者在生产经营活动中，违反本法规定，扰乱市场竞争秩序，损害其他经营者或者消费者的合法权益的行为。
　　本法所称的经营者，是指从事商品生产、经营或者提供服务（以下所称商品包括服务）的自然人、法人和非法人组织。

民申字第 1065 号］山东省食品进出口公司、山东山孚集团有限公司、山东山孚日水有限公司与马达庆、青岛圣克达诚贸易有限公司不正当竞争纠纷案（裁判日期：2010 年 10 月 18 日），该判决书提出《反不正当竞争法》一般条款在互联网相关判决的适用应满足三个条件：

关于《反不正当竞争法》第二条作为一般条款予以适用的基本条件。自由竞争和公平竞争是市场经济的两个基本法则，二者各有侧重，互为平衡。自由竞争将有效地优化市场资源配置、降低价格、提高质量和促进物质进步，从而使全社会受益。但是，自由竞争并非没有限度，过度的自由竞争不仅会造成竞争秩序混乱，还会损害社会公共利益，需要用公平竞争的规则来限制和校正自由竞争，引导经营者通过公平、适当、合法的竞争手段来争夺商业机会，而不得采用违法手段包括不正当竞争手段。因此，虽然人民法院可以适用《反不正当竞争法》的一般条款来维护市场公平竞争，但同时应当注意严格把握适用条件，以避免不适当干预而阻碍市场自由竞争。凡是法律已经通过特别规定作出穷尽性保护的行为方式，不宜再适用反不正当竞争法的一般规定予以管制。总体而言，适用《反不正当竞争法》第二条第一款和第二款认定构成不正当竞争应当同时具备以下条件。一是法律对该种竞争行为未作出特别规定；二是其他经营者的合法权益确因该竞争行为而受到了实际损害；三是该种竞争行为因确属违反诚实信用原则和公认的商业道德而具有不正当性或者说可责性，这也是问题的关键和判断的重点。

在此基础上，北京知识产权法院在其作出的北京淘友天下技术有限公司等与北京微梦创科网络技术有限公司不正当竞争纠纷二审民事判决书［（2016）京 73 民终 588 号，裁判日期：2016 年 12 月 30 日］中将《反不正当竞争法》一般条款的适用条件另外追加了三条：

最高人民法院在［（2009）民申字第 1065 号］"山东省食品进出口公司等与青岛圣克达诚贸易有限公司等不正当竞争纠纷再审案"中提出，适用《反不正当竞争法》第二条认定构成不正当竞争应当同时具备以下条件：1. 法律对该种竞争行为未作出特别规定；2. 其他经营者的合法权益确因该竞争行为而受到了实际损害；3. 该种竞争行为因确属违反诚实信用原则和公认的商业道德而具有不正当性。基于互联网行业中技术形态和市场竞争模式与传统行业存在显著差别，为保障新技术和市场竞争模式的发展空间，本院认为在互联网行业中适用《反不正当竞争法》第二条更应秉持谦抑的司法态度，在满足上述三个条件外还需满足以下三个条件才可适用：1. 该竞争行为所采用的技术手段确实损害了消费者的利益，例如，限制消费者的自主选择权、未保障消费者的知情权、损害消费者的隐私权等；2. 该竞争行为破坏了互联网环境中的公开、公平、公正的市场竞争秩序，从而引发恶性竞争或者具备这样的可能性；3. 对于互联网中利用新技术手段或新商业模式的竞争行为，应首先推定具有正当性，不正当性需要证据加以证明。同时，该判决也指出，本案暴露出互联网企业经营活动中对用户信息保护存在普遍缺陷这一更深层次的矛盾。

在上海知识产权法院［（2016）沪 73 民终 242 号］北京百度网讯科技有限公司与上海汉涛信息咨询有限公司其他不正当竞争纠纷二审民事判决书（裁判日期：2017 年 8 月 30 日）中，法院对《反不正当竞争法》一般条款的适用上采用了三条：一是法律对该种竞争行为未作出特别规定；二是其他经营者的合法权益确因该竞争行为而受到了实际损害；三是该种竞争行为因确属违反诚实信用原则和公认的商业道德而具有不正当性或者说可责性。法院着重对汉涛公司（大众点评网的实体）的利益是否因百度公司的行为受到损害和百度公司的行为是否违反诚实信用原则和公认的商业道德进行了分析阐述。

在网络爬虫相关案件的民事判决中，以《反不正当竞争法》一般条款为依据进行裁判的案例当中，有一个案例为深圳市谷米科技有限公司（以下简称谷米公司）与被告武汉元光科技有限公司（以下简称元光公司）、邵凌霜、陈昂、刘江红、刘坤朋、张翔不正当竞争纠纷民事判决书①（审理法

---

① 参见深圳市中级人民法院［（2017）粤 03 民初 822 号］民事判决书，裁判日期：2018 年 5 月 23 日。

院：深圳市中级人民法院；案号：（2017）粤 03 民初 822 号；裁判日期：
2018 年 5 月 23 日），该案中，法院判决：被告武汉元光公司向原告深圳市
谷米公司赔偿经济损失及合理维权费用 50 万元。

四 《反不正当竞争法》一般条款的适用

《反不正当竞争法》一般条款在判决中的适用如何才能既促进市场的自
由竞争，又防止对该一般条款进行滥用呢？《最高人民法院关于当前经济形
势下知识产权审判服务大局若干问题的意见》第十一条提出：凡反不正当
竞争法已在特别规定中作穷尽性保护的行为，一般不再按照原则规定扩展
其保护范围；对于其未作特别规定的竞争行为，只有按照公认的商业标准和
普遍认识能够认定违反原则规定时，才可以认定构成不正当竞争行为，防止
因不适当地扩大不正当竞争范围而妨碍自由、公平竞争。

《最高人民法院关于贯彻实施国家知识产权战略若干问题的意见》第十
五条也给出了解答："准确把握反不正当竞争法的立法精神和适用条件，既
要与时俱进，对市场上新出现的竞争行为，适用反不正当竞争法的原则规
定予以规范和调整；又要严格依法，对于法律未作特别规定的竞争行为，
只有按照公认的商业标准和普遍认识能够认定违反反不正当竞争法的原则
规定时，才可以认定为不正当竞争行为，防止因不适当扩大不正当竞争行
为方式范围而妨碍自由、公平竞争。对于既不存在商业秘密、又不存在法
定和约定竞业限制的竞争领域，不能简单地以利用或损害特定竞争优势为
由，适用反不正当竞争法的原则规定认定构成不正当竞争。"

五 《反不正当竞争法》一般条款涉及的
竞争行为正当性判断

（2009）民申字第 1065 号山东省食品进出口公司、山东山孚集团有限
公司、山东山孚日水有限公司与马达庆、青岛圣克达诚贸易有限公司不正

当竞争纠纷案判决另外还对适用《反不正当竞争法》一般条款时认定竞争行为正当性进行了分析：

关于适用《反不正当竞争法》一般条款时认定竞争行为正当性的具体考虑。对于竞争行为尤其是不属于《反不正当竞争法》第二章列举规定的行为的正当性，应该以该行为是否违反了诚实信用原则和公认的商业道德作为基本判断标准。诚实信用原则是民法的基本原则，是民事活动最为基本的行为准则，它要求人们在从事民事活动时，讲究信用，恪守诺言，诚实不欺，用善意的方式取得权利和履行义务，在不损害他人利益和社会公共利益的前提下追求自身的利益。在规范市场竞争秩序的反不正当竞争法意义上，诚实信用原则更多的是以公认的商业道德的形式体现出来的。商业道德要按照特定商业领域中市场交易参与者即经济人的伦理标准来加以评判，它既不同于个人品德，也不能等同于一般的社会公德，它所体现的是一种商业伦理。经济人追名逐利符合商业道德的基本要求，但不一定合于个人品德的高尚标准；企业勤于慈善和公益合于社会公德，但怠于公益事业也并不违反商业道德。反不正当竞争法所要求的商业道德必须是公认的商业道德，是指特定商业领域普遍认知和接受的行为标准，具有公认性和一般性。即使在同一商业领域，由于是市场交易活动中的道德准则，公认的商业道德也应当是交易参与者共同和普遍认可的行为标准，不能仅从买方或者卖方、企业或者职工的单方立场来判断是否属于公认的商业道德。具体到个案中的公认的商业道德，应当结合案件具体情形分析判定。

适用《反不正当竞争法》一般条款，首先需认定双方具有不正当竞争法意义上的竞争关系或者相关行为属于市场竞争行为。在上海市浦东新区人民法院 [（2015）浦民三（知）初字第 1962 号] 浙江天猫网络有限公司与上海载和网络科技有限公司、载信软件（上海）有限公司不正当竞争纠纷一审民事判决书（裁判日期：2017 年 4 月 11 日）中，法院对竞争关系的本质进行了论述：

竞争关系包括狭义的竞争关系和广义的竞争关系。前者是指提供的商品或服务具有同质性及相互替代性的经营者之间的同业竞争关系，后者是指非同业经营者的经营行为之间损害与被损害的关系。在市场经济背景下，市场主体从事跨行业经营的情况实属常见，互联网环境下的行业边界更是渐趋模糊，故不应将竞争关系局限于同业竞争者之间的狭义竞争，而应从经营者具体实施的经营行为出发加以考量。竞争的本质是对客户即交易对象的争夺。在互联网行业，将网络用户吸引到自己的网站是经营者开展经营活动的基础，培养用户黏性是获得竞争优势的关键。因此，即使双方的经营模式存在不同，只要具有相同的用户群体，在经营中争夺与相同用户的交易机会，亦应认定存在竞争关系。

根据《反不正当竞争法》一般条款进行竞争行为正当性判断时，需判断是否违反诚实信用原则和公认的商业道德。关于公认的商业道德的判断，在上海知识产权法院［（2016）沪 73 民终 242 号］北京百度网讯科技有限公司与上海汉涛信息咨询有限公司其他不正当竞争纠纷二审民事判决书中，法院主要从下述四个方面进行分析：1. 百度公司的行为是否具有积极的效果；2. 百度公司使用涉案信息是否超出了必要的限度；3. 超出必要限度使用信息的行为对市场秩序所产生的影响；4. 百度公司所采取的"垂直搜索"技术是否影响竞争行为正当性的判断。

六　网络爬虫案件可能触犯哪些法律法规条款

网络爬虫案件因为被爬取的信息类型不一而足，利用爬取的信息实施的违法或者犯罪行为也呈现多样化的倾向，其可能违反的法律法规条款大概率也较难列举穷尽。如本文开头所述，有因网络爬虫案件触发侵犯公民个人信息罪、破坏计算机信息系统罪、非法获取计算机信息系统数据、非法控制计算机信息系统罪的情况。当然，在民事领域因网络爬虫案件侵犯《侵权责任法》中规定的姓名权、隐私权的情况也多有发生。假如网络爬虫抓取的信息是《著作权法》保护的作品，则可能涉嫌侵犯信息网络传播权。

结　论

有原则地合理适度地适用《反不正当竞争法》一般条款，能够确保在不侵犯他人合法权益的前提下推动企业持续创新、推动技术进步，有利于建立公平自由竞争的市场环境。

网络爬虫依赖黑科技能够在短时间内爬取大量数据，因此其可能造成的损失也是大规模甚至指数级别的，对因此造成的损失，企业如果能经济便捷地举证维权，获得明确、公平、公正的判决，对科技创新和企业发展将是一个巨大的助力。

另外，当网络爬虫对企业造成危害时，在满足特定条件的情况下，可以申请诉前禁令。关于网络爬虫案件相关的诉前禁令，在吴月琴、何鑫的《"一波未平、一波又起"之数据不正当竞争行为的诉讼保全——评析微信公众号数据爬虫禁令裁定》[①] 中有专门论述。

互联网行业竞争日趋激烈的情况下，当面临网络爬虫相关侵权行为时，比起事后求偿，事前的合规规范和预防以及事中的及时止损更为重要。

---

① 吴月琴、何鑫：《"一波未平、一波又起"之数据不正当竞争行为的诉讼保全——评析微信公众号数据爬虫禁令裁定》，"律商视点"微信公众号，2020 年 3 月 23 日。

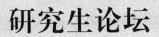

研究生论坛

《知识产权研究》第二十七卷
第 117~129 页
© SSAP，2021

自动摄影照片的著作权认定标准

潘雪菲 *

摘　要： 独创性是审查自动摄影照片是否享有著作权的关键因素。本文从中西方两个视角对当前自动摄影照片的版权保护实践进行了梳理，接着分析了自动摄影照片独创性认定应考虑的两个要素：机器发挥了多少作用以及是否体现作者的精神、思想与个性。最后本文提出了相应的建议：达到独创性高度的自动摄影照片应纳入作品保护；未达到独创性高度的自动摄影照片则应纳入邻接权的保护范围。

关键词： 自动拍摄　摄影照片　著作权　独创性

一　问题的提出

案例一：

2014 年，中国广东省，一群少年突发奇想将录像机固定在气球上让它随气球的飞行拍摄下沿途的景象。在回收相机后，这群少年把活动经过和录像截图写入《追气球的熊孩子》一文发布在网上。不久，优酷网拍摄了同名广告视频，且未经许可使用了该录像的截图。双方对该录像的截图是否享有著作权产生争议，并诉诸法律。

---

* 桂林电子科技大学法学院法律硕士。

案例二：

1963 年，美国得克萨斯州，市民 Zapruder 将录像机固定在基座上，本意是想拍摄肯尼迪总统的游行，却意外录到了肯尼迪总统遇刺的全过程。后 Zapruder 将该录像的版权卖给了时代股份有限公司，该公司公布了录像的截图。然而，作家 Thompson 在自己出版的书籍中未经同意使用了该录像的截图。时代股份有限公司遂起诉 Thompson 认为其侵犯了己方享有的著作权。

两个案例共同的争议焦点是摄影师使用自动摄影功能的相机拍下的照片是否享有著作权。在案例一中，一审法院认为自动摄影照片不享有版权，而二审法院却撤销一审判决，并引用案例二的审理观点，认为自动摄影照片具有独创性。自动摄影照片应否纳入我国的版权保护范围？我国可否直接借鉴英美法系对摄影作品的认定标准？这些都是值得思考的问题。因为独创性是认定摄影照片享有著作权的核心问题，所以下文将从独创性的角度分析自动摄影照片的著作权认定标准。

二　自动摄影照片的界定及纳入著作权的困境

自动摄影照片主要分为以下两类：第一类是使用全自动智能摄影，如交通电子眼拍照、具有拍摄功能的可穿戴设备等拍摄的照片；第二类是使用自动摄影技术录像或拍摄得出的照片。将录像机固定在某一处自动录像，拍摄者再将所得录像截图生成相片。或者设置好参数，让相机以固定的时间间隔自动按下快门生成照片。

第一类自动摄影照片不在本文的讨论范围内，因为该类照片是机器通过精密的算法拍摄而成，使用者没有对该照片进行智力创作，因此一般不享有著作权。如在《美国国家版权局管理纲要第三版》（*The Third Edition of The Compendium of U. S. Copyright Office Practices*）第 313.2 条中规定：国家版权局不登记由机器制作或者因为机器而随机、自动产生的，没有人类创造力投入的作品。

因为第二类作品同时有人力的投入和机器的使用，因此在认定其是否享有著作权上存在争议。

如在"追气球的熊孩子"案中，一审法院认为该自动摄影照片不享有著作权。气球升空前，原告只是把相机和 GPS 固定在气球上，未做其他与创作相关的考虑；气球升空后，处于一种任自飞行且相机自动录制的状态，此种情况下，对于拍摄对象、时机、角度和距离的选择，光线、色彩、明暗等元素的运用，基本没有人的智力因素介入；气球收回后，原告从相机自动录制的视频中截取一帧画面并去掉一个竖状阴影，虽然体现了一定的判断和选择，但这不足以使该图片构成摄影作品。此外，一审法院还认为原告放在气球上的相机拍摄的视频属于不具有独创性的录像制品，若从该视频中截取的一帧静态画面构成了具有独创性的摄影作品，则会导致逻辑上无法理解的矛盾。[①]

二审法院撤销了一审判决。其认为涉案照片在拍摄目的（通过高空气球对地球外太空表面进行拍摄）、对象（地球或高空地球）、手法（高空气球携带相机并制定拍摄计划）、器材（GoProHERO2 运动相机）、角度（倒置拍摄）、设置（视频录制模式，1080P 视频显示格式，25 帧每秒，广角效果，感光度 800）以及后期处理上均体现人工干预、选择和判断，展现了最低限度的人类智力性劳动，符合摄影作品中独创性的要求。另外，二审法院还举出肯尼迪遇刺影像版权案这一国外司法判例，印证自动摄影作品是可以享有著作权的。[②]

肯尼迪遇刺版权纠纷案是著作权法上的经典案例，美国法院认为拍摄者 Zapruder 在相机种类、拍摄色彩、镜头参数、拍摄区域、拍摄时间、拍摄主题、拍摄角度、光影效果等方面均体现其个人选择。[③] 这种个性的选择就是摄影作品新颖性、发明性和原创性的体现，因此 Zapruder 拍摄的照片

---

① 参见北京市朝阳区人民法院（2015）朝民（知）初字第 20524 号判决书。
② 参见北京知识产权法院（2017）京 73 民终 797 号判决书。
③ Time Inc. v. Bernard Geis Associates，293 F. Supp. 130（1968）.

属于受著作权法保护的摄影作品。

从上述法院评析中可以看出，自动摄影照片在独创性认定上有两个方向，一是认为拍摄者投入了最低限度的智力劳动，在机器设备、拍摄方法、拍摄主题等方面做出了选择，则可纳入著作权的保护范围；二是认为摄影作品不仅仅要有最低限度的智力劳动，从拍摄的开始到结束均要有人的介入，作品本身也对独创性有更高的要求。在我国司法实践中，法律并未明确摄影作品独创性的具体评判标准，这赋予了法官较多的自由裁量权，由此产生了较大的裁量难度。此外，有的自动摄影照片是从自动录像中截取而来，如果静态的截图受到版权的保护，则意味着动态的自动录像也能享有著作权，但这与我国著作权法的规定相悖。

三　自动摄影照片版权保护实践梳理

在我国的司法实践中，法官对摄影作品的认定有较大的自由裁量权，且更侧重以拍摄者对灯光、角度、器械等技术方面的选择代替摄影作品本身独创性的认定。英美法系国家认为如果摄影师在拍摄的过程中付出了一定的劳动，有基本的选择和创作，不是复制他人的成果，则该照片可以享有著作权；但大陆法系国家对摄影作品独创性要求更高，不仅仅要求有劳动、金钱的投入，还要求摄影作品必须是人类智慧的成果，体现出作者独特的个性和思想。

（一）摄影照片在我国的保护

根据《著作权法实施条例》第二条的规定：享有著作权的作品必须是具有独创性并能以某种有形形式进行复制的智力成果。因此，独创性兼智力成果是作品享有著作权的充要条件。而摄影作品，在《著作权法实施条例》第四条中，定义为借助器械在感光材料或者其他介质上记录客观物体形象的艺术作品。从法条上去判断自动摄影照片是否享有著作权实属不易，因此法官在审判中更多是通过衡量照片独创性的高低，进而推断出照片的可版权性。然而在相关法律法规中，并没有明确的关于独创性的规定，法官在具体的审判中更多是运用自由裁量权进行断案。

在司法实践中，有学者从万律网上收集了从 2014 年 1 月 1 日至 2015 年 5 月底关于照片独创性认定的判决书，共计 243 份，而这些判决书均把涉案照片认定为摄影作品，没有找到否认照片独创性的判决。① 还有学者从中国裁判文书网中以"摄影作品"和"独创性"为关键词检索出相应的裁判文书进行查阅，发现司法实务中更倾向于将拍摄者对灯光、布景、角度、时间以及器械等技术方面的选择代替对该类摄影作品本身独创性的认定②，如在薛华克诉燕娅娅等侵害著作权纠纷案中，一审法院认为，薛华克摄影作品的独创性在于拍摄时对拍摄对象的选择、拍摄时机与角度的把握、拍摄技能的运用以及后期的编辑处理等，创作过程体现了薛华克个人的判断和思考。③

在我国与著作权相关的法律法规中，对摄影作品与独创性的规定比较笼统概括。而在司法审判上，法官更倾向于从技术方面去考量摄影照片的独创性，而非摄影照片本身是否具有独创性。为了保护照片拍摄者的利益，法院大多将涉案照片认定为摄影作品。然而，摄影照片的著作权认定是应该考虑照片本身是否具有独创性，还是通过对拍摄者劳动、金钱、技术等投入来进行判断呢？可以结合英美法系和大陆法系对独创性的认定标准对此进行分析。

（二）摄影照片在域外的保护

独创性字面意思就是作品要兼具"独"和"创"。"独"也就是作者要独立完成该作品，不能是对其他作品的复制或抄袭④，这是各国普遍认可的。但是对"创"，不同法系的国家对其有不同的标准。

---

① 尤越：《智能工具下摄影作品的独创性标准》，《电子知识产权》2015 年第 9 期。
② 马一德：《再现型摄影作品之著作权认定》，《法学研究》2016 年第 4 期。
③ 参见北京市朝阳区人民法院（2011）朝民初字第 20681 号民事判决。
④ 赵锐：《作品独创性标准的反思与认知》，《知识产权》2011 年第 9 期。

英美法系国家奉行"额头出汗"原则，即作品必须是作者的劳动成果，这个成果涵盖体力成果、简单的脑力成果和有创造性的智力成果等。在上文提到的肯尼迪遇刺版权纠纷案，法官对于独创性的认定也遵循英美法系国家一贯的标准，认为创作者在创作过程中付出了劳动，有一定的投入，且达到最低限度的人类智力劳动，享有该作品的著作权。

但是大陆法系国家对独创性的要求更高，不仅仅考虑前期对作品的准备工作，还要考虑作品本身是否体现了独特的思想、个性，是作者的智力成果。如《意大利著作权法》第一编第一章的第二条（七）款和第二编第五章将照片分为"摄影作品"、"用类似方法表达的作品"和"有关摄影作品"三类。"摄影作品"与"用类似方法表达的作品"受著作权保护，"有关摄影作品"受邻接权的保护，著作权和邻接权保护的对象在权利内容、权利限制和保护期限等方面有差异，即意大利著作权法是根据独创性的高低，对不同的照片给予不同的保护。

两大法系对独创性要求的差异与其著作权法的内在体系相关。英美法系国家除了完全复制的作品或者体现不出人类参与的作品，只要达到最低的智力成果就给予著作权的保护，其之所以对摄影作品著作权的独创性要求程度较低，是因为该法系国家在著作权法中很少设置邻接权，对于独创性程度较低但有一定价值的摄影照片如果不纳入著作权的保护范围，那么拍摄者的权利、摄影照片的商业价值就会受到影响。而大陆法系国家同样保护人类的劳动成果，只是根据独创性的高低设置了著作权和邻接权，对照片进行分类保护。

四　自动摄影照片的独创性认定

从两大法系对摄影作品著作权保护的规定中可以看出，每个法系均有自己的价值判断，法律规定的差异并不影响对客体的保护。回到核心问题上，自动摄影照片应否纳入我国著作权法的保护范围呢？

要解决核心问题，必须先厘清我国对摄影作品的保护应选择何种保护模式。

我国是大陆法系国家，在著作权权法中设置有邻接权，但是并没有将独创性较低的照片纳入邻接权的保护范围内。从"追气球的熊孩子"案的一二审判决中可以看出，一审法院参考的是大陆法系的认定标准，强调较高的独创性和智力因素；而二审法院则参考英美法系的认定标准，还举了该法系的经典判例，认为照片只要展现了最低限度的人类智力性劳动就可以构成摄影作品。虽然在了解"追气球的熊孩子"案的发展经过后，笔者认为二审判决惩处了擅自利用他人拍摄的照片进行盈利的人。然而，从法理学和著作权法的角度，二审法院的判决有待商榷。原因如下：

第一，在大陆法系国家适用英美法法系的审判思路并不适宜。两个法系的价值标准、诉讼模式和法律渊源等方面均自成体系，如果交叉适用，会使我国的立法和司法产生冲突。司法判例并非我国的法律渊源，"追气球的熊孩子"案的二审法官不宜直接适用西方司法判例来论证自动摄影作品的可版权性。

第二，给予低独创性的摄影照片著作权保护会导致该部门法逻辑上的矛盾。我国《著作权法》和《著作权法实施条例》将视频、唱片等分为受著作权保护的电影作品和类电影作品，以及受邻接权保护的录音、录像制品，这三者享有的权利、保护期限等是不同的。但是，"追气球的熊孩子"案的自动摄影照片，是从视频中截图的，根据独创性标准，该视频从法律上难以归类为电影或类电影作品，为何该视频的一帧截图就能享有著作权并构成摄影作品了呢？与此相类似的案例还有"朱晓明诉烟台万利医用品公司案"①，手术录像的截图构成享有著作权的摄影作品，那么是否意味着这台手术的同步自动录像也属于享有著作权的电影或类电影作品呢？

第三，将独创性较低的照片纳入著作权法的保护范围从侧面贬损了真正达到独创性高度的作品的价值。平等不等于公平，公平需要合理的差别

---

① 参见上海市高级人民法院（2006）沪高民三（知）终字第35号判决书。

保护。法官降低摄影作品的独创性虽然能维护个案的正义，但会导致法律体系的混乱、法官自由裁量权变大，加大立法和司法之间的间隙。

综上所述，应当采取大陆法系的保护模式，对摄影作品采取较高的独创性标准，对于未达独创性高度的拍摄照片可以纳入邻接权进行保护，从而维护我国著作权法体系的连贯性和司法裁量的协调性。

关于自动摄影照片的独创性认定标准，可以从以下两个因素进行考虑。

第一，在照片制作过程中，机器发挥了多少作用。如果把摄影照片的产生看成一个动态的过程，前期是选择拍摄物体、角度、光照阴影等，中期是等待拍摄时机按下快门，后期则是裁剪、选滤镜、修图等，最后得到成果。那么，我们需要考虑机器在这个过程中占比多少，以及作品核心的部分是由人还是机器完成的。例如，对于有拍摄功能的可穿戴设备，摄像机是根据内部算法自动按下快门，人唯一做的事情就是把设备戴在身上，如果没有后期的制作，照片在很大程度上是由机器拍摄的，主人甚至不知道可穿戴设备会拍出什么样的照片，对于这样的照片，机器发挥的作用超过了50%，其不属于主人的智力创作成果。再进一步举例，在"追气球的熊孩子"案中，原告仅在气球上放置了相机和GPS，GPS只是为了找到气球的位置并回收相机，这意味着航拍地球的照片全程没有任何人为干预，仅由相机自动拍摄而成。因此，在拍摄过程中相机发挥的作用超过了人的作用。或许有人认为如果没有拍摄者把相机放在气球上，相机自己是拍不出这样的照片的。但是，大陆法系中的摄影作品是作者智力成果的体现，如果拍摄者能远程遥控气球，选择气球行进的路线和角度，在有人类介入的情况下进行自动拍摄，这样拍出来的照片才体现作者对照片拍摄的思考和选择。纯粹由机器操控得出的作品体现不出任何人的意志，因此涉案照片并不具有摄影作品要求的独创性。

第二，自动摄影照片是否体现了作者的精神、思想和个性，是否属于人类的智慧成果。从照片著作权的发展进程来看，在相机发明之初，人们认为相片是照相机这种机器直接把眼前的景色固定下来形成的图像，这是机器的产物而不是人类智慧的成果。但随着相机技术的发展和摄影师这一职业的产生，在司法审判中，法院认为努力让被拍摄者摆好姿势坐在相机前；选择和安排服装及其他装饰品；对拍摄场景进行布置以呈现优美的线条；安排和设置灯光阴影等均体现了拍摄者的创造性。① 确实，相对于绘画，相片几乎是100%对现实的还原，一般人随手拍摄的没有经过构思得出的照片只能算是展现了现实生活中的某一个镜头，但是经过认真思考、选择、拍摄和修图得出的作品，能给予人美的享受或表达一种强烈的情感。在2019年的年度野生动物摄影师大赛中，摄影师樊尚珍凭借一张藏羚羊在中国库木库里沙漠的雪坡上奔驰的照片获得了"环境中的动物"奖，藏羚羊群在雪地里跑出的泥色轨迹与远处裸露的黄色沙漠相互映衬，而这张名为"雪域精灵"的照片也因藏羚羊被大量猎杀而具有非凡的意义（如图1）。② 同样是以动物为题材的照片，一只猴子的"自拍照"却引发了版权争端（如图2）。③ 事实上，猴子和摄影师Slater均不享有该照片的著作权，因为猴子并非享有著作权的法定主体④，但最重要的是，"自拍照"并未体现人类的精神、个性，不属于人类的智慧成果，Slater自然也无法享有版权。把《雪域精灵》和"自拍照"进行对比，明显看出前者是精心拍摄，而后者则是偶然得之。Slater固然在地点（印度尼西亚苏拉威西省的热带雨林）、相机（使用专拍野生动物相机）和后期制作（对猴子自拍的相片进行筛选）等方面有一定的投入，但樊尚珍同样在上述方面进行了投入，并在此基础上认真选景布局，设定好相机的参数，等待藏羚羊群并在关键时刻按下快门。相较Slater，樊尚珍对其照片有更多的智力上的投入，蕴含水墨画的构图技巧及保护藏羚羊的希冀，更符合著作权所要保护的作品的标准。因此，

---

① Burrow-Giles Lithographic Co. v. Sarong, 111 U. S. 53 （1884）.

② 《2019年度最佳野生动物照片：中国摄影师获年度野生生物摄影师奖》http://www. xzw-yu. com/article - 25565 - 1. html? t = 1，最后访问日期：2020年4月20日。

③ 2011年英国的野生动物摄影师Slater在印度尼西亚苏拉威西省拍摄黑冠猴时，被一只猴子抢去了相机并按下了快门。事后Slater对猴子的拍照进行筛选发现了几张有趣的自拍并公开发布，随后照片被其他媒体转载。在2014年和2015年，Slater和善待动物组织（PETA）先后就猴子自拍的著作权归属提起诉讼，前者认为著作权属于自己，而后者认为著作权属于猴子。

④ Naruto v. Slater, No. 16 - 15469, 2018 ML 1902414 （9th Cir. Apr. 23, 2018）.

在认定自动拍摄作品是否享有著作权时，需要从其是否体现了作者的精神意志这点进行考虑。

图1 樊尚珍拍摄的《雪域精灵》

图2 一只黑冠猴的"自拍照"

五 明晰自动摄影照片的版权保护路径

在认定拍摄照片的著作权问题上，有的学者认为著作权法不需要区分摄影作品和普通照片[1]，也有的学者认为应当使著作权和邻接权协调发展[2]。从我国著作权法体系的角度而言，应当根据独创性的高低，将摄影照片分为摄影作品和普通照片进行区别保护。

（一）达到独创性高度的自动摄影照片应纳入作品保护

根据上文的分析，并非所有的自动拍摄照片均不能纳入著作权的保护范围。在 2019 年格林尼治皇家天文台年度摄影大赛中，摄影师 László Francsics 凭借一幅展现了 1 月 21 日整个月食 35 个阶段的照片摘得了月亮组的冠军（如图 3）。这幅作品是使用预编程的快门遥控器以 3 分钟为间隔进行拍摄，接着将拍摄得到的照片堆叠在一起，整幅作品从左至右呈现红黄蓝黑白的渐变色，揭示了月亮的真实轨迹。[3] 在作品中，多次曝光的图片以精准的位置拼接到一起，所展现的美是具有创造性的，并切合人类首次登月 50 周年的主题。这样的作品是人智力劳动的成果，拍摄的时机、角度、光线、镜头、自动拍摄间隔的设置、照片的遴选、曝光和拼接等无一不体现作者的主观创造性，并有着庆祝登月的内涵，机器在其中只是一个起辅

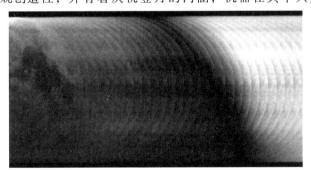

图 3　László Francsics 拍摄的《阴影》

---

① 梁志文：《摄影作品的独创性及其版权保护》，《法学》2014 年第 6 期。

② 李小侠：《邻接权和著作权的衔接和协调发展——以独创性为视角》，《科技与法律》2010 年第 3 期。

③ 《赢得 2019 年年度天文摄影师的图像》，http://www.edunews.net.cn/2019/hlw_1028/1296. html，最后访问日期：2020 年 4 月 21 日。

助作用的工具。作者应当对这样一个属于人类智慧成果的作品享有著作权，否则将打击创作的积极性，不利于维护创作者的利益。

（二）未达到独创性高度的自动摄影照片应纳入邻接权保护

随着手机相机和数码相机的普及，人们可以随时随地拍摄照片进行欣赏或使用，如人像自拍、减肥对比照、网店上架商品宣传照以及前文提到的"追气球的熊孩子"案的照片和猴子"自拍照"等。上述照片虽然未到达独创性的高度，但也应当受到法律的保护，防止他人擅自使用。因此，可以将未达到独创性高度的照片归为"普通照片"，并在邻接权内设置一项新的权利——照片制作者权，拍摄者可以凭借该权利许可他人使用并享有相应的收益。在确立普通照片的标准时，也可以参考录音制品的认定标准①：由普通人运用通常技术拍摄并制作就能得出的摄影成果，未体现出独创性或者作者的个性和情感。将自动摄影照片划分为摄影作品和普通照片进行区别保护，符合我国著作权法中对独创性的要求，在司法审判中能有效地帮助法官评判作品的类型，定分止争。

结　语

我国司法实践在认定自动摄影照片是否享有著作权的问题上存在一定的争议。在对摄影照片版权保护的实践进行梳理后，笔者发现我国著作权法仅设置了照片的著作权，而没有设置对应的邻接权，故在司法审查中往往将独创性要求降低，以灯光、布景、器械等技术性因素代替对作品本身独创性的认定。然而，这不符合我国著作权法体系的规定，对自动摄影照片的著作权认定应当考虑机器发挥了多少作用以及照片是否是作者的精神、

---

① "以机械方式录制的录像制品，在录制过程中对机位的设置、场景的选择、镜头的切换等只进行了简单的调整，或在录制后只对画面、声音进行了简单的剪接等，即创作高度较低，属于普通人运用通常技能即可完成的劳动成果。"参见北京市朝阳区人民法院（2016）京0105民初37647号判决书。

思想与个性的体现。但是，较高的独创性标准容易忽略对普通照片的保护。因此，可以增添一项新的邻接权——照片制作者权，将达不到独创性高度的摄影照片纳入该权的保护范围，拍摄者可以根据该项权利享有收益并禁止他人随意使用。以独创性为标准，对拍摄照片进行区别保护，既符合我国著作权法一贯的要求，又维护了照片摄影者的权利，有利于实现真正的公平。

《知识产权研究》 第二十七卷
第 130～157 页
© SSAP, 2021

临摹作品的相关法律问题研究

尹琦瑜*

摘　要：临摹一直以来都是视觉艺术领域的一种学习途径和手段，基于这一性质，临摹行为的产物也更多地被大家看作一种纯粹的复制品。临摹作品的独创性问题和著作权问题等在学术界乃至司法实践中饱受争议。本文主要对临摹作品所涉及的以著作权问题为主的相关法律问题进行研究。在厘清临摹的基本概念和法律渊源后，本文对各国与地区的独创性认定标准进行梳理，并结合艺术创作的原理与特征，总结出满足独创性要求的临摹作品应具备的要素，进一步阐述具有独创性的临摹作品到底是哪些。最后从案例入手，从艺术创作与艺术市场两个方面，对由临摹作品所引发的法律纠纷进行深入探究，并尝试提出一些于艺术市场从业者有益的建议。

关键词：临摹　临摹作品　独创性　著作权

一　临摹的相关概念厘定

（一）临摹的含义与特点

临摹自古以来便是创作者研习前人技法的重要方式之一，是艺术家找寻自己专属风格的必经之路。然而，临与摹并非同一概念。宋代《游宦纪

---

* 中央美术学院艺术法方向 2017 级硕士研究生。

闻》记载："今人皆谓临、摹为一体，殊不知临之与摹，迥然不同。临谓置纸在旁，观其大小、浓淡、形势而学之，若临渊之临。摹谓以薄纸覆上，随其曲折婉转用笔曰摹。"① 《汉语大词典》中将临摹定义为："临是照着原本写或画，摹是用薄纸在原本上面写或画。"②

将上述定义进行总结可以得出，临摹行为是艺术家学习技艺与技法的一种方式，需要以另一作品作为范本进行参照，在临摹过程中与范本产生直接或间接接触。不同的是，"临"不与原作品产生直接接触，在还原和复刻原作的过程中也更易受到个人技法水平、理解能力等主观因素的影响，最终呈现的结果可能也会与原作存在较为明显的差异。"摹"对于原作的依赖性更强，在摹写的过程中会与作品产生直接的接触，最终呈现的结果在尺寸、构图与布局等外在形式方面与原作具有极高的相似性。

一般来说，临摹行为的产物主要有以下三个特点。①依附于原作产生。无论何种形式的临摹，都不可避免地存在一个最初的临摹范本。这一性质决定了临摹的产物不可能完全脱离原作而存在，必然都会与最初的范本作品产生直接或间接接触。②相对独立于原作。临摹的产物虽然依附原作产生，却并非完全受制于原作。尽管临摹者主观上希望能够最大限度地还原原作，但受个人技法水平、理解感悟能力和社会经验等因素影响，最终所呈现的结果必然或多或少地带有自己的印记，不可能与原作完全相同。③与原作之间存在近似部分。临摹的产物脱胎于原作这一属性决定了其与原作必然在外在形式或情感传达与作品理解等方面存在共性。

（二）临摹的分类

从词意上看，"临"可以被细分为对临、背临和意临三种。对临是参照原作进行写或画，对原作依赖性较强；背临是将原作收起，凭借临摹者前期的观察与记忆进行复刻；意临不求与原作极致相似，反而更注重将原作

---

① （宋）张世南：《游宦纪闻·旧闻证误》卷五，中华书局，1981，第40页。
② 汉语大词典委员会：《汉语大词典》，汉语大词典出版社，2000。

中的技法与自己的构思想法相融合，以原作为助力形成脱胎于原作的新作品，追求不似之似。

从性质上看，临摹可以被分为接触性临摹和非接触性临摹，接触性临摹又可被再分为拓印与描摹。拓印主要用于对雕刻或石刻的复制，描摹主要是透过覆在作品上的透明纸按照作品所呈现的图案进行描绘。非接触性临摹，是在不接触原作的前提下，按照临摹者自己的理解与感悟进行临摹，与背临和意临有异曲同工之处。

从目的和所处的阶段来看，可以将临摹分为学习阶段的临摹和创作阶段的临摹。所有创造性的追求都是从模仿开始的，学习阶段的临摹常以复制为主，其目的在于学习和锻炼技法。而创作阶段的临摹属于一个更高级的阶段，这个阶段追求的是独特的风格而非相似的形式，在博众家之所长的基础上，将前人的技巧与经验内化为自己的风格进行输出，不以复刻原作为目的。

从精确度来看，可以将临摹分为精确性临摹和非精确性临摹。精确性临摹是指在认真研究原作的构图、用笔等细节的基础上，对原作进行准确而细致的复刻，以此达到还原原作的效果。非精确性临摹则不注重与原作毫厘不差，不求形似但求意似，希望能够借助前人所提供的素材，运用自己独特的方式，重新对其进行编排与表达。

（三）临摹的适用范围

传统观点认为，临摹一词往往只被用于书画作品，从古代书卷到词典释义，在形容临摹时大多会以书画作品为例，这与我们所处的时代和文化环境密切相关。在过去，受创作材料与工具的限制，艺术创作的形式与种类并不算多。书画作品易于上手，对创作材料的要求并不算高，因此成为当时最为常见的一种艺术形式。在这种环境条件下，人们也只能选取书画作品进行临摹学习，临摹在书画领域出现的频率也自然而然地大于其他领域。

然而，随着时代和社会的发展，艺术创作的工具与材料越来越新颖，艺术创作的门类也越来越多，雕塑、摄影、剪纸等新的艺术形式层出不穷，这都是艺术创作繁荣发展的结果。在当前的社会环境下，如果我们还是只将临摹的适用限定在书画作品这个小范围内，可能会使理论研究与实践相互脱离，无法解决现实中存在的问题。这样不仅会打击艺术工作者的创作热情，也不利于鼓励新兴艺术种类的发展，甚至会导致侵权行为更加频繁地出现。因此，笔者认为应当对临摹的适用范围做扩大解释，将更多的艺术创作形式纳入法律的保护与考量范围当中，以适应当下艺术发展的趋势。

二　临摹作品的法律性质

（一）临摹的法律渊源

1. 临摹在西方法律上的界定

现有的国际公约并没有对临摹作品的法律性质统一定论。1986 年，由联合国教科文组织与世界知识产权组织联合组织的政府间专家委员会在巴黎召开，会上提出了一份有关"视觉可感知的艺术作品"（Works of Visual Art）的文件，其中第 37 段写道："以已有的绘画作品为样板再画一幅绘画作品，既可视为复制（Reproduction）、也可视为改作、改编或改制（Adaptation）。"① 1987 年 10 月，上述两个组织在日内瓦召开的会议上，又提出了一份关于"实用艺术品"的文件，其中第 101～102 段写到："以已有的实用艺术品为样板，由另一位作者（以手工）再制一份，在诸如英国、瑞士等国，视为复制；在其他国家，则视为改作、改编或改制。"② 英国的司法判例直接将临摹全部划入复制品的范围当中。与英国相反，美国的版权法将临摹归于演绎作品，视其为一种受到法律保护的艺术复制品。

综上，国际上对于临摹的法律性质判定并无统一标准，而更多的是根

---

① WIPO《版权》，《业界信息报道》，1987 年 2 月号。
② WIPO《版权》，《业界信息报道》，1987 年 2 月号。

据本国的实际情况、出于不同的目的对临摹作品进行划分。

2. 临摹在我国著作权法中的规定

早在 1910 年，我国第一部著作权法《大清著作权律》就对与临摹相关的内容进行了规定："凡称著作物而专有重制之利益者，曰著作权。称著作物者，文艺、图画、帖本、照片、雕刻、模型皆是。"① 其中，"帖本"作为临摹的范本，被视为享有著作权的作品。

1990 年的著作权法明确提到了"临摹"这一概念，将临摹归类为复制行为的一种，并在第 22 条规定了合理使用的范围。2001 年修订版的著作权法则将临摹从复制行为中删去，但保留了合理使用部分。2002 年，最高人民法院在颁布的《关于审理著作权民事纠纷案件适用法律若干问题的解释》中对临摹成果的合理使用进行了补充：对室外公共场所的艺术作品进行临摹、绘画、摄影、录像的人，可以对其成果以合理的方式和范围再行使用，不构成侵权。2012 年，国家版权局草拟的著作权法修改草案，又通过例外条款对临摹设置或者陈列在室外公共场所的艺术作品的使用方式进行了进一步限制。

我国目前现行的著作权法是 2010 年修正的版本，其内容基本与 2001 年版相同。纵观我国著作权法的立法进程，无论是将临摹划入复制的范围，还是将临摹视为合理使用的一种，立法者都已开始注意到临摹行为的特殊属性，并尝试去界定和划分临摹行为的性质与权利。

（二）临摹与相似概念的比较

1. 临摹与复制

我国现行的著作权法将复制定义为："以印刷、复印、拓印、录音、录像、翻录、翻拍等方式将作品制作一份或者多份的权利。"《文物复制拓印管理办法》将文物复制定义为：依照文物的体量、形制、质地、纹饰、文字、图案等历史信息，基本采用原技艺方法和工作流程，制作与原文物相

---

① 《民政部为拟具著作权律草案理由事致资政院稿》，《历史档案》1989 年第 4 期。

同制品的活动。

在临摹与复制的关系问题上，学界主要存在两种观点。一种认为临摹就是复制。① 这种行为只是再现原作，不存在独创性，因此不能成为著作权法的保护对象。另一种认为，临摹不完全等同于复制，可能达到改编意义上的创作性，从而临摹也可能是创作。临摹作品无论与原作品有多么相像，都会或多或少体现出一些临摹者的个人特点，将临摹等同于复制，是泯灭临摹者创造性的体现，具有独创性的临摹作品应归入演绎作品中。②

笔者赞同第二种观点。将临摹等同于复制，无疑忽视了临摹作为艺术活动的规律及特点。实现方式上，复制需借助机械设备完成，是一种被动的机械性劳动；而临摹则是通过人工手段再现原作，过程中融入了临摹者对作品的理解、情感和经验等主观性因素。在操作目的上，通过复制方式生产的复制品，其存在的意义是作为一种替代品；而临摹是出于学习技法或保存延续经典等非商业性目的，并没有取代原作的意图。在呈现结果上，复制可重复多次地进行，无论是材质工艺还是尺寸构图，都力求与原作保持一致，且每次生成的各复制品之间也近似一致；临摹虽然也能够多次进行，但临摹者不可避免地会受到主观性因素的干扰，即便是在同一位临摹者的多次临摹下，也不可能产生两张一模一样的临摹作品。

2. 临摹与创作

艺术创作是指艺术家运用自己的艺术经验、观念及审美体验，通过一定的艺术媒介和语言，把特定的艺术内容和形式转化为艺术形象、作品和文本的创造性活动。艺术创作从根本上来说是人类的自由创造活动，但这种创造并不是无中生有，而是将现实生活中的客观存在运用一定的手段与媒介加以呈现，并在其中附着上创作者个人的情感与体验。我国《著作权法实施条例》第 3 条则将创作解释为一种直接产生文学、艺术和科学作品的智力活动。

---

① 参见杨雄文《临摹与著作权法》，《中国版权》2006 年第 6 期。
② 郑成思：《临摹、独创性与版权保护》，《法学研究》1996 年第 2 期。

从上述解释中可以归纳出，创作的产生需要满足以下三个条件。①主观上，创作者产生了创作的意图。但这种创作意图并不是凭空产生的，而是来自对客观世界与现实经验的认识和积累。②客观上，创作者将这种意图付诸行动，且这一行动直接导致了作品的产生。这一行动不仅仅指生成出作品实物，还包括作品诞生前创作者所进行的创作构思，这也可以被视为是一种脑力行动。通过对现实世界的观察与思考，创作者从中获得了新的理解与感悟，正是这种新旧杂糅的非常规组合，促成了独特想法的产生，这正是创作构思形成的方式。③从产生创作意图到最终作品产生的过程，是借助艺术语言和媒介得以实现的。就绘画作品而言，绘画工具的选择，线条色块的搭配使用，使得创作者脑内天马行空的想象可以落于纸上，以实体的形式呈现。此外，虽然作品的创作素材源自现实生活，却并不是对现实生活的简单复制或再现。艺术语言种类的多样性与艺术媒介的可选择性，在一定程度上也决定了依照现实生活所创作出的作品，不可能原原本本地还原现实生活中的场景，这为创作者提供了较大的可发挥空间。

回归到临摹与创作的关系上，有学者认为，临摹是一种创作。临摹下的产物只要"稍微超过那些被禁止的事实上的复制"，就可构成实质上的独创，获得著作权保护。"一件书画临摹品的完成是临摹者的选择、取舍、安排、设计、综合的结果，既不能依已有形式复制而来，也不能依既定的程序推演而来，而这些就使临摹作品具有了个性，或者说创造性。"① 这种观点既没有搞清楚创作的过程与条件，也忽视了临摹作品的复杂性。仅仅将创作行为和与原作的相似程度作为判断的标准，显然没有考虑创作意图本身。

但否认"临摹即创作"，并不意味着完全将临摹与创作的关系割裂开来。法国启蒙作家伏尔泰说过："创意不过是明智的模仿。"任何创作都是以临摹为基础的。创作技法与风格并非一朝一夕就能够形成，而是需要通过不断的描摹练习来学习经验，熟练"筋骨"。在临摹的过程中所熟悉和锻

---

① 倪进：《书画临摹作品市场化著作权研究》，《南京社会科学》2008 年第 5 期。

炼的技巧，也会被运用到未来的创作当中。凡是艺术家都须一半是诗人，一半是匠人。他要有诗人的妙悟，要有匠人的手腕，只有匠人的手腕而没有诗人的妙悟，固不能有创作；只有诗人的妙悟而没有匠人的手腕，即创作亦难尽善尽美。妙悟来自灵性，手腕则可得于模仿。[①]

3. 临摹与抄袭

抄袭，也称剽窃，是指窃取或修改他人的作品据为己有的行为，是一种严重侵犯他人著作权的行为。根据《国家版权局版权管理司关于如何认定抄袭行为给青岛市版权局的答复》，在著作权法的维度上，抄袭和剽窃是等同使用的概念。[②] 我国著作权法第 47 条第 5 款明确将"剽窃他人作品"的行为列入侵权行为当中。

临摹与抄袭之所以难以区分，很重要的一个原因就是这两个行为都满足产生时间晚于原作创作时间、有接触到原作的可能性这两个特征。但与临摹不同的是，抄袭行为本身的性质便决定了其无法受到法律保护。首先，抄袭行为一般以获取利益为动机，且这种动机是建立在损害原作者合法权益的基础之上的。其次，抄袭者一般不会提前告知他人原作品作者的姓名，而是对外宣称自己的作品即为原始作品，具有欺骗性质。

但需要注意的是，由于著作权保护的是作品思想的表达而不是思想本身，若作者自由利用另一件作品中所反映的主题、题材、观点、思想等因素再进行新的创作，不能认定为抄袭。

4. 临摹与演绎

演绎作品，又称派生作品，是指在已有作品的基础上，经过改编、翻译、注释、整理已有作品而产生的新作品。

我国著作权法第 12 条规定："改编、翻译、注释、整理已有作品而产生的作品，其著作权由改编、翻译、注释、整理人享有，但行使著作权时

---

① 朱光潜：《此生有美自芳华：朱光潜美学精选集》，北京联合出版公司，2017。
② 参见国家版权局《如何判断著作权纠纷中的"实质性相似"？》，http://www.ncac.gov.cn/chinacopyright/contents/555/346124.html。

不得侵犯原作品的著作权。"该条明确了演绎作品的作者在对原作品进行二次创作时，应当事先征得原作者的同意，并依照规定支付报酬，且演绎作品作者不得对原作品进行歪曲与篡改，原作者仍享有在作品上署名的权利。如果演绎作品的创作人是对已超过保护期的作品进行再创作，可以不征得原作者的同意，同时可以不支付报酬，但不得侵犯原作者的署名权，不得侵犯作品的不受歪曲、篡改权。演绎作品的作者，在进行作品的改编、翻译、注释、整理时，其他人也可以对该作品进行改编、翻译、注释、整理，各演绎作品的作者对自己创作的演绎作品分别享有著作权。

5. 临摹与合理使用

合理使用是著作权法中的一个重要概念，即在特定条件下，法律允许他人自由使用享有著作权的作品，而不必征得著作权人的许可，也不必向著作权人支付报酬的合法行为。我国著作权法中规定了合理使用的 12 种情形，其中与临摹密切相关的主要有以下三种：①为个人学习、研究或者欣赏，使用他人已经发表的作品；②图书馆、档案馆、纪念馆、博物馆、美术馆等为陈列或者保存版本的需要，复制本馆收藏的作品；③对设置或陈列在室外公共场所的艺术作品进行临摹、绘画、摄影、录像。

上述的三种情形分别从两个方面对临摹的合理使用范围进行了限定。从使用目的上来看，临摹行为想要落入合理使用的范畴，必须以非营利为目的。无论是个人对他人作品的临摹，还是美术馆等组织对馆藏作品的临摹，均是出于学习与教育目的，而非利用其实现附加的商业价值。从作品原件的性质来看，临摹的范本必须已经被公开。能够被合理使用的作品一定是已经发表过的作品。

另外，著作权法第 22 条还明确指出，在对原作品进行合理使用时，应当指明作者姓名、作品名称，且不得损害著作权人所享有的合法权益。这也是合理使用的前提条件。

三 临摹作品的独创性分析

(一) 独创性的判定标准

1. 英美法系国家对独创性的判定

英国对于作品中独创性的要求并不算高，只要作者在创作时有付出劳动，无论其作品是否真正含有创造性内容，都可享有著作权，这正是著名的"额头出汗"原则。1900 年 Walter v. Lane 一案①提出了劳动、时间和技巧三个独创性的构成要件，打破了这一宽泛原则的适用。1916 年，在 University of London Press Ltd. v. University Tutorial Press Ltd. 一案中，Peterson 法官指出，版权法并不要求作品必是创造的或新颖的，而只要求作品必须不是从其他作品复制而来的，即作品必须是独立创作的。② 在 1964 年 Ladborke（Football）Ltd. 一案③中，法官 Reid 还提出受版权法保护的作品须具有劳动、智力、技巧、经验、资金等投入。将这些解释汇总起来，便能够得出当今英国版权制度中对于作品独创性判定的基本要求：作品必须是作者独立创作完成的，且在这一创作过程中有劳动、判断、经验等因素的投入。

早期美国的司法实践中对于独创性的判断基本沿用英国法中的"额头出汗"原则，即根据作者的劳动投入来判断作品的独创性。直到 1991 年 Feist 一案的出现，这一适用原则被联邦最高法院推翻。联邦最高法院在该案的判决中首次阐明了创造性之于作品独创性的重要意义：独创性作为版权法中使用的术语，意味着作品须是作者独立创作的，这是该作品区别于其他复制品的标志。此外，作品中还应具备最低程度的创造性，但对这种

---

① Walter v. Lane, ［1900］A. C. 539 at 545.
② 史勤艳：《论作品独创性的判断标准》，《山东审判》2005 年第 6 期。
③ Ladborke（Football）Ltd., v. William Hill（Football）Ltd., (1964) 1 WLR 273, p. 291.

创造性程度的要求并不高，只要有一点点创造性的火花即可。①

总的来说，美国法对于作品独创性的判断主要以"额头出汗"与"少量创造性"相结合为原则，这也使得美国对作品独创性的要求略高于英国。但对于"少量"该如何界定、什么样的方式属于"具备创造性"等问题的判断，在实际的司法实践中仍存在着较强的主观性。

2. 大陆法系国家对独创性的判定

法国对于独创性的阐释与理解是在司法实践与相关学说中发展而来的。与英美两国的版权法相比，法国的知识产权法更加注重作者与作品之间的人格关系，认为作品是作者人格的体现与延伸。早期，法国对独创性的定义十分简单，最高法院将独创性解释为："表现在作者所创作作品上的反映作者个性的标记。"② 1992 年颁布的《法国知识产权法典》中列出了受版权保护的作品类别，但没有要求这些作品一定要具有独创性，仅在标题和演绎作品的规定中提到了独创性要求。随着著作权保护领域的变大，"智力投入"标准也被应用于判例之中，但适用前提是这种投入并非自动或符合强制逻辑。③"智力投入"的标准更多适用于汇编作品的独创性判断，类似美国 Feist 一案的情形。

德国对独创性的要求在西方国家中最严格。德国著作权法第 2 条中规定，作品是作者个人的智力创作，作品中必须有一定的美感质量和艺术水准。④ 德国教授乌尔里希·勒文海姆认为，独创性应当包括以下几个特征。首先，必须有产生作品的创作性劳动。其次，独创性作品应体现出人的智力，作者的思想或感情必须通过作品传达出来。再次，原创性作品应体现创作者的个性，打上作者个性智力的烙印。最后，原创性作品应具有一定的创作高度。⑤

---

① Sterling J. A. L. Word Copyright Law, London Sweet & Maxwell, 1988, p. 262.
② 《法国知识产权法典（法律部分）》，黄晖译，商务印书馆，1999。
③ 姜颖：《作品独创性判断标准的比较研究》，《法学评论》2004 年第 3 期。
④ 参见陈维《论著作权法上的独创性》，硕士学位论文，西南政法大学，2008。
⑤ 参见乌尔里希·勒文海姆《作品的概念》，郑冲译，《著作权》1992 年第 3 期。

然而，由于乌尔里希·勒文海姆教授提出的判断标准过于严苛，许多作品被拒于著作权法门外。为了适应时代的发展要求，德国在 1933 年对著作权法进行了修订，提出了"小硬币"理论，即当作品满足"一枚小硬币的厚度"，即单纯又刚好具有著作权保护能力时，便可受到著作权法的保护。[①] 此外，雷炳德教授还提出了作品独创性的进一步要求，"独创性并非要求外界从作品上就能看出该作者是艺术家，外界只要从作品中看到了作者意欲表达的思想、勾勒的气氛、虚构的形象、观察事物的方式以及他想表达的其他一些东西，就满足了作品独创性的深度要求"。[②]

从上述内容可以看出，各国家地区对于独创性的判断标准不统一，所侧重的方面各不相同。英美法系国家在独创性的认定上更加重视作者的经济权利，旨在促进艺术市场的繁荣发展，而大陆法系国家则更强调作者的精神权利，注重个性与创造性的表达。就临摹作品而言，目前，没有任何一个与版权相关的国际公约能够断言将临摹作品归入复制品之中，同样，也不存在任何国际公约肯定临摹作品必然都有具有独创性。在实践中，不同国家依据本国的不同情况、不同目的而做出了不同的规定。但可以确定的是，具有独创性是临摹作品能够受到著作权法保护的十分重要的条件。

（二）临摹作品中的独创性要素

在我国，受著作权法保护的作品至少应具备三个要件：其一，须为文学艺术或科学领域内智力成果；其二，能够以有形形式复制；其三，具有独创性。从前文讨论中可以确定，临摹行为的产物是诞生于文学艺术领域之中的，且无论其形式载体如何变幻，最终呈现的结果都是看得见摸得着的实体。其次，这种实体是能够通过有形形式被复制的，临摹的产物本身就是通过对原作的临摹得来的，也正是这种可复制性导致了仿品、赝品的大量出现。那么问题的关键便落在了独创性上，临摹行为的产物是否具有

---

① 雷炳德：《著作权法》，张恩民译，法律出版社，2005。
② 雷炳德：《著作权法》，张恩民译，法律出版社，2005。

独创性？目前学界对于这一问题仍存在争议，这也是司法实践在处理临摹作品相关案件时所面临的困难。但毋庸置疑的是，问题的关键就在于独创性判断。

1. 独创性的要素分析

（1）作品由作者独立完成。从词语的构成上来看，独创性必然要包含"独"与"创"两层含义，其中的"独"便指的是独立完成，即作品的创作过程是相对独立的。具有独创性的作品，一定是作者独立思考的产物，不存在复制、抄袭和剽窃他人作品的行为。另外，此处的"独"强调的是相对独立。独立完成作品并不是要求作者闭门造车，凭空编造出新的东西，这显然不现实。创作的素材源自现实生活，这使得艺术家在创作时不可避免地运用前人可能已经使用过的元素或经验。倘若不允许原创作品中出现任何与其他作品相似的内容，这不仅严苛且不合常理，还会大大地抑制艺术家的创作热情。因此，对在先作品的合理借鉴与引用并不影响作品独创性。但需要注意的是，独立完成并不等同于独自完成，独创性并未对作者的数量进行限制，只要创作过程保证相对独立，即便是合作作品也有可能享有独创性。

（2）作品中有劳动性投入。这种劳动既包含体力劳动，也包含脑力劳动。体力劳动的付出无须过多解释，对绘画作品颜料的泼洒、对雕塑作品的塑造与雕琢、对新媒体作品的拍摄与剪辑都需要体力上的投入。脑力劳动则主要指作者为完成作品而进行的创作构思、内容取舍和结构布局等具有主观能动性的行为。称得上优秀的艺术作品，大多实现了内容美与形式美的统一。内容美呈现的作者对现实生活的思考与感悟、形式美呈现的材料的选择依据和搭配的组合方式都是作者脑力劳动的结果。但是，这种劳动的投入量，没有上限却有下限。凡是未对作品的完成产生实质性帮助的劳动，便可被认定为不满足独创性中劳动投入的要求。同样地，如果替换某种素材、改变某种布局对作品最终呈现的视觉效果和想要传达的主题并无太大影响，那么这种劳动下所产生的"作品"必然不具有独创性。

（3）劳动性投入为作品注入创造力。劳动性的投入所呈现出的结果便是创造性的产生，独创性中的"创"强调的也是此。这种创造性是作者个性的体现，也是此作品区别于彼作品的本质要求。一般来说，作品中的个性主要体现在作者的想象构思与情感表达上。作者在创作中常常会塑造出不同的意象，虽然大部分意象的产生是基于作者的想象，但这种想象也并不是凭空产生的，其实质是一种再现。之所以会呈现出与现实生活中的景象不同的意象，是因为作者在脑中对这些意象进行了二次加工。艺术的创作不可能不使用再现的想象，但只有再现的想象绝不可能创造艺术。不过这种创造性并不是要求作者在创作时一定要用别人之未用，想别人之未想。以情感表达为例，同样是面对一轮明月，李白借"我寄愁心与明月，随君直到夜郎西"抒发对故乡旧友的思念，李煜借"小楼昨夜又东风，故国不堪回首月明中"感叹朝代更迭、历史兴亡的无常。同样是以宫廷妇女为创作题材，周昉的《簪花仕女图》表现了宫廷生活的养尊处优、闲情逸致，而顾恺之的《女史箴图》则更多地出于维护帝王统治的说教目的。正如朱光潜先生所言，所谓创造，不过是平常的旧材料之不平常的综合。将常见常用之物辅之以不同的方式加工，便能够产生具有创造性的成果。

2. 临摹作品的独创性分析

（1）不满足独创性构成要件的临摹品。大部分临摹品，特别是对临、背临、接触性的摹、精确性的临摹、处于学习阶段的临摹所形成的临摹品，是不具有独创性的。这些行为都有两个共同特征，即临摹者致力于还原原作，尽力与原作保持一致；临摹过程中受原作限制较强，可发挥的余地较小。将这两个特征对应到独创性的要求上，首先，上述的临摹品对原作具有极强的依赖性，一笔一画都受制于原作，这种情况下必然不能够满足独立完成这一要件。其次，无论是个人对作品的描摹研习，还是博物馆等艺术机构对画作的修缮复原，临摹者在主观目的上并无创作的意识，只是单纯地为了学习前人的技巧或呈现原作应有的原貌，投入的仅是少许的体力劳动，而非脑力劳动。最后，这些少许的体力劳动，并没有帮助临摹品与原作产生实质上的区分。因此，这类临摹品也必然无任何创造性可言。以敦煌壁画为例，我们现在所熟知的大量的敦煌壁画，其实都是前人的临摹品，原作早已因为时间与环境的变化出现不同程度的破损，有些原作甚至早已不存。毋庸置疑的是，临摹者们大多是本着修复与复原的目的，对敦煌艺术进行学习与探索。虽然原作的残破性可能导致临摹品中的大量细节部分是在临摹者的臆想和揣测下进行的绘制，但这种"细微"的改变不足以赋予临摹品新的内涵。正如张大千在临摹榆林窟第二窟的水月观音像时，将原作观音像中的胡子隐去，虽然张大千在临摹原作的过程中进行了部分修改，但这种行为是基于大众认知的差异，女相的观音更符合当时大众的认知与审美状态。因此，这种改动只是为了更加贴近原作想要展示的内容（见图1、图2）。但是，我们并不能因此否认这类作品所具有的艺术与文化价值。原敦煌研究院院长段文杰先生曾说："临摹不是简单的模仿，而是一种严肃而复杂的艺术劳动。要达到体现原壁画精神，必须进行一系列临摹

图1 榆林窟第二窟，水月观音
资料来源：摄影博主"动脉影"，2013。

图2 张大千，榆林窟第二窟水月观音临摹本
资料来源：摄影博主"动脉影"，2013。

前的研究工作。"① 一幅精美的临摹品背后，是临摹者对原作思想内容的细心揣测，对布局构图的思索考量。正是这种心血与精力的付出，才使得临摹品能够最大限度地还原原作，才使得我们能够挣脱时间的束缚去领略当时当地的人文风貌，并在此基础上进行更多的探索与创作。

（2）满足独创性构成要件的临摹作品。还有一部分临摹品，它们不直接接触原作，但对其中部分元素加以挪用，并在此基础上进行一定的改编，使之成为具有创造性的临摹品。对于这类临摹品，我们一般可以称为演绎作品。《教皇英诺森十世肖像》是 17 世纪西班牙现实主义画家委拉斯贵兹（Velaz quez）应罗马教皇英诺森十世的要求所创作的作品。画中的教皇正襟危坐，红白配色在形成强烈色彩对比的同时，也营造出了一种宗教的威严感（见图 3）。出于肖像画的性质，这幅作品只是通过绘画的方式客观还原作者之所见，我们并不能从中看出作者的好恶，其写实目的远远大于情感的表达。20 世纪 50 年代，英国画家弗朗西斯·培根（Francis Bacon）将《教皇英诺森十世肖像》中教皇的形象加以变形，创作出了《教皇英诺森十世肖像的习作》。画中仅能看出教皇的大致身形轮廓，整体的形象与细节被严重的模糊扭曲，主色调也从原来的红白变成了黑白。教皇坐在椅子上张开大嘴，仿佛在呐喊着自己的不安与绝望。与委拉斯贵兹的原作相比，培根的这件临摹品在对教皇的形象进行挪用和改动的基础上，还表达了一些原作未曾传达的情感讯息。《教皇英诺森十世肖像的习作》创作于二战后，战争给当时的年轻人带来了巨大的心理创伤，他们对未来充满着悲观与迷惘，而培根正是将这种时代精神注入作品之中，教皇不再是原本稳重严肃的样子，而像野蛮疯狂的怪兽，加剧了人们的紧张与恐惧（见图 4）。这种将从原作中提取的元素与自己的创作构思融合，以表现出自己的感悟与理解的挪用，使得原作的意义被完全颠覆，这种颠覆行为所呈现的结果，正是劳动为作品注入创造力的体现。

---

① 段文杰：《临摹是一门学问》，《国画家》1997 年第 1 期。

图 3　委拉斯贵兹《教皇英诺森十世肖像》①

因此，临摹和独创性其实并不是一组完全对立的词语，具有独创性的临摹产物（即临摹作品）是能够合理存在的。只不过这种独创性指的是在对原有元素或内容进行重新组合排列后所产生的比原作多出来的那一部分新内容。

（3）构成原创的"临摹作品"。意临之所临一般仅取原作的笔法、风格、意境等，即临摹者所认为的原作中最精华之处。临摹者不是在被动、机械地完成一项任务，而是将原作中有价值的部分进行了内化，并将这种内化的结果运用在新的尝试当中。因此，意临在某种程度上更像一种带有临摹意味的创作实验。"宋四家"之一的米芾，其书法作品造诣极高，对后

---

① 委拉斯贵兹：《教皇英诺森十世肖像》，1650 年，布面油画，141 厘米×119 厘米，罗马多利亚潘菲利美术馆。

图 4　弗朗西斯·培根《教皇英诺森十世肖像的习作》①

世影响颇深。作为书法临摹界的大家，米芾的作品常常集前人之大成，却又不失自己的个性。《湖州帖》是米芾对颜真卿《忠义堂帖》的临摹。这两幅作品乍一看相似度极高，但细细观察便能发现其中的不同之处。以两幅作品中的"外"字为例，米芾的"外"字沿袭了颜体的节奏，"夕"字旁方中见圆，点与撇略粗，整体风格沉稳大气。但是仔细比较可以发现，颜真卿的"外"字运笔力道均匀导致笔画粗细较为均等，笔中藏锋，虽字形圆润却暗藏筋骨（见图5）。而米芾的"外"字粗细不一，起笔处力道颇

---

① 弗朗西斯·培根：《教皇英诺森十世肖像的习作》，1953年，布面油画，153×118厘米，得梅因艺术中心。

重，行至中段稍轻，笔画走势欲扬先抑、欲纵先横，在顿笔与钩笔处筋骨外现，比起颜体的质朴稳重多了些飘逸超迈的气势，个人特色十足（见图6）。临摹者追求的并不是字形上的相似，而是运笔规律、用笔意识上的共通，这正是意临的精髓所在。

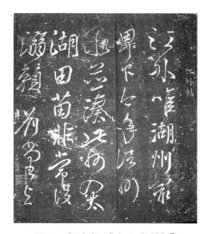

图5　颜真卿《忠义堂帖》①

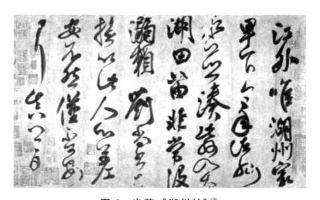

图6　米芾《湖州帖》②

　　虽然米芾所创作的作品确实符合"意临"的要求，但"意临"所形成的艺术语境中的"临摹作品"，是否能够满足法律语境中对"临摹作品"的

---

　　① 颜真卿：《忠义堂帖》，拓本。
　　② 米芾：《湖州帖》（宋米芾摹），纸本，27.6厘米×50.2厘米，故宫博物院。

要求呢？虽然上述的"意临"作品借用了前人的风格与技法，但这些归根到底只是一种规律或意识，是虚无缥缈的非实体物，只有依托作品才得以显现。著作权法所保护的是思想表达的方式，并不是思想本身，规律和意识作为思想的一种，只有在通过作品实物呈现出来时，才有可能进入著作权法的规制范畴中，且此时著作权法保护的也仅仅是这件作品而已。就这一性质而言，意临作品不可能构成对原作实质内容的借鉴。而且从"临摹"这一词语的定义本身来看，对于临摹的结果更多强调的是形成了与临摹范本相同或相似的内容，这种相同或相似需能够以实体的形式呈现。因此，严格意义上来说，"意临"所产生的作品，不适合再被称为临摹作品，在这些作品中已然看不出原作的影子（与原作实质性相似的部分），它们已经极大程度地脱离了原作的束缚，构成了一种原创。

四　临摹品与临摹作品引发的法律纠纷

享有独创性是作品获得著作权的首要条件，却不是唯一条件。因此，并不是具有独创性的临摹作品都能够受到著作权法的保护。由于临摹作品一般会牵扯到原作和临摹作两方面的权益，故在使用具有独创性的临摹作品时，还需考虑原作作者的在先权利、原作的著作权保护期限和临摹作品的使用目的与用途。

（一）艺术创作中产生的纠纷

1. 临摹教学示范作品是否构成侵权

项某是国家一级美术师，其于 2007 年 6 月通过福建美术出版社出版发行了工笔人物画册，并在其中收录了作品《醉荷》（见图 7）。2014 年，莫斯科中央美术宫举办了的"心似莲花·胸怀世界"慈善天缘作品欧洲巡回展中展出的《荷中仙》（见图 8）引起了项某的注意。项某发现，这件《荷中仙》与自己所创作的《醉荷》在构图、造型等方面几乎一致，但在落款处属着彭某的名字。据此，项某认为，彭某未经许可擅自抄袭自己的画作、裁去原作者署名并进行国际展览的行为严重侵犯了自己的著作权，故将彭某诉至北京知识产权法院。一审法院经审理后判定彭某的行为构成对项某著作权的侵犯，彭某不服，向二审法院提起上诉，提出的抗辩理由之一是《荷中仙》画轴处标明了该画是 2008 年的临摹习作，且并未用于商业用途，因此不能构成侵权。

本案最大的争议便在于临摹教学示范类作品是否构成侵权。对于属于临摹品性质的《荷中仙》来说，如果仅供个人研究与欣赏，不会引发任何的著作权纠纷。但如果将这一临摹习作用于商业用途或非合理使用的领域，则需要征得临摹范本作者即项某的许可，注明临摹范本的名称与作者姓名，并支付合理报酬，否则，就可能构成对原作作者权利的侵犯。在二审中彭某提出，《荷中仙》所参与的展览是为纪念中俄建交 65 周年而举办的公益性展览，自己并未将临摹品用于商业用途。对于商业使用行为主要可以从以下三个层面进行判断：①商业身份，即行为方是否具有营利的性质。涉案的巡回画展是由中国驻俄罗斯大使馆主办、莫斯科中国文化中心承办的，二者均为非营利性机构，因此在主体身份上并不具有商业性；②商业目的，即行为方的行为是否是出于营利而做出的。本案中的展览是出于庆祝中俄建交 65 周年而举办的慈善性展览，主要目的在于文化的交流与推广，故不存在商业的目的。③商业影响，即行为给相关权益人带来了一定的利益。基于公益慈善的性质，展览的举办并未使彭某营利，因此，《荷中仙》在巡回展中展出确实不算商业性使用。但不可否认的是，这场巡回展览虽然并不属于商业使用的范畴，却也不在著作权法中规定的合理使用的 12 种情形之中。此外，在人民网等网络媒体的宣传报道下，彭某凭借这件《荷中仙》声誉大增，影响力扩大，受到了更多人的关注。这一结果虽未直接对项某造成损失，但在无形中影响了项某行使自己作品著作权和获得经济利益的权益。因此，这种行为构成了对项某署名权、复制权、展览权、修改权和保护作品完整权的侵犯，彭某应当对此承担相应的民事责任。

图7 项某作品《醉荷》 图8 彭某《荷中仙》

图9 项某作品《绿风》线稿

资料来源：图7至9参见《未经作者同意擅自发表"美术作品临摹件"，是否构成侵权?》（附判决书），http://www.iprdaily.cn/news_17039.html。

2. 二次临摹的权益归属

二次临摹的现象经常出现在刺绣、剪纸、錾铜等工艺美术作品之中。作为非物质文化遗产中的一部分，这些工艺作品不同于一般的书画类作品，它们不仅具有极高的艺术审美价值，还蕴含着深厚的文化内涵。

以刺绣为例，刺绣作品在创作的过程中，其实蕴藏了两次的临摹。第一次临摹是从底稿美术作品到刺绣的临摹，第二次临摹是从绣成品到再次刺绣的临摹，即针对已经绣好的作品，临摹出另一幅刺绣作品。[①]这两次临摹的性质是否相同？我们可以尝试从独创性的角度对其进行分析。第一次临摹，以底稿美术作品为参照，虽然事先对形状与轮廓做了限定，但实际呈现的刺绣图案多大、不同部分分别使用什么颜色、用于填色的绣线粗细如何选择、用什么样的针法去塑造形象，这些都是刺绣临摹者可以自行发挥的地方。而对于这些元素的取舍与选择的行为，就构成了对临摹底稿作品的演绎，这也正是临摹者独创性的体现。第二次临摹则是依照第一次临摹出的刺绣作品进行的，从行为的性质上来看，这是一种精确性临摹。临摹者必然是本着同第一份作品保持一致的目的进行还原的，在这种目的下，临摹者不可能在临摹中融入自己的创新成分。因此，第二次临摹所产生的刺绣品并不享有独创性，只能被称作临摹品。

虽然第一次临摹所产生的刺绣作品具有独创性，但在著作权利的行使上，仍需分情况看待。如果第一次临摹所参照的范本美术作品已超过著作权保护期限，则临摹者可凭借其临摹的刺绣作品在不侵犯范本美术作品作者署名权、修改权和保护作品完整权的前提下，享有自由使用临摹作品的权利。如果第一次临摹所参照的范本美术作品仍在著作权保护期限内，且这件刺绣作品会投放市场获取经济效益，那么临摹者则需要经过底稿美术作品作者的许可，在临摹的刺绣作品中注名该作者姓名，并向其支付相应报酬。此种情况下，当临摹者以已绣好的临摹作品为范本进行二次临摹并将成果投放市场时，则需要同时征得原范本美术作品作者和第一次临摹者的许可，注明相关信息并向双方支付报酬。

---

① 谭亚运：《临摹刺绣作品的版权保护初探》，《法制博览》2016 年第 2 期。

（二）艺术市场中产生的纠纷

1. 临摹引发的赝品问题

刘昌文是我国著名油画家，曾多次受邀在日本、中国香港地区等举办国际性画展，画作《大宅门》《蹉跎岁月》均为其代表作品。2013 年，刘昌文在重庆市淳辉阁举办的春季拍卖会印制的预展画册中发现了作品《蹉跎岁月》，虽然这件原作已经过公开发表售往海外不在刘昌文手中，但其仍凭借画作中的细节部分判定画册中展示的这件作品并非自己的原作。后经查明，这件送拍的《蹉跎岁月》的委托拍卖人是张生静。据此，刘昌文以自己的著作权被侵犯为由，向淳辉阁拍卖公司和张生静提起了诉讼。

与临摹作品在艺术创作中引发的纠纷不同，上述案件涉及的权利方更为广泛，牵扯到刘昌文、张生静和淳辉阁拍卖行三方的权益。据此，我们可以从张生静与淳辉阁拍卖公司两个角度分别对该案件进行分析。

经审理，张生静并非送拍品《蹉跎岁月》的所有人，其是在接受案外人刘德敦的委托后，再次委托了淳辉阁拍卖公司进行该幅画作的售卖。虽然我国民法规定，被代理人对代理人的代理行为承担民事责任，但这一条款生效的前提是，该代理行为须以被代理人名义实施。经查明，张生静在将临摹品送拍时，是以自己的名义而非刘德敦的名义对淳辉阁拍卖公司进行的委托，故本案不适用被代理人责任推定，张生静应对其相关行为对外承担责任。若张生静与刘德敦之间存在有关责任由刘德敦承担的内部约定，且张生静认为相关的责任应由刘德敦进行承担，可以在其承担相应的责任后，依据二人之间的约定另行诉讼。张生静未经刘昌文许可便将临摹品送拍的行为，实质上是向公众出售《蹉跎岁月》复制件的行为，是对刘昌文发行权的侵害。

在本案中，刘昌文主张淳辉阁拍卖公司的涉案拍卖行为侵犯了其展览权、信息网络传播权。一般情况下，将未经作者许可的作品以公开的方式向公众展示，确实有可能构成对原作者展览权及信息网络传播权的侵犯。但在本案中，我们需要考虑到拍卖行为的特殊性。《中华人民共和国拍卖法》第 48 条规定，拍卖人应当在拍卖前展示拍卖标的，并提供查看拍卖标的的条件及有关资料。淳辉阁在拍卖前进行拍品的预展和对图录与网络信息予以公开，是保证拍卖正常进行所必经之程序，主观上并不存在侵犯刘昌文作品展览权和信息网络传播权的故意，因此也并未构成对刘昌文这两项权利的侵犯。

另外需要注意的是，虽然我国拍卖法明确规定了拍卖行对拍品的真伪与品质不承担瑕疵担保责任，但这并不意味着由瑕疵作品引发的所有法律问题，拍卖行都可以无条件免责。拍卖行对于瑕疵担保责任的免责需要以以下三点为前提。①拍卖行不知道或不应当知道标的物存在瑕疵，即拍卖行对于标的物的情况不存在主观上的故意隐瞒。②瑕疵担保责任的免除不等同于对标的物基本审查义务的免除。拍卖行应当对委托人提供的文件与标的物进行审核与鉴定，对于审核与鉴定出的问题，即使拍卖行已声明不承担瑕疵担保，也不能免除责任的承担。③标的物瑕疵不等于标的物缺陷。如果因标的物自身的缺陷而导致人身意外的发生，拍卖行与委托人需对此承担无过错责任。在本案中，淳辉阁拍卖公司与张生静签的《艺术品委托拍卖合同》已经约定，张生静保证其对标的物拥有处分权，也如实披露自己知道的拍品瑕疵。而且，在合同中的拍品清单及张生静送淳辉阁拍卖公司作品清单中均将被诉侵权作品标注为"刘昌文布面油画"。而淳辉阁拍卖公司在预展拍卖图册的显著位置也声明了其不承担瑕疵担保责任，购买人应自行判断该拍品是否符合描述的内容，在预展期间也无人就此提出异议。据此，淳辉阁拍卖公司尽到了对标的物合理的审查义务，且其将被诉侵权作品标注为"刘昌文作品"并无主观故意，故淳辉阁拍卖公司不构成对刘昌文著作权的侵犯，也无须承担侵权赔偿责任。

2. 博物馆文创产品开发中的临摹问题

一般来说，博物馆在文创产品的开发环节几乎不会涉及临摹作品，博物馆要么直接将作品的图片作为开发的素材，要么将作品进行等比例的复仿制，批量生产出周边纪念品。但是，博物馆的馆藏作品大多年代久远，很多作品可能真迹已不存于世，这就使得博物馆在文创产品开发中可能会面临一个特殊的情况，即 B 对 A 的作品进行了临摹，C 又拿了 B 的作品去进行商业开发使用。在此种情况下，C 的行为是否侵权？若构成侵权，则侵犯了谁的权利？

基于我国著作权法中对作品保护期限的规定，我们需要对这一特殊情况进行分类讨论。若 B 临摹的 A 作品是已过著作权保护期限的作品，那么 B 的临摹作品是享有完整的著作权的。若 B 所临摹的作品也已过了著作权保护期，那么 C 在对 B 的作品进行商业使用时，便无须考虑过多的问题。例如，《千里江山图》是由北宋画家王希孟创作的著名青绿山水画，该作品集北宋水墨山水之大成，向世人描绘了烟波浩瀚层峦叠嶂的江南景致（见图 10）。清代皇家私人收藏风气盛行，王炳奉乾隆皇帝旨意，也对《千里江山图》进行了临摹，目前，原作与王炳的临摹本均藏于故宫博物院中（见图 11）。由于王希孟的《千里江山图》与王炳的《千里江山图》摹本均已进入到了公有领域，北京故宫博物院拿王炳的临摹本去进行文创产品开发，无须征得任何人同意，开发人便享有开发产品且不向临摹作品相关权益人支付报酬的权利。但如果 B 临摹的作品并未超过著作权保护的期限，此时 C 以 B 的作品为原本进行产品开发，需要经过 B 的同意并支付一定报酬。若 B

图 10　王希孟《千里江山图》局部①

---

①　王希孟：《千里江山图》，绢本设色，51.5 厘米×1191.5 厘米，故宫博物院。

临摹的 A 作品也是未超过著作权保护期限的作品，那么 C 在对 B 的临摹作品进行衍生品开发时，须征得 A、B 双方许可并支付合理的报酬。

图 11　王炳《仿千里江山图卷》

王炳：《仿千里江山图卷》，纸本设色，52.4 厘米 ×1192 厘米，故宫博物院。

图 12　故宫博物院以千里江山图形象为基础开发的文创产品

资料来源：笔者拍摄。

需要注意的是，虽然我国著作权法规定了作品的保护期限，但这一期限仅指作者的发表权和著作财产权，作者的修改权与保护作品完整权则不受其限制。因此，若临摹的作品或依据临摹作品进行商业开发者严重篡改、丑化甚至歪曲原作中的形象，便侵犯了原作品作者的著作权，原作品作者有权对这种行为予以禁止。

结　论

只要艺术创作活动存在，临摹行为便永远不会消失，这种行为下所产生的临摹品与临摹作品，也会随着艺术市场的发展从而引发更多的法律问题。

大部分临摹行为仅是一种追求还原性的复刻行为，这种情况下的产物只能被称作不具有独创性的临摹品。对于另一部分临摹行为下的产物来说，如果临摹者仅在其作品中借鉴了他人的意韵与风格，则这类作品可以构成原创，比如临摹中的"意临"。如果临摹者在其中借鉴了他人作品中的内容，即对他人作品进行了一定的挪用与改编，那么这类作品就构成了演绎，即本文所称的"临摹作品"。无论是原创作品还是构成演绎的临摹作品，创作者都能够基于其中独创性表达的部分而享有著作权。在对由临摹品与临摹作品引发的法律纠纷问题的处理中，不仅要考虑其所处的艺术语境，还要注意使用时是否会牵扯到在先作品作者的相关权益。

《知识产权研究》第二十七卷
第 158~179 页
© SSAP, 2021

我国专利权无效制度的困境与解径

宗倩倩[*]

摘　要： 本文通过对专利权、专利权无效宣告、专利权无效诉讼进行法理层面的探究和明晰，并分析了近期最高人民法院知识产权法庭在"厦门实正电子公司与乐金电子公司侵害专利权纠纷民事案件与专利无效宣告行政案件"中所做的探索和创新，即让居中作出无效宣告请求审查决定的国家知识产权局位于当事人的中间位置，让真正形成对抗的双方当事人分居两侧。本文认为，我国应借鉴日本的当事人诉讼制度，让无效诉讼当事人真正成为专利权无效诉讼中的对抗双方，充分发挥专利权无效制度的规范目的；远期来看，我国应遵循专利权无效诉讼的民事诉讼属性和专利权无效宣告的准司法性质，并将国家知识产权局作为一个审级，在回归制度本质的同时，提高诉讼效率。

关键词： 无效宣告　专利权无效诉讼　当事人诉讼　民事诉讼

由于受到形式审查（实用新型和外观设计）、专利文献检索不全面、创造性判断不客观等因素限制，现实中存在很多本不符合授权条件的问题专利。但由于"绝大部分授权专利都没有被实际应用，只有5%左右的专利被授权实施许可"[①]，因此通过扩大专利审查规模来纠正问题专利的做法并不

---

* 北京师范大学知识产权法博士研究生。
① Mark A. Lemley, "Rational Ignorance at the Patent Office," *Northwestern University Law Review* 95 (2001): 1507.

符合效率原则，会造成巨大的行政资源浪费。因为市场并不会选择每一项最终被授权的专利，大规模、普遍式加强行政审查与市场的价值规律不符。所以，以事后救济的方式排除问题专利就成为世界上多数国家的普遍做法。①

一　我国专利权无效制度的困境与原因分析

（一）　我国专利权无效制度的困境

在我国，专利权无效诉讼被定性为行政诉讼，即任何单位和个人都可以对被授予的专利权向国家知识产权局提起专利无效宣告请求，如果当事人认为其自身的合法权利未得到充分救济，还可以再以国家知识产权局为被告，向法院提起行政诉讼。② 但此种制度设计，导致国家知识产权局不仅要面对日常审查专利的压力，还要作为一个与案件结果无任何诉讼利益关系的被告去接受司法的审查。因为最终的司法判决对国家知识产权局不会产生任何实体权利义务的影响，所以国家知识产权局也难免会产生"疲诉"现象，这对于实际权利人是不利的。反之，如果国家知识产权局在诉讼中表现得太过积极，则会产生"一方当事人代言人"的效果，这同样不利于另一方当事人的权益保护。如此，国家知识产权局陷入"两难"的尴尬境地，不利于专利权无效纠纷中的真正当事人维护自身的权利。同时，由于行政诉讼的判决类型规定以及国家知识产权局审查机制等原因③，完全可能出现与此前不同的新的事实和理由，国家知识产权局仍然可能据此再作出

---

① 参见 Jay P., Kesan & Andres A. Gallo, "Why 'Bad' Patents survive in the Market and How Should We Change the Private and Social Costs of Patent," *Emory. L. J.* 55 (2006): 61。

② 参见我国《专利法》第 45 条和第 46 条。

③ 此处的国家知识产权局的审查机制问题是指：在国家知识产权局针对专利无效宣告的请求作出决定时，不一定对当事人提供的所有对比文件逐一进行审查，而是只要国家知识产权局认为审查过的对比文件已经足以对专利权的效力作出判决时，就会停止对剩余对比文件的审查。参见郭禾《专利权无效宣告制度的改造与知识产权法院建设的协调》，《知识产权》2016 年第 3 期。

与此前结果相同的决定。所以，面对新作出的审查决定，不服的当事人有权利继续提起诉讼，如此便出现一个轮回。如果仍然出现上述的情况，这样的程序将会重复进行数次，最终导致循环诉讼。[①]

此外，在实践中，专利权无效宣告往往是被告提出抗辩的理由，与专利侵权程序如影随形，被告借此拖延侵权案件的审理。"无缘无故提出无效宣告请求的事情非常罕见。"[②] 而我国采用的是专利侵权诉讼与行政无效程序二元分立的"双轨制"，又由于明确专利权的效力是审理侵犯专利权案件的前提条件，因此就会产生侵权案件久拖不决（侵权诉讼中止时）、确权与侵权判决结果相冲突（侵权诉讼不中止时）等问题。

（二）导致上述困境的原因分析

针对这些问题，我国司法实践也在不断探索，并试图使用相关制度予以调和，如中止诉讼，先行裁驳、另行起诉，专利侵权程序中，法院对专利权无效的间接确认，等等，但结果并不理想。另外，我国于 2019 年设立了国家最高人民法院知识产权法庭，集中管理技术类专利确权与侵权纠纷的二审案件，力争实现这两类案件在审理程序和裁判标准等方面的协调，从而为科技创新发展提供良好的市场环境和制度保障。[③] 然而，我们又必须看到，虽然最高法院知识产权上诉法庭的设立解决了一部分问题（裁判标准不统一、确权与侵权结果相冲突等），但是我国实践中现存的循环诉讼、侵权案件的久拖不决等问题依然没有得到改善。这些问题的存在，不仅不符合我国专利法的效率目标，而且严重影响了其本应或可能发挥的功能。

[①] 较为典型的案例有"新利达专利无效案""于彦奎专利维权案""大豪兴利家具公司案"等。

[②] 尹新天：《中国专利法详解》（缩减版），知识产权出版社，2012，第 360 页。

[③] 参见《用创新的方式保护创新，以改革的思维解决难题，为加快实施创新驱动发展战略提供司法服务和保障——最高人民法院相关负责人就〈全国人民代表大会常务委员会关于专利等知识产权案件诉讼程序若干问题的决定〉答记者问》，http://www.court.gov.cn/zixun-xiangqing – 125461.html，最后访问日期：2018 年 12 月 17 日。

回溯问题的根源，我们不难发现，这都是将国家知识产权局作为被告①、将专利权无效诉讼错误定性为行政诉讼所致。"根据法的第二性原理，制度构建必须以事物的客观样貌为基础，而不能强行令事实迁就观点。"②因此，有必要对相关问题进行法理层面的探究，以期明晰事物本质。专利权无效诉讼性质的明晰与界定是进行制度设计的首要前提。

二 专利权无效制度的法理探究

在对专利权无效诉讼和专利权无效宣告进行本质层面的理论探究和深入挖掘之前，不得不首先对专利权的性质再次进行追问。这是因为，专利权是专利权无效制度的直接对象，有效的专利权是宣告专利权无效的前提和基础。更为重要的是，专利权的性质不仅决定了国家知识产权局对宣告专利无效的请求作出审查决定的根本属性，即专利权无效宣告的根本属性；同时也决定了宣告专利权无效的请求人与专利权人之间争议的根本属性，即专利权无效诉讼的性质，从而决定了专利权无效诉讼应采取何种模式进行审理。更为宏观地说，专利权的属性决定着专利权无效制度乃至知识产权制度的根本面貌和立法走向。由此可见，专利权的性质、专利权无效宣告、专利权无效诉讼是一个有机协调的、内在统一的整体，彼此之间环环相扣，紧密相关。忽略或脱离了对其中任何一个环节的论证，对专利权无效制度整个系统的理论探究和本质梳理就都是不完整的、有缺陷的。

---

① 此前，我国专利权行政确权诉讼的被告为专利复审委员会。为落实机构改革，原专利复审委员会并入国家知识产权局专利局，专利确权行政诉讼的被告从此改为国家知识产权局，并于2019年4月1日起施行，但原业务办理程序不变。虽然我国《专利法》中目前还仍然采用"专利复审委"的名称，但本文基于前述机构改革，下统一称为"国家知识产权局"。参见国家知识产权局的公告《关于变更业务用章及相关表格书式的公告（第295号）》，http://www.cnipa.gov.cn/zfgg/1135993.htm。
② 托克维尔：《论美国的民主》，董国良译，商务印书馆，2010，第17页。

（一）专利权是私权

1. 专利权私权属性之证成

专利权的属性是一个历久弥新的话题，也是一个根本性问题。知识产权是科学技术和市场发展到一定阶段，知识成为市场要素时产生的必然结果。在这一过程中，知识的表现形式（即知识产权对象）逐渐与资本结合，并在市场竞争中产生商业利益，从而需要知识产权制度来对该财产利益进行分配。当然，知识产权制度的发展与一国的社会意识形态结构、政治结构、经济结构之间的内部功能耦合也是无法分离的。[①]

从公法与私法的划分、公权与私权的划分来看，专利权是私权。一般认为，"私权作为法律上的概念，是与公权相对的。而私权和公权的区分，又与私法和公法的区分直接相关"。[②] 所以，在划清公权和私权的界限之前，应先区分公法与私法。依据传统民法理论，"规制权力运作的法为公法，调整权利与权利关系的法为私法"。[③] 而专利法就是调整专利权人和专利权人之外的其他人的利益关系的法律规范，即专利法调整的是平等民事主体之间利益关系的法律规范，并不是规制国家公权力运作的法律规范。因此，专利法是私法。如前所述，私法与私权直接相关，规定在私法中的权利即在私法中被授予的权利则是私权。专利权是专利法规定的赋予专利权人独占的排他性权利，与物权一样具有使用、收益、处分等权能，并且在市场经济活动中的使用遵循自治原则，受到私法规范的保障，符合私权的一切特征。由此可得，专利权是私权。这是直接演绎和推理的结果，是论证逻辑的延长。

从专利法的起源与发展来看，专利权是私权。美国大法官奥利弗·温

---

① 参见金海军《知识产权私权论》，中国人民大学出版社，2004，第 83 ~ 114 页。

② 金海军：《知识产权私权论》，中国人民大学出版社，2004，第 5 ~ 6 页。另外，张新锋在其著作中也提到："……但是除此之外，私权的概念主要是理论意义上的，来自公法和私法的划分。"参见张新锋《专利权的财产权属性——技术私权划路径研究》，华中科技大学出版社，2011，第 61 页。

③ 王继军：《公法与私法的现代诠释》，法律出版社，2008，第 21 页。

德尔·霍姆斯曾说："历史研究之一页，当抵逻辑分析之一卷。"为了给出更充分、更全面的论证体系，还需要将目光转移到早期专利法上，追踪专利法的起源和发展，进行回溯性思考。对于专利法的起源，一般认为，英国皇家以特许令的方式给予发明人以奖励的这种钦赐特权制度是专利制度的萌芽。① 在 13 世纪，随着社会生产力水平的发展，技术在财富创造过程中扮演着越来越重要的角色，所占分量也越来越大。英国皇家为了奖励那些创造出新技术或向英国引入新技术，并为社会整体带来利益的人，就向这些人颁布诏书，给予他们一定期限内的垄断权。威尼斯元老院颁布的威尼斯法案是近代专利制度的雏形，该法案中规定了首先做出发明的人对该技术方案的独占权利，且需满足诸如现今专利三性的"新颖""在本城邦前所未有"等要求，即已经具备了近代专利制度的雏形。1624 年，"英国颁布的《垄断法规》是第一部具有现代意义的专利法"。② 《垄断法规》的颁布终结了王室的垄断和特许权，并且规定之前被授予的所有特权均为非法。除此之外，《垄断法规》还规定了对发明人的法律救济措施。就这样，王权被极大地限缩，获得专利权是通过普通法上的审查，而不再是皇室特权的授予。在此情境下，民众的创造热情被大大激发。毫无疑问，这就是通过对产权的界定、确认和保障，从而鼓励发明创造，促进技术进步。

总而言之，追溯专利权的起源与发展，我们可以看到专利权经历了从被王室特权授予到通过普通法对授予专利权进行审查的这一变迁，此后各国关于专利权的立法更是对专利权私权属性的进一步深入和发展。当下，我国的专利权制度不仅被规定在私法（《专利法》）中，而且具有对世性、排他性和可转让性等私权所具有的特征，同时被 TRIPS 协议明确承认为私权。一言以蔽之，专利权是私权。

2. "知识产权公权化"理论之证伪

虽然 TRIPS 协议在其序言部分开宗明义地指出"承认知识产权是私

---

① 参见 Sweet & Maxwell, *Terrell on the Law of Patent*, 14th edition, London, 1994, pp. 2 – 3。
② 刘春田主编《知识产权法》（第 5 版），中国人民大学出版社，2014，第 8 页。

权"，我国《民法典》也将知识产权纳入民事权利体系中①，即专利权的私权属性在我国法律和国际条约中都被明确指出。但是，这并没有统一学界对专利权性质的看法，更没有终止学者对专利权性质的讨论。

目前，有学者提出"知识产权公权化"②理论。他们认为，随着现代知识产权制度的发展与变革，知识产权由传统的私权演变为带有公权属性的私权。"知识产权公权化"理论不是直接否认知识产权的私权性质，而是承认知识产权同时具有私权和公权属性，二者对立又统一。突出表现为：国家或政府对知识产权干预的不断强化，如利益平衡；国家行政机关不仅在知识产权的取得和行使方面发挥重要作用，而且可以根据当事人的请求调解或裁决当事人之间的民间纠纷等③；各国都逐渐将知识产权的发展在"国家战略"的高度上进行确定，并制定相应的工作纲要④；知识产权保护的对象与公共利益密切相关，从根本上决定了国家公权力的介入⑤；调整的关系不是平等主体之间的社会关系，在专利权的授予等方面存在行政管理关系⑥；等等。

无独有偶，美国最高法院于 2018 年 4 月对 Oil States 案件做出最终判决，其实该案的主要争议点是涉及 IPR 程序⑦的合宪性问题。最高法院在论证 IPR 程序的合宪性问题时，将专利权视为与私权利相对的公权。而且，在美国最高法院法官 Clarence Thomas 执笔的多数意见中更是明确提到，专利

---

① 参见《民法典》第 123 条。

② 参见应凯宁《浅谈知识产权的私权属性及其公权化趋向》，《法制与社会》2016 年第 30 期；侯小波《试论知识产权的私权属性及其公权化趋向》，《法制博览》2014 年第 1 期；吴威《解析知识产权的私权属性及其公权化趋向》，《法制与社会》2013 年第 8 期；李晓《浅论知识产权私权公权化趋势》，《法制博览》2015 年第 26 期；等等。

③ 参见冯晓青、刘淑华《试论知识产权的私权属性及其公权化趋向》，《中国法学》2004 年第 1 期。

④ 参见李永明、吕益林《论知识产权之公权性质——对"知识产权属于私权"的补充》，《浙江大学学报》（人文社会科学版）2004 年第 2 期。

⑤ 参见李永明、吕益林《论知识产权之公权性质——对"知识产权属于私权"的补充》，《浙江大学学报》（人文社会科学版）2004 年第 2 期。

⑥ 参见李玉香《论知识产权的私权性和权利让渡》，《人民司法》2003 年第 5 期。

⑦ IPR 程序，是 USPTO 依据申请人的请求，对专利权效力进行重新审查，并对被错误授权的专利撤销专利权的一种程序。

权既具有私权利属性，又具有公权力属性，但是该院长期以来一直认为专利的授予是一项涉及公权力的事项。并同时引用最高法院在 1899 年对 United States v. Duell 案所作判决中的论述，即"从一开始，专利权的授予就是一个政府与他人之间的事情"。甚至援引最高法院在 1871 年对 Seymour v. Osborne 案所作判决中的论述，即"专利是政府授予的公共特权"。可见，不只是国内有学者主张知识产权公权化理论，认为知识产权同时具有公权属性，国外亦是如此。美国最高法院在上述案件中甚至直接把专利权称为"政府授予的公共特权"。

上述主张知识产权公权化理论的依据，主要是基于国家公权力的介入，不管是在立法目的、权利授予方面，还是在权利限制方面。以下就对这几个方面一一予以回应。（1）学者的如上认知其实是混淆了专利法的立法目的、价值目标与实现这些目标的手段的结果。我们认为，任何法律的终极目标都是要实现一定的社会价值，维护社会的整体利益。而专利法作为实现这些目标的重要媒介和手段，其与目标之间具有根本的区别和差异。更不可将专利权的属性置于制度价值目标层面进行定义。前已述及，专利法是私法，被私法规范规定之权利为私权。专利权的属性和专利法意欲达到的价值目标完全是两个问题，不可混淆，更不可简单类比推论。正如彼得·德霍斯教授认为的那样："专利权是私权，以权利为基础，但这些权利的主要作用在于服务其他目标和利益。不得不说，这是两个不同层面上的问题。"① （2）知识产权的对象是表现为一定形式的知识。② 由于知识的"无体性"，相比于物权，知识本身并不具有排他占有的外部特征。"同时，为了保证社会整体效率，国家不得不通过一定的程序和方式审查将赋予排他性占有权利的知识的先进性、识别力等特征，并赋予此种排他性占有以公信力。"③ 正因为如此，在知识产权领域中不可避免地存在较多的行政介

① 彼得·德霍斯：《知识财产法哲学》，周林译，商务印书馆，2008，中文版序。
② 参见刘春田主编《知识产权法》（第5版），中国人民大学出版社，2014，第8页。
③ 李扬：《知识产权法基本原理——基础理论》，中国社会科学出版社，2013，第62页。

入，如申请、审查、授权、公告、无效宣告和异议等。但是，这些行政机关公权力的介入，并不是作为一种许可行为向申请人授予专利权，而是作为一种法律上的确认行为，对申请人的技术方案是否符合专利授权条件进行确认，这并不会从根本上改变专利权的私权属性。例如，民法上，在房屋买卖合同中，房屋所有权人的变更登记同样需要行政机关的介入，对这一事实进行确认，进行变更登记。经过变更登记后，买受人即获得房屋所有权。那我们就可以说买受人对房屋的所有权具有了公权色彩，被公权化了吗？显然，这是一个非常荒谬的结论。因此，公权力的调整和干预并不能从根本上改变专利权的私权属性。"如果认为只要受到公权力的调整和干预，一种私权就变成了公权，那么世上可能就没有什么私权可言了。"① （3）其实，每种权利都有边界，都会受到不能滥用、公序良俗等方面的限制。但是，知识产权的限制相比其他权利会更多，这是因为一方面，不管是文学艺术的创作，还是科学技术的创造，其实都是在前人研究的基础上获得的，现在很少有完全开创性、前无古人后无来者的创造成果。所以，作者或发明人是在原本属于公共领域东西的基础上，经过自己的创造而得到相应成果，并以此申请授予权利。那么，对于权利人的限制多一点，也符合正义，无可厚非。另一方面，由于知识产权对象的待解释性和创造性智力成果可替代程度较低，因此知识产权相比于物权等其他权利具有较大的滥用可能性。加之，由于知识产权设置的目的就是促进社会科学和文化艺术的进步，即知识产权与公共利益的关联度更大，权利人行使权利对社会公共利益的影响更大，进一步增加了滥用的概率。② 更何况，在古希腊谈到权利的时候，往往是从个人与社会之间的关系展开的，即权利并不是指仅仅维护个人利益的最大化，而是在维护个人权利的同时，强调城邦和谐生活的实现。③ 不是将对权利的思考只定位在我与他人的关系，而是将其定位在

---

① 王迁：《知识产权法教程》（第 5 版），中国人民大学出版社，2016，第 11 页。
② 关于知识产权相比于其他权利更容易被滥用的具体论证，参见李琛《禁止知识产权滥用的若干基本问题研究》，《电子知识产权》2011 年第 10 期。
③ 参见程燎原、王人博《权利及其救济》，山东人民出版社，1998，第 73 页。

个人与社会、个人与国家之间，在"宏观且又不失逻辑"① 的层面进行思考。

总而言之，专利权的私权属性是明确无疑的，是客观的，是符合逻辑的。

（二）专利权无效宣告的准司法属性

N. 维纳说过："最大的科学进步将产生于各种学科之间的缝隙之中。"② 虽然专利权无效制度是一个知识产权问题，但是对专利权无效宣告性质的分析，必须回到行政法领域。探究在行政法基本原理和理论体系的框架下，专利权无效宣告的属性究竟为何。

1. 专利权无效宣告属于行政裁决

20 世纪以后，随着社会经济关系的发展与变化，不仅出现大量的新型民事争议（如专利、商标争议，产品质量纠纷等），各国都在积极寻求多元化的纠纷解决机制，而且这些纠纷越来越专业化（如技术、医疗等方面）、复杂化。因此，国家不得不对一些民事经济纠纷进行干预。行政裁决制度，即国家通过法律赋予行政机关类似司法权利的职权对专业化的民事争议进行解决，正是在这一背景和需求下产生的。行政裁决以其简化的程序和高效的裁判逐渐获得社会的认可。这导致行政机关不仅要行使行政权力对社会进行管理，而且要对一些民事争议进行裁决，处理那些传统上由法院处理的民事争议。就算是在主张"三权分立"的英美法系国家，同样存在这样的做法，英美法系国家对行政机关赋予的司法裁判权，甚至比我国规定的行政裁决的范围更广。例如，美国的行政裁决（又称委任司法）通过设立的"行政独立管制机构"（Administrative Independent Regulatory）与一般

---

① 费安玲：《论著作权的正当性——历史的透视与权利要素理论的思考》，《科技与法律》2004 年第 4 期。
② N. 维纳：《控制论》，郝季仁译，科学出版社，2009。转引自金海军《知识产权私权论》，中国人民大学出版社，2004，第 20 页。

行政机关行使裁判权，对法律规定的各种争议进行裁判。① 实际上，行政机关对民事争议的裁判在本质上是国家公权力扩张的表现，是公权力向私权领域的渗透，甚至有学者将其归类为行政司法。②

在行政法领域，对于行政裁决的概念，学者也都有不同的看法，并分别给出不同的界定方法。按照通说，"所谓行政裁决，是指行政机关依照法律规范的授权，对当事人之间发生的、与行政管理活动密切相关的、与合同无关的民事纠纷进行审查，并作出裁决的行政行为"。③ 基于对该概念的描述可以得知，行政裁决具有如下特征。（1）有权作出行政裁决的机关必须经过法律的授权。例如，我国《专利法》《土地管理法》《草原法》《森林法》等法律规范，授权有关机关对这些争议作出裁决。同时，一般法律只规定有关机关对争议作出行政裁决，而商标和专利等知识产权领域规定了明确的机关（国家知识产权局），故有学者将此称为"专门行政裁判制度"④。（2）对象上的民事性和特定性。并非所有种类的纠纷都可进行行政裁决，适用行政裁决的对象仅仅局限于法律规定的特定民事纠纷类型。（3）身份上的中间性。行政机关在行政裁决中处于类似于司法机关的中立裁判者的地位，彼此之间形成的是有三方主体的关系，而不是普通行政行为两造恒定的关系构造。（4）该民事纠纷与行政管理活动密切相关，而与合同无关。即只有在某种民事纠纷与行政管理密切相关，对公共利益对重要影响的情况下，才能适用行政裁决，行政机关以此实现其管理目的。（5）程序上的准司法性。首先，行政机关对某个民事纠纷作出裁决，是基

---

① 参见倪静《论我国专利无效宣告程序的完善——美日德三国制度比较及启示》，《江西社会科学》2013 年第 6 期。

② 参见罗豪才主编《行政法学》，中国政法大学出版社，1996，第 2 页。当然，我国行政法教材对行政裁决的编排体例发生过从将其归类为行政司法，到将其归类为具体行政行为的变化。近年来的行政法学教材大多延续了将其归类为具体行政行为的做法，参见姜明安主编《行政法与行政诉讼法》（第 3 版），北京大学出版社，2015，第 248 页；罗豪才、湛中乐主编《行政法学》（第 3 版），北京大学出版社，2006，第 269 ~ 277 页；胡建淼《行政法学》，复旦大学出版社，2003，第 157 ~ 160 页。

③ 姜明安主编《行政法与行政诉讼法》（第 6 版），北京大学出版社，2015，第 248 页。

④ 参见罗豪才主编《行政法学》，中国政法大学出版社，1996，第 261 ~ 265 页。

于当事人的申请；其次，行政机关必须听取双方意见，要求对方在指定期限内进行答辩，如有需要还可公开审理，让双方当事人进行辩论；最后，行政机关必须作出正式的裁定书，写明具体事实及依据，并进行说理等。

而专利权无效宣告是指"被核准登记的专利权缺乏实质性有效要件，经行政确认机关或司法机关重新审查后取消该专利权的程序"。① 虽然在表面上，无效宣告请求人向国家知识产权局提出请求，国家知识产权局并对此作出裁判。但是，在无效宣告这一过程中，体现的其实是专利权人与请求人之间的争议，即专利权是否有效。由于前已论证，专利权是私权，所以专利权人和请求人这两个平等主体之间关于这一私权是否有效的争议，即为民事争议。其次，国家知识产权局对无效宣告作出裁判的职权，也是经过《专利法》所明确授予的，专利权无效宣告也是被法律明确规定可适于行政裁决的对象。再次，国家知识产权局在无效宣告程序的过程中，并不是与案件有利害关系的一方当事人，而是一位裁判者，居于第三方的中立地位，对双方当事人关于专利权是否有效的民事争议作出裁决。而且，宣告专利权无效，撤销本不应该授予的专利权，使相应技术方案进入公有领域，对社会公共利益也具有重大影响。②

综上所述，专利权无效宣告满足了行政裁决的所有特征。因此，专利权无效宣告的性质是"行政裁决"，亦有学者称之为"确权行政裁决"③。

2. 专利权无效宣告具有准司法性质

在我国《行政诉讼法》颁布前，法律赋予当事人对行政裁决的救济权利是向法院提起民事诉讼，法院依照《民事诉讼法》规定的程序对案件进行审理。但是，在我国颁布了《行政诉讼法》和相关司法解释以后，相关的行政诉讼程序逐步完善，行政裁决被纳入受案范围，现在大多数对于行政裁决的救济都是提起行政诉讼。目前，"行政裁决属于行政行为"也是行

---

① 李琛：《知识产权法关键词》，法律出版社，2006，第182页。
② 参见 Duncan Matthews, *Intellectual Property*, *Human Rightand Development*, *The Roleof NGOs and Social Movements*, Edward Elgar, 2011, pp. 15 – 48。
③ 参见张树义主编《纠纷的行政解决机制研究》，中国政法大学出版社，2006，第193~194页。

政法学界的主流观点。① 但是，随着对行政法基本原理及相关理论研究的深入，有学者开始发出不一样的声音，提出行政裁决是准司法行为，甚至直接是司法行为。②

　　然而，也有知识产权领域的学者认为，专利权无效宣告是一种专利确权行为。③ 但是对专利权无效宣告的如此定性，可能忽略了此时国家知识产权局面对的是双方当事人之间的民事争议，国家知识产权局是作为中立的第三方对当事人双方就专利权是否有效的争议作出裁判，该结果对双方当事人的实体权利义务都有实际影响。这不同于行政机关针对某一民事主体所做的行政行为，争议并不是存在于行政机关与某一民事主体之间。而且，在这个程序中处处体现着民事诉讼程序的性质，如国家知识产权局通知专利权人，并要求专利权人对此进行答辩等。因此，这种观点并未真实表现出专利权无效宣告的本质，有待商榷。

　　实际上，对于行政裁决来说，提起行政诉讼并不是双方当事人的最终目标。双方当事人不管是提起行政裁决，还是寻求司法救济，都是为了解决他们之间的民事争议。如果仅仅依据行为外观，因为行政裁决是行政机关作出的，而认为这是一种行政行为，这种观点和看法是值得商榷的。其实，对于行政裁决来说，行政机关不仅具有行政色彩，它还具有司法性质，即行使法律赋予的司法性质的权力，而这种类似于行使司法权的特性才是其根本特征。

　　因此，本文认为，专利权无效宣告具有准司法性质，但又不完全是司法行为，是行政与司法性质综合表现的结果，这最符合专利权无效宣告的

---

① 参见姜明安主编《行政法与行政诉讼法》（第 6 版），北京大学出版社，2015，第 248 ~ 251 页；胡建淼《行政法学》，法律出版社，2010，第 225 ~ 234 页；罗豪才、湛中乐主编《行政法学》（第 3 版），北京大学出版社，2006，第 269 ~ 277 页；罗传贤《行政程序法基础理论》，台湾：五南图书出版有限公司，1993，第 38 页；胡建淼《行政法学》，复旦大学出版社，2003，157 ~ 160 页。这些行政法学著作都将行政裁决列为具体行政行为的类型之一。因此，可以看出，在行政法学界，行政裁决被视为行政行为是通说观点。

② 对行政裁决性质的认识主要包括：行政行为、民事行为、准司法行为、司法行为。具体参见王小红《行政裁决制度研究》，知识产权出版社，2011，第 46 ~ 55 页。

③ 参见何伦健《专利无效诉讼程序性质的法理分析》，《知识产权》2006 年第 4 期。

本质。这种不完全，只是因为作出裁决的当局是行政机关而已，其主要性质还是司法性质。其实，在美国、英国和日本等发达国家，他们也都将行政裁决视为一种准司法行为或司法行为。[1] 前已述及，在专利权无效宣告中共有三方主体，民事争议双方当事人将争议提交到国家知识产权局，而国家知识产权局作为中立的第三方，对该民事争议作出裁决。传统上，作出裁判是司法机关的职权，现在经过法律规定，特定行政机关被赋予了司法权，享有裁判者的职权和地位。而这并不同于单纯的行政行为，传统的行政行为一方是官，一方是民，官与民两造恒定。但是，行政机关又不具有完全的司法权力，它毕竟还是一个行政机关，如此裁判也实现了其管理目的。因此，专利权无效宣告具有准司法性质[2]，司法性是其根本属性，只不过是披了行政机关的外衣。"夸张一点描述，行政裁决几乎具备了司法裁判所拥有的基本属性。"[3] 甚至，有学者认为，"行政裁决就是司法性质，行政裁决行使的就是司法权"。[4]

3. 国家知识产权局作为专利无效行政处理主体的合理性和必要性

首先，专业技术水平的要求。国家知识产权局现已包含了原专利复审委，原专利复审委有 31 个处室和 24 个专业技术申诉处（如电学申诉一处、二处；机械申诉一处、二处等）。国家知识产权局的主要职能不仅包括对不服国家知识产权局驳回专利申请的复查，还包括对无效请求人提出的专利

---

① 在美国，不管是学者还是联邦最高法院，都把行政裁决认定为具有准司法性质（quasi-judicial）。参见伯纳德·施瓦茨《行政法》，徐炳译，群众出版社，1986，第 5 ~ 11、56 页；Hilaire Barnett, *Constitutional & Administrative Law* (Oxford: Routledge, 2013), p. 546. 转引自齐树洁《完善我国行政裁决制度的思考》，《河南财经政法大学学报》2015 年第 6 期。在日本，依据不同的裁决类型，而分别对应不同的行政裁决性质。劳动委员会的行政裁决被认定为行政行为，而其他的则被认定为民事行为。

② 也有学者持同样观点，认为无效宣告程序是准司法性质。参见韩晓春《中日专利申诉及专利行政诉讼制度的比较和借鉴》，《专利法研究（2003）》，知识产权出版社，2003，第 135 页；刘庆辉《发明和实用新型专利授权确权的法律适用》，知识产权出版社，2017，第 29 ~ 30、38 页。

③ 张树义主编《纠纷的行政解决机制研究——以行政裁决为中心》，中国政法大学出版社，2006，第 35 页。

④ 沈开举：《委任司法初探——从行政机关解决纠纷行为的性质谈起》，《郑州大学学报》（哲学社会科学版）2007 年第 1 期。

权无效宣告请求的审查和作为专利无效诉讼被告的应诉工作等。国家知识产权局的技术专家和法律专家都具备相当的专业知识，尤其是各个专业技术申诉处的专家，他们凭借对本领域技术的精通和对相关领域技术的熟悉与了解，能准确地分析技术材料并作出判断。其实，对于审查员来说，阅读申请人提交的技术方案和检索到的现有技术是审查的必经程序，也是决定性的步骤。因为如果不能对专利技术方案洞察其悉，则无法提取关键词对现有技术进行检索，更无法与现有技术进行对比，从而准确判断其"三性"。因此，基于如此专业、技术普及领域如此全面的机构组成，国家知识产权局具有绝对的优势。

其次，审查效率的要求。实践中，"绝大多数无效宣告请求都由与专利权有现实或潜在利害关系的人提出，其中又以专利侵权诉讼的被侵权人或者受到专利侵权指控威胁的人居多"。[1] 因此，专利无效审查的效率在专利权无效中有着重要作用，因为它直接影响侵权案件的审理进度。与世界上其他一些国家不同，我国将专利权无效审查的工作完全交由国家知识产权局来处理。由于法院一方面不具有全面且专门化的技术人才队伍，另一方面由于法院的案源较为复杂，案件数量庞杂，审理时间相较于国家知识产权局也会更长。国家知识产权局凭借其专业背景及丰富的实践经验，在专利无效的审查方面，效率和质量要远远高于法院。

最后，结果一致性的要求。结果一致性要求法院对于类似案件作出的结论应当具有一致性。我们可以设想，如果将对专利无效宣告的处理交由法院来做，由于专利无效宣告往往与专利侵权如影随形，所以法院在审理专利侵权案件时，如果被告提出宣告专利无效的请求，那么法院应当对此一并进行审理。但是，法官不仅很少具有专业技术背景，而且有些技术甚至闻所未闻。我们期望法官对专利无效宣告作出正确且公正的判决，这样的结果能否实现是存在疑问的。不仅如此，还可能出现各地法院对同一无效请求作出不同判决结果的情形，这不仅不利于维护法院的权威，更不利

---

[1] 尹新天：《中国专利法详解》（缩减版），知识产权出版社，2012，第360页。

于专利工作的管理。然而，若将专利无效宣告交由国家知识产权局来做，就能解决上述问题。而且，在专利权效力的判断上，就算是一直采取法院主导模式的美国，现在也通过新设立的单方复审制度和双方重审制度，将专利权效力审查权限从法院逐渐分配至行政机关，从而分担法院的巨大诉累。

因此，与其说将专利无效宣告交由国家知识产权局来做是一种经过选择的技术安排，不如说是一种制度必然。

（三）专利权无效诉讼的民事诉讼属性

1. 行政法领域对行政裁决救济方式的探讨

当事人如果对行政裁决不服，法律必须授予当事人以司法救济。"就行政裁决和行政诉讼的关系而言，至少应该遵循以下两项原则：司法最终原则和裁判者不被追诉原则。"[1] 法院作为纠纷解决的第三人，其严格的程序制约机制能够确保纠纷解决的公正性。在这个意义上，我国《专利法》的相关规定符合司法最终原则，当事人对国家知识产权局的审查决定不服，可以向法院提起诉讼。裁判者不被追诉原则，即指任何裁判者在行使审判权的过程中，其言行都不能被当事人追诉。正如英国著名大法官丹宁勋爵的精辟论述："任何以法官在行使审判权时的言行对法官进行的起诉都是不成立的……这倒不是因为法官有任何犯错误或办错事的特权，而是因为他应该能够完全独立地履行职责而无需瞻前顾后……决不能弄得法官一边用颤抖的手指翻动法书，一边自问，'假如我这样做，我要负赔偿损害的责任吗？'"[2] 当然，虽然丹宁是法官，但是裁判者也包括行政裁决的裁判者。就行政裁决而言，行政裁决具有准司法的性质，这意味着国家知识产权局首先是一个裁判者，而不是行政管理者。国家知识产权局的裁判者地位，本质地决定了它不可能被追诉，即不可能作为被告。可见，这再次证明在专

---

① 张树义主编《纠纷的行政解决机制研究——以行政裁决为中心》，中国政法大学出版社，2006，第 57 页。
② 丹宁勋爵：《法律的正当程序》，法律出版社，李克强等译，1999，第 70~72 页。

利无效诉讼中，国家知识产权局的被告地位是明显违反这一原则的。

　　然而，对于行政裁决的具体救济方式并无定论。在行政法领域，对于行政裁决的救济或司法审查方式也存在很多争议。学者们对此主要有五种观点。（1）行政诉讼[①]。认为只要是行政裁决，就一概适用行政复议与行政诉讼。因为他们认为，行政裁决在本质上是一种行政行为，这也正是我国现阶段的做法。《专利法》和《专利审查指南》也将专利权无效诉讼定性为行政诉讼。（2）民事诉讼[②]。这种观点重在考虑诉讼的本质和核心，并认为在此种情况下，行政机关只是一个中立的第三方裁判者，而不是诉讼的一方当事人，当事人在此程序中追求的是他们之间民事纠纷的实质化解。而把行政裁决的司法审查方式认定为行政诉讼，不仅未触及问题的本质，最终导致案结事不了的结果，还会大大增加行政机关的应诉负担，分散行政机关处理其他事项的精力和时间。（3）行政附带民事诉讼[③]。这种观点认为，行政裁决在本质上还是属于行政行为，但是行政裁决的目的是要解决民事争议。因此，可以按照行政附带民事诉讼的方式，当事人不服行政机关裁决的结果，应该提起行政诉讼，经双方当事人的协商，可以在诉讼过程中一并请求解决其相关的民事争议。该观点还认为，我国相关司法解释已对行政附带民事诉讼形式作出了明确规定。[④]（4）按照行政诉讼，同时赋

[①] 参见胡建淼《行政法学》，法律出版社，2010，第234页。

[②] 参见何伦健《中外专利制度的比较研究》，《电子知识产权》2005年第4期；张献勇、闫文锋《专利复审委员会的诉讼地位——复审委是否该站在专利无效诉讼被告席上》，《知识产权》2005年第5期。

[③] 参见李华菊、侯慧娟《试论行政裁决的司法审查程序——兼谈行政附带民事诉讼案件的审理》，《行政论坛》2002年第2期。

[④] 此处学者所指的是2000年3月10日开始实施的《最高人民法院关于执行〈中华人民共和国行政诉讼法〉若干问题的解释》。实际上，对于该解释第61条的规定是否是对行政附带民事诉讼形式的明确规定，法官们也有争议。有些法官认为，其中"可以一并审理"的措辞并没有表明学界的"行政附带民事诉讼"被最高法所承认。参见甘文《行政诉讼司法解释之评论》，中国法制出版社，2000，第173页。而有些法官认为，第61条虽然在字面上回避了附带诉讼的概念，但实际上就是对行政附带民事诉讼的具体明确。参见江必新《中国行政诉讼制度之发展》，金城出版社，2001，第106页。我国于2017年修改了《行政诉讼法》，最高人民法院于2018年发布了《最高人民法院关于适用〈中华人民共和国行政诉讼法〉的解释》，其中第61条又做了同样的规定。

予法院司法变更权。① 此观点认为，司法最终原则应在我国各项制度中予以实际贯彻，更不用说是针对法律授权对民事争议作出行政裁决的行政机关的行为。但是，在行政裁决的情况下，由于民事争议才是其审理的核心问题，因此，此时的司法审查应不同于对一般行政行为的合法性审查，而是应让司法机关的审查有触及实质问题的可能性。这时就需要赋予法院司法变更权，这样才能达到司法审查的真正目的。如果法院在这种情况下不享有司法变更权，实际上也就没有彻底解决纠纷的权力，而且这会造成循环诉讼，不利于纠纷的及时解决。（5）建立符合我国国情的当事人诉讼制度。② 该观点仍然坚持国家知识产权局进行无效宣告审查的行政行为属性，坚持无效诉讼的行政诉讼性质，因为当事人诉讼制度是行政诉讼的模式之一。该观点又兼顾了行政裁决解决民事争议的实际需求及目的，能够直接和较好地解决实践中的问题。该制度的构造形式主要表现为：行政机关不以被告身份参加诉讼，当事人诉讼的被告为另一方当事人；行政机关以第三人身份参加诉讼，法院的判决具有最终的效力，不仅对双方当事人具有约束力，同时对行政机关具有约束力；审理该诉讼主要适用民事诉讼的程序，可以作出给付、确认和变更等判决。③

由此可见在该问题上的巨大分歧，这也正是我国《专利法》第三次修改和第四次修改草案未对该问题的相关条文进行修改的原因之一。④

2. 专利权无效诉讼的本质属性是民事诉讼

本文认为，将专利权无效诉讼定性为民事诉讼最符合事物的本质，也更能实现我国行政裁决实质解决纠纷的目的。而正如上文所述，采取其他

---

① 参见谢卫华《论赋予法院对行政裁决司法变更权的必要性》，《行政法学研究》，2003 年第 2 期；刘柏桓、陆国东《法院对行政裁决享有有限司法变更权的思考》，《法律适用》，2001 年第 11 期；谢晓琳《关于法院对行政裁决享有司法变更权的思考》，《佛山科学技术学院学报》（社会科学版），2003 年第 1 期，等。

② 参见薛刚凌《行政诉权研究》，华文出版社，1999，第 164 页；王小红《行政裁决制度研究》，知识产权出版社，2011，第 97 ~ 99 页。

③ 参见吴汉东、徐炳煊《日本行政法》，中国政法大学出版社，2011，第 271 页。

④ 尹新天：《中国专利法详解》（缩减版），知识产权出版社，2012，第 364 页。

方式，如行政诉讼、民事诉讼、行政附带民事诉讼，或采行政诉讼又同时赋予法院司法变更权都有其不可克服的矛盾与弊端，而且与行政裁决的准司法性质不相符合。（1）如果采取行政诉讼，即我国当前的诉讼模式，这不仅与行政裁决的本质属性格格不入，而且是对专利权私权属性的忽视，反而会带来各种实务问题。因此，行政诉讼的模式在我国专利无效的大背景下不可取，该模式也被一些行政法学者所诟病。还有一点更值得注意的是，行政裁决是准司法性质，行政机关在其中只是中立的裁判者，与案件并无任何法律上的利害关系。让行政机关作为被告，不符合诉讼法基本原理。（2）对行政裁决的司法审查不符合行政附带民事诉讼的条件。依据行政法理论，只有该民事争议与行政诉讼之间有相关关系才能附带审理，所以，最终能否附带该民事诉讼，在很大程度上取决于行政诉讼能否成立。①但是，在行政裁决中，二者无互相依赖和取决的关系，甚至从本质上讲，行政裁决中其实只涉及一个诉，即当事人以他们之间的民事争议提起的诉，而不存在行政诉讼，更无法将行政诉讼作为附带民事诉讼的基础。因此，其不符合行政附带民事诉讼的条件。同时，行政附带民事诉讼，顾名思义，是以行政诉讼为主，以民事诉讼为辅，②基于关联关系，在行政诉讼中附带审理和裁判民事争议。也就是说，行政诉讼所附带的民事诉讼是由行政诉讼派生出来的。而根据我们在此前论证得出的结论，行政裁决具有准司法性，而且司法性是其主要性质。但是行政附带民事诉讼是以行政诉讼为主要、为基础的诉讼，二者不甚相同。（3）按照行政诉讼，同时赋予法院司法变更权。这符合经济高效的原则，也符合司法审查的实质目的。但是，这种诉讼模式仍然不能回避行政机关作为被告的现象，额外的应诉负担会对行政机关平时的职权工作造成不利的影响。

事实上，专利权的无效诉讼就是专利权的确权纠纷，属于私法范畴。而专利权是私权，专利权无效诉讼是平等民事主体对私权的争议。因此，

---

① 参见姜明安主编《行政法与行政诉讼法》（第 6 版），北京大学出版社，2015 年版，第 539 页。
② 参见姜明安主编《行政法与行政诉讼法》（第 6 版），北京大学出版社，2015 年版，第 538 页。

专利权无效诉讼的本质就是民事诉讼。如此一来，不仅国家知识产权局会从被告的身份中解脱出来，而且能让真正有诉讼上利益关系的当事人参与进来，有利于公正裁判结果的实现。另外，只要专利权无效诉讼回归到其本身的民事诉讼属性，则专利侵权与专利权无效诉讼就可实现合并审理，而不需要另行提起行政诉讼来作为侵权诉讼的依据。这不仅大大缩短了审理周期，使诉讼程序规定更加合理化，而且对于保障当事人的合法权益也具有积极意义。

三　我国专利权无效制度的解径与重构

（一）近期可建立当事人诉讼制度，使国家知识产权局脱离其被告角色

解决国家知识产权局作为专利权无效诉讼被告的角色错位和循环诉讼等问题，最直接的方法就是将国家知识产权局从专利权无效诉讼被告的角色中"撤离"，让对抗双方当事人作为专利权无效诉讼的主体。无独有偶，建立了中国特色"飞跃上诉制度"的最高人民法院知识产权法庭，在"厦门实正电子公司与乐金电子公司侵害专利权纠纷民事案件与专利无效宣告行政案件"中，尝试"让居中作出无效宣告请求审查决定的国家知识产权局位于当事人的中间位置，让真正形成对抗的双方当事人分居两侧"。[①] 此次创新，不仅将涉及同一专利侵权的民事和行政诉讼交由同一合议庭协同审理，探索民事和行政诉讼程序和裁判标准的对接，而且使国家知识产权局脱离被告的地位，实现双方当事人的有效对抗，为当下的专利权无效诉讼提供了有益的司法参考。

最高人民法院知识产权法庭正在积极探索的这种改革模式类似于日本的当事人诉讼制度，即以对方当事人为被告，请求法院撤销专利局的行政裁决。在日本，当事人对特许厅的无效宣告结果不服的，可以以对方当事

---

① 郝小娟：《专利民行交叉案件处理新思路》，《人民司法》2020 年第 2 期。

人为被告，提起当事人诉讼，而行政机关不作为被告。日本为了避免进入"循环诉讼"的怪圈，还在当事人诉讼中赋予法院对行政机关的审查决定进行变更的权力，即法院可以作出变更判决，对专利权的效力进行认定。实际上，我国法律体系与日本的法律体系有很多相似之处，具有引进当事人诉讼制度的可行性。这不仅体现在我国与日本拥有相同的法律体系传统，在制度体系上都传承大陆法系的做法，还体现在我国与日本对专利无效审查机关和处理程序的规定很相似，都要先经过行政机关的审查，而且对行政机关的审查进行后续的司法审查。因此，日本的当事人诉讼制度对我国具有重要的借鉴意义。

更重要的是，当事人诉讼制度是行政诉讼的一种具体模式。也就是说，日本的当事人诉讼其实还是建立在行政诉讼路径上的，即不用从根本上调整对我国现行专利权无效诉讼的行政诉讼性质的定位，改革成本较低，可通过最高人民法院的批复或作出司法解释①等方式实现。即其他自然人或单位还是向国家知识产权局提出专利权无效的宣告请求，当事人不服的可以向法院提起诉讼，法院采取前述的当事人诉讼制度，行政机关不作为被告，而是由另一方当事人作为被告。同时，在专利权无效诉讼中，法院不仅可以作出维持和撤销的判决，也可以作出变更判决。

（二）远期应遵循专利权无效诉讼的民事诉讼属性，并将国家知识产权局视为一个审级

前已论述，专利权无效诉讼属于民事诉讼之一种，是存在于平等民事主体间的专利权属争议。这是事实，不以人的意志为转移，更不以国家知识产权局的准司法活动为转移，理想的专利权无效制度设计就建立在遵循专利权无效诉讼的民事诉讼属性之上。

---

① 可参考《最高人民法院关于专利法、商标法修改后专利、商标相关案件分工问题的批复》，用批复或意见等方式，规定在知识产权领域，对行政诉讼法改革进行试点。对行政机关对知识产权领域的民事纠纷所做的裁决，当事人不服的，提起行政诉讼时采当事人诉讼制度。

波斯纳法官说过，"对于公平正义的追求，不能无视代价"。① 目前，我国的专利无效制度共包括三级，即首先需要经过国家知识产权局的审查，当事人不服的，再向法院提起行政诉讼，对于行政诉讼的一审判决又可提起上诉。这种确权程序耗时过长，浪费司法资源，而审级过多并不意味着审判质量的必然提高。前已述及，无效宣告为准司法程序，国家知识产权局在行政宣告程序中的地位是中立的裁断者，并依据详尽的《专利审查指南》对双方当事人之间的民事争议进行裁决。而且，国家知识产权局内部设有经验丰富的技术专家和法律专家来承担专利无效审查的任务，国家知识产权局所具有的比较优势，可以保证专利无效的审查质量。

为了简化无效程序，提高审判效率，我国也应将国家知识产权局作为一个审级。② 共有两种模式可以借鉴。第一种是效仿日本模式，赋予国家知识产权局准司法机关的地位，将国家知识产权局的无效宣告审查定性为准司法性质。当事人对审查结果不服的，可以向新设立的最高人民法院知识产权法庭提起上诉。如此，不仅符合专利权无效宣告的属性，更符合司法的效率原则，能够及时有效地对专利权效力做出判断。第二种是效仿德国模式，将专利复审委员会纳入北京知识产权法院体系，或独立出来，组成法院。德国将专利局的抗告和无效委员会完全独立出来，成立了联邦专利法院。这项措施其实并没有改变审理专利效力的机构，甚至具体审查人员都没有变，而只是改变了审查机关的性质，从行政机关变成司法机关，有效地避免了行政诉讼程序带来的问题，减少了确权诉讼的审级。

由此可见，上述两种模式都是把专利无效宣告的审查视为一个司法审级，从而大大减少了无效程序的审级，提升了确权审判效率。在我国当下行政诉讼冗长、循环诉讼等问题突出的情况下，将国家知识产权局的审查视为一级司法审查，缩短审级的做法，对我国优化专利权无效制度具有重要意义。

---

① 张宗清：《波斯纳的正义与效率观研究》，硕士学位论文，西南大学，2005。
② 中国社会科学院在承担的2007年国家知识产权战略专题研究中，曾经也提出如此改革的建议，将复审委对专利权的有效性决定视为一审判决，即复审委程序加一审终审民诉程序。具体参见中国社会科学院《改善国家知识产权执法体制问题研究总报告》，2007。

《知识产权研究》第二十七卷
第 180~210 页
© SSAP，2021

药品专利链接制度在中国建立之可行性研究

庄小琼[*]

摘　要：药品专利链接制度作为一种利益平衡机制，其设立初衷在于促进新药研发的同时加快仿制药上市，提高药品可及性。在一系列涉及药品专利链接制度的政策性文件发布和中美第一阶段经贸协议的推动下，药品专利链接制度已被纳入正在进行第四次修改的《专利法》的议程中。然而，药品专利链接制度在我国专利诉讼的民行二元分立模式下难以在遏制期内实现定分止争的效果，我国药品专利的高无效比例使遏制期赋予专利的强排他权不具有正当性。同时，专利链接制度会激励原研药企的滥诉行为，制度移植也将产生巨大立法成本和行政成本，而药品专利链接制度激励新药创新和提前解决纠纷的目标难以实现。因此，我国建立药品专利链接制度的成本较高而收益不明显，应对专利链接制度的建立持审慎态度。

关键词：专利链接　药品专利　Hatch-Waxman 法案　民行二元分立

一　引言

所谓药品专利链接制度，是指将药品上市审评审批程序与药品专利纠纷处理相链接的制度，具体而言，可包括药品专利信息公开，药品专利声

＊　清华大学法学院 2017 级硕士研究生。

明，专利遏制期，首仿药独占期等子制度。① 药品专利链接制度首先建立于美国，1984 年美国通过《药品价格竞争和专利期补偿法案》（Drug Price Competition and Patent Term Restoration Act of 1984），又称 Hatch-Waxman 法案。该部法案涉及多项药品上市审批制度和药品专利制度的特殊安排，包括药品专利期补偿、允许仿制药使用生物等效性实验替代临床试验的仿制药简化申请程序（Abbreviated New Drug Application，ANDA）、Bolar 例外（Bolar Exemption）、药品试验数据保护和药品专利链接等。②

2017 年 5 月 12 日，我国原食品药品监管总局发布了《关于鼓励药品医疗器械创新保护创新者权益的相关政策（征求意见稿）》，首次提到建立药品专利链接制度，并提出了专利声明、批准等待期（遏制期）、建立上市药品目录集等具体的制度设计。2017 年 10 月 23 日，原食品药品监管总局公开征求《药品注册管理办法（修订稿）》意见，其中第 98 条规定申请人提交药品上市许可申请时，应明确是否涉及专利以及是否存在侵权，并应在规定期限内告知相关专利的专利权人。同时，该条还指出药品审评审批与药品专利链接的相关制度另行制定。2018 年 1 月 15 日，原国家食品药品监督管理总局和科学技术部发布的《国家食品药品监督管理总局、科技部关于加强和促进食品药品科技创新工作的指导意见》提到探索建立药品专利链接制度。2018 年 12 月 18 日，国卫体改发〔2018〕53 号文件《关于印发〈加快落实仿制药供应保障及使用政策工作方案〉的通知》中再次提到逐步探索研究药品专利链接制度。从相关部门近几年发布的文件可见，我国正考虑推进药品专利链接制度的建立。

另一方面，美国作为创新药研发能力最强的国家，一直致力于在全球范围内推广药品专利链接制度，以帮助本国药企在世界范围内寻求更强的药品专利保护。美东时间 2020 年 1 月 15 日，中美双方在美国华盛顿签署

---

① 参见苏冬冬《我国药品专利链接制度建立的必要性分析》，《中国发明与专利》2018 年第 12 期，第 37 页。

② Drug Price Competition and Patent Term Restoration Act of 1984（Hatch-Waxman Act）（Hatch-Waxman Amendments）Pub. L. 98 – 417, Sept. 24, 1984, 98 Stat. 1585.

《中华人民共和国政府和美利坚合众国政府经济贸易协议》（以下简称《中美经贸协议》）。《中美经贸协议》第一章对两国的知识产权保护进行了具体要求和规定，其中第三节"药品相关的知识产权"第1.11条"专利纠纷早期解决的有效机制"被广泛认为是对中国建立药品专利链接制度的要求，并可能被纳入正在进行第四次修改的《专利法》中。①

由于药品专利链接制度的建立牵涉到医药行业的重大利益并且会对公共健康产生重大影响，相关文件也引起了学界的广泛讨论，一系列问题随即产生。药品专利链接制度是否应当在中国建立？中国是否具备实施该制度的土壤？专利链接制度对于仿制药企、创新药企分别具有何种影响？专利链接制度对于公共健康和药物可及性有何影响？提高对药品专利的保护水平是否能够达到刺激药企提高研发投入，促进创新药研发的制度目标？本文尝试从药品专利链接制度在我国建立的制度土壤、建立该制度可能产生的影响、建立该制度的成本分析及制度目标的实现等方面研究药品专利链接制度在中国建立的可行性。

二　药品专利链接制度的概念及其中国现状

药品专利链接制度通常被认为来源于美国 Hatch-Waxman 法案中关于药品专利和药品上市审批的多项特殊规定，但是在 Hatch-Waxman 法案中并没有使用药品专利链接（patent linkage）的表述。以"patent linkage"作为关键词在 Heinonline 数据库中进行检索可以发现，自 2007 年开始出现与 patent linkage 相关的文献，且均提到美国与其他国家的双边条约。可见，专利链接的概念应是在美国自 2007 年起开始通过双边条约推行其关于药品的知识产权政策之后，学者对相关条约内容的概括，如：在专利过期前不得向第

---

① 参见张晓霞、廖艳梅《浅析第一阶段中美经贸协议中与知识产权相关的规定》，https://www.pkulaw.com/lawfirmarticles/96cc12bc9f3d2c6b671b0496663a7dc2bdfb.html，最后访问日期：2020年3月26日。

三方发放药品的上市许可的义务、在第三方在专利期内申请上市审批时通知专利权人的义务等。[①]

(一) 药品专利链接制度的起源和发展

药品专利链接制度最早于 1984 年在美国通过 Hatch-Waxman 法案建立，该法案确立了一系列关于药品专利的特殊安排，包括仿制药简化申请程序、Bolar 例外、药品专利期补偿、药品试验数据保护制度以及本文所讨论的药品专利链接制度。[②]

药品专利链接制度是将专利纠纷司法程序与药品上市行政审批程序相链接的一系列制度安排的统称。一般认为，药品专利链接制度包括药品专利信息公开、药品专利声明、专利遏制期和首仿药独占期四个部分。已经建立药品专利链接制度的国家和地区包括加拿大、澳大利亚、智利、秘鲁、韩国和我国台湾地区等，其所建立的药品专利链接制度也基本包括该四个部分。下文将以美国 Hatch-Waxman 法案中的规定为例介绍药品专利链接制度。

药品专利信息公开制度的原型是 Hatch-Waxman 法案中的橙皮书（Orange Book）制度。橙皮书是由美国食品药品监督管理局（FDA）发布的上市药品目录集，其中收录了所有获批上市的药品，由于该目录集的纸质版封面为橙色而被称为橙皮书。橙皮书在药品专利链接制度中扮演的角色类似于专利信息交换中心或者专利信息公示平台，所有新药申请（New Drug Application，NDA）都被要求公开与该药品相关的专利信息[③]，而橙皮书所公开的专利则是药品专利声明制度的基础，也是专利链接制度中拟制侵权诉讼的争议焦点。

---

① Horacio Rangel-Ortiz, *"Patent Rights in Commercial Agreements Recently Entered by the U. S. A. with Nations of the South,"* *Currents: Int'l Trade L. J.* 16 (2008): 52.
② 参见王鑫、甄橙《美国 Hatch-Waxman 法案研究》，《东岳论丛》2017 年第 1 期，第 167 页。
③ 参见张彦彦、杨建红、武志昂《美国药品橙皮书制度研究与我国建立橙皮书制度之必要性探讨》，《中国药事》2017 年第 10 期，第 1127 页。

药品专利声明是指仿制药企在提交 ANDA 申请时，需要依情况对橙皮书中相应原研药品的专利作出声明。声明分为四类，第一类声明为"橙皮书中不存在相关专利"，第二类声明为"橙皮书中的相关专利期限已经届满"，第三类声明为"在相关原研药专利到期前承诺仿制药不上市"，第四类声明为"仿制药不侵犯原研药相关专利权"或者"原研药专利无效"。①

如果仿制药企作出第四类声明，那么其有义务将声明通知到专利权人。专利权人可在收到通知之日起 45 日内向法院提起侵权诉讼。与美国专利法 271（a）中规定的一般的侵犯专利权的制造、使用、许诺销售、销售和进口行为不同，该侵权诉讼的依据是通过 Hatch-Waxman 法案创设的一种被称为"拟制侵权"的概念，其规定于美国专利法的 271（e）中。也即仿制药企提起 ANDA 申请并作出第四类声明的行为被视为一种专利侵权行为，是一种拟制侵权。②

所谓遏制期是指若专利权人基于拟制侵权提起专利侵权诉讼，则 FDA 会在不停止实质审查的前提下将仿制药的上市审批延迟至多 30 个月，这段时间被称为遏制期。但是，若在 30 个月遏制期内专利期限届满，则遏制期提前结束。或者相关拟制侵权诉讼在 30 个月内得到司法裁决，则药品审评机构将根据司法裁决相应地作出批准或不批准上市的决定。

由于提起第四类声明后可能面临侵权诉讼，而美国专利侵权诉讼又需要耗费大量的人力物力，仿制药企往往并不愿意成为首先提出第四类声明的人，而更愿意等待其他仿制药企成功挑战专利后搭便车。因此，Hatch-Waxman 法案为了鼓励仿制药企提起第四类声明，加快仿制药上市而设置了首仿药独占期制度。首仿药独占期是指第一个成功提交第四类声明的仿制药企业可以获得的 180 天的市场独占期。在该期间内，其他仿制药企的 ANDA申请将不会得到批准，由此，首仿药可以在该独占期内获得较高市场

---

① 参见王鑫、甄橙《美国 Hatch-Waxman 法案研究》，《东岳论丛》2017 年第 1 期，第 167 页。
② 参见张伟君、陈滢《论药品专利链接制度与现行《专利法》的衔接》，《中国发明与专利》2018 年第 3 期，第 44 页。

份额和经济回报，以弥补其挑战专利的成本。

药品专利链接制度是作为 Hatch-Waxman 法案的一部分设立的，因此要了解药品专利链接制度的立法目的，就不能将其与 Hatch-Waxman 法案的其他内容分割开来，也不能抛开 Hatch-Waxman 法案制定的历史背景。

对于创新药而言，1962 年以前，美国 FDA 对于新药申请仅要求提供证明药品安全性的临床试验数据。随着 1962 年药品修正案的颁布，国会要求药企不仅要证明药物的安全性，还要证明药物的有效性。这就意味着药企在提交新药申请前必须进行至少两项充分且有良好对照的临床试验来证明药品对于患者有统计学意义上的效果。这一法案无意中导致药品专利提供给创新药的市场独占期大大减少。因为专利 20 年的保护期从申请日开始计算，临床试验耗费的时间越久，药品越晚上市，上市后的专利保护期就剩余越少。

对于仿制药而言，1970 年 FDA 颁布的一项条例确立了第一个仿制药简化申请程序，这种简化申请程序允许仿制药企仅提供数据证明仿制药与原研药具有相同的治疗效果即可，其审查重点在于仿制药的生产过程和配方不会使得其活性成分变得不安全或无效。然而这种简化申请程序只适用于1962 年之前通过申请的特定仿制药，其他的仿制药仍然需要提供完整的临床试验来证明其安全性和有效性，因此该简化申请程序对于市场的影响并不大。

1984 年以前，市场上仅有很少的仿制药，而药品价格不断攀升。因此国会希望通过增强竞争来降低药价。然而，国会也清楚专利提供的市场激励对于创新药研发投入的重要性。① Hatch-Waxman 法案正是平衡两者利益的结果。正如联邦巡回法院在 Mylan Pharms., Inc. v. Thompson 一案中所说，Hatch-Waxman 法案"源于国会努力平衡两个相互矛盾的政策目标的努力——激励创新药企进行必要的投资，以研究和开发新药，同时使他们的竞争对

---

① Elizabeth Stotland Weiswasser and Scott D. Danzis（2003），"The Hatch-Waxman Act：History，Structure，and Legacy，"*Antitrust L. J.* 71（2003）：585.

手能够将这些药品的廉价仿制品推向市场"。①

如前所述，Hatch-Waxman 法案包含一系列关于药品专利和药品上市审批的特殊安排，在这之中，最先被提出的是药品专利期补偿制度。一个只包括药品专利期补偿制度的提案未能获得众议院三分之二多数的支持。然而，这个提案引起了仿制药企的关注，仿制药企开始向国会寻求更多有利于仿制药的立法。② 最终，在创新药企和仿制药企各自的游说下，形成了既包括增强创新药研发积极性的政策，又包括保障仿制药及时上市的政策的 Hatch-Waxman 法案。其中激励创新药的政策包括专利期补偿和对某些新化学实体和新临床试验的非专利独占期。而对仿制药有利的政策包括 Bolar 例外和全新的 ANDA 上市审批程序。在这种 ANDA 程序中，仿制药只需要证明其与已通过 NDA 的原研药具有生物等效性，而无须进行耗时且十分昂贵的临床试验来证明其安全性和有效性，大大降低了仿制药成本并使仿制药产业迅速发展。

药品专利链接制度则是将药品上市审批与药品专利纠纷相链接，使得专利纠纷可以在仿制药上市前得到解决，有利于原研药企维权，防止仿制药上市后导致的巨大利益损失。因此药品专利链接制度实际上增强了创新药专利的保护强度，并一定程度上阻碍了仿制药的上市。但在支持中国建立药品专利链接制度的声音中，主流的观点是药品专利链接制度和 Hatch-Waxman 法案一样，也应是一种利益平衡机制，既保护原研药企的智慧成果，又鼓励仿制药参与竞争。③

美国作为创新药研发能力最强的国家之一，一直致力于在全球范围内推广药品专利链接制度，以帮助本国药企在世界范围内寻求更强的药品专利保护。由于药品专利链接并不属于 TRIPS 协议要求的最低知识产权保护

---

① Mylan Pharm. , Inc. v. Thompson, 268 F. 3d 1323, 1326 (Fed. Cir. 2001).
② Gerald J. Mossinghoff, "Overview of the Hatch-Waxman Act and Its Impact on the DrugDevelopment Process," *Food & Drug L. J.* 54 (1999): 187.
③ 参见韩镭、刘桂明《浅析药品专利链接制度带来的机遇和挑战》，《中国发明与专利》2019 年第 3 期，第 17 页。

要求，因此，美国主要通过双边协议，自由贸易协定，以市场准入和跨国投资等作为谈判筹码，要求其他国家建立药品专利链接制度。①

（二）我国药品专利链接制度的现状

我国现行法中，生效于 2007 年 10 月 1 日的《药品注册管理办法》（以下简称《管理办法》）第 18 条对药品申请注册过程中的专利问题作出了原则性规定，要求申请人提供所申请注册药物相关的中国专利及其权属状态说明，若他人在中国存在专利，则申请人应提交不侵权声明。此外，药品监督管理局于 2018 年 8 月 29 日更新的药品注册申请表新版报盘程序中的《药品注册申请－填表说明》也要求所申请药品的专利情况应当经过检索后确定，发现本品已在中国获得保护的有关专利或国外专利信息均应填写。本项申请实施了其他专利权人专利的，应当注明是否得到其实施许可。② 然而，一方面，《管理办法》并未规定申请人不进行声明或者错误声明的不利法律后果，因而缺乏履行的保障；另一方面，上述《管理办法》也未像Hatch-Waxman 法案一般，赋予专利权人对申请行为进行起诉，进而触发遏制期的权利。因此，《管理办法》第 18 条并没有对上市审批中的专利纠纷解决起到任何的实质性作用。而实际申请表中的不侵权声明更体现了上述规定的形式化——在前述药品注册申请表新版报盘程序中，浏览相关申请表可发现，表中均包含"专利情况"这一栏，在该栏中需要填写是否有中国专利、专利号、专利权人、专利授权/公开日期等，而该栏中包含的"专利权属声明：我们声明，本申请对他人专利不构成侵权"这一内容是填表人无法修改，因而也是必须包含的。

除此之外，《管理办法》第 19 条规定了对他人已获得中国专利权的药

---

① 参见吴雪燕《TRIPS-plus 条款的扩张及中国的应对策略——以药品的专利保护为视角》，《现代法学》2010 年第 5 期，第 112 页。

② 参见国家药品监督管理局：《药品注册申请表新版报盘程序 2018 年 9 月 1 日启用（2018 年 8 月 29 日更新）》，http://samr.cfda.gov.cn/WS01/CL0126/234085.html，最后访问日期：2019 年 11 月 21 日。

品，申请人可以在该药品专利期届满前 2 年内提出注册申请，在专利期满后核发药品批准文号、《进口药品注册证》或者《医药产品注册证》。该条规定对于仿制药企而言实际上比药品专利链接制度更为严苛。因为在专利链接制度下，30 个月的遏制期届满后，若司法机关尚未作出侵权判决，即使专利尚未过期，药品审评机构也可以批准药品上市。而根据《管理办法》第 19 条，药品审评机构在专利期届满后核发药品批准文号，也即仿制药只能在创新药专利期届满后才能上市。然而，该条文在实践过程中并没有得到严格执行。根据相关报道，2019 年已有 10 款仿制药在原研药专利期届满前获批上市。① 实践中，药品审评机构仅审查药品安全性和有效性问题，并不依职权审查药品专利情况，也不审查申请人不侵权声明的真伪②，因此该规定并不能对仿制药在专利期内的上市审批构成实质性阻碍。另外，国家药监局综合司于 2019 年 9 月 30 日发布的《药品注册管理办法（修订草案征求意见稿）》以及国家市场监督管理总局于 2020 年 1 月 22 日公布并将于 2020 年 7 月 1 日起施行的《药品注册管理办法》中均删除了原《管理办法》的第 18 条和第 19 条，这在一定程度上体现出目前药监局对于药品的专利问题可能并没有能力也没有意愿进行决断。

尽管如此，在现行《管理办法》第 18 条和第 19 条仍然有效的情况下，专利权人是否能够援引相关条文在仿制药申请上市审批时通过司法程序维权呢？根据已有的案例，答案是否定的。例如，在安斯泰来制药株式会社与麦迪韦逊医疗公司、连云港润众制药有限公司、正大天晴药业集团股份有限公司侵害发明专利权纠纷一案中，原告提出诉讼请求，认为被告在早于专利期满之前 11 年之久，向国家食品药品监督管理总局提起涉案专利化合物恩杂鲁胺的药品注册申请的行为违反了《药品注册管理办法》第 19 条关于药品专利期满两年之前不得申请药品注册的规定，请求法院判令被告

---

① 参见鲁周煌《迷雾与困局：仿制药在专利有效期内强仿上市是否成趋势？》，http://www.chinaipmagazine.com/journal-show.asp? id=3400，最后访问日期：2020 年 4 月 11 日。

② 参见曾莉、付雪旻《我国药品专利链接制度的实践难题与解决路径》，《中国发明与专利》2019 年第 8 期。

立即停止在早于专利期限届满前两年向 CFDA（国家食品药品监督管理总局）提交涉案药品注册申请以及在申请项下进行制造和使用的行为。但法院最终认定"《药品注册管理办法》是国家药品监督管理部门发布的部门规章，药品注册申请人的行为有无违反该管理办法的规定，属于行政管理的范畴。而本案为专利侵权纠纷，应由法院依据有关专利的法律法规来处理，故两被告申请注册涉案药品的行为有无违反《药品注册管理办法》的相关规定不属于本案的审理范围，本院对此不予理涉"。不仅如此，法院还援引了《专利法》第 69 条第 5 项（我国专利法中的 Bolar 例外规定），认为两被告制造和使用涉案专利化合物是为了满足恩杂鲁胺药品注册申请获得临床批件的需要，符合《专利法》第 69 条第 5 项规定的为提供行政审批所需要的信息，制造、使用专利，故不构成专利侵权。[①]

综上，在中国现行法下，专利权人并不能通过专利法或药品注册相关行政法规上的主张阻止仿制药获得药品上市审批，而只能在仿制药上市后通过一般的专利侵权诉讼获得事后救济。因此，不论从法律规定还是行政执法和司法层面而言，我国都没有建立与 Hatch-Waxman 法案类似的药品专利链接制度。

（三）药品专利链接制度概念的界定

如上所述，通常认为的药品专利链接制度包括药品专利信息公开、药品专利声明、专利遏制期、首仿药独占期四个部分。但不同研究者对于药品专利链接有不同的定义，有学者将药品试验数据保护和药品专利期补偿[②]或 Bolar 例外[③]纳入药品专利链接制度的概念中讨论。因此，为明确本文的研究对象，本文所讨论的药品专利链接制度以《关于鼓励药品医疗器械创

[①] 江苏省南京市中级人民法院（2017）苏 01 民初 529 号民事裁定书。

[②] 参见俞风雷《知识产权保护中的利益平衡理论及其制度构建——以我国药品专利链接制度为例》，《求索》2019 年第 6 期。

[③] 参见吴柯苇《仿制药专利挑战行为界定与属性分析——以药品专利链接制度本土化为背景》，《电子知识产权》2019 年第 10 期；刘晶晶、武志昂《建立我国药品专利链接制度的专家调查研究》，《中国新药杂志》2016 年第 11 期，第 1207 页。

新保护创新者权益的相关政策（征求意见稿）》中的规定为原型。本文的研究重点在于以药品专利声明和专利遏制期制度为核心的药品专利链接制度。而药品试验数据保护和专利期补偿制度不属于本研究中所称的药品专利链接制度的内容。

三 药品专利链接制度在中国建立的可行性分析

分析药品专利链接制度在中国建立的可行性，必须立足于中国的制度土壤，分析药品专利链接制度在中国建立时可能遇到的问题、这些问题对于实现其制度目标的影响以及制度建立后对各方利益可能的影响，并在综合考量制度建立的成本和收益的基础上判断其可行性。

（一）遏制期在民行二元分立模式下的困境

如前所述，学界中有较多声音支持建立药品专利链接制度，并提出应进一步完善我国现有制度，借鉴美国等国家的制度。然而，在我国建立和落实专利链接制度并非照搬国外的制度即可，制度移植会因为制度土壤的不同而产生不同效果，其中就包括遏制期制度在我国专利纠纷的民行二元分立模式下产生的不适应。

遏制期的设置一方面是为了增强专利权的保护，防止仿制药在专利过期前获得批准上市；另一方面是为了在遏制期内定分止争，通过司法判决确定仿制药是否对原研药专利构成侵权，使得仿制药在上市前排除侵权风险，避免仿制药企的前期投入因为被认定侵权而付之东流。然而，与美国法院可以在拟制侵权诉讼中审理专利效力问题不同的是，我国实行专利诉讼的民行二元分立模式，这使得在遏制期内定分止争的目标实际上很难实现。

所谓民行二元分立模式，又称"二元制"，是指专利民事侵权程序与行政无效程序二元分立的模式。在这种模式下，专利侵权纠纷由民事诉讼程序决定，而专利的有效性问题则通过行政无效程序决定。① 专利的无效宣告请求必须向专利行政主管部门——国家知识产权局提出，并由国家知识产权局决定。尽管国家知识产权局的决定并不是终局的，专利权人或无效请求人后续仍可通过提起行政诉讼的方式要求法院对无效请求决定进行审查，但在该行政诉讼中，法院也不能直接对专利权的效力进行判决，只能审查无效决定是否合法，并作出维持或撤销的判决。此外，法院也不得在专利民事侵权诉讼中直接审理专利的效力问题。因此，在侵权程序中，当被诉侵权人对涉案专利提出无效宣告请求时，法院通常会中止专利侵权程序，等待无效宣告的行政程序结果。尽管根据最高院发布的《最高人民法院关于审理专利纠纷案件适用法律问题的若干规定（2015 修正）》，针对发明专利权纠纷案件，被告在答辩期间内请求宣告该项专利权无效的，人民法院可以不中止诉讼。但从统计数据来看，经过实质审查的发明专利被无效的比例也很高，其权力基础并不稳定，为防止与专利确权行政诉讼中的裁判结果产生矛盾，司法实践中法官更倾向于中止案件审理。② 相关数据显示，2014～2017 年北京知识产权法院审理的专利行政诉讼一审审理时长约为 18～19 个月③，另一数据则显示自 2014 年 11 月建院至 2018 年 7 月底，北京知识产权法院共审结涉医药专利行政案件 129 起，平均审理时长为 17.8 个月④。而这仅是专利确权案件一审所耗费的时间。可见，二元分立模式导致专利侵权诉讼的审理周期过长，这就使专利链接中的拟制侵权诉讼很难在 24 个月的遏制期内审结。这一方面使遏制期内定分止争的目标无法实现，另一方面也因为司法机关无法在遏制期内给出裁决而使遏制期长度的弹性

---

① 参见朱理《专利民事侵权程序与行政无效程序二元分立体制的修正》，《知识产权》2014 年第 3 期，第 37 页。
② 参见陶冠东《我国新专利链接制度下的纠纷解决路径及思考》，《电子知识产权》2018 年第 9 期，第 103 页。
③ 参见《知产宝－北京知识产权法院司法保护数据分析报告（2017）多维度展示我国司法保护状况》，https://www.sohu.com/a/233270004_221481，最后访问日期：2020 年 3 月 2 日。
④ 参见许波《从 24 个月的批准等待期看我国药品专利纠纷案件审理》，http://www.chinaipmagazine.com/journal-show.asp? id =3139，最后访问日期：2020 年 3 月 2 日。

化设置失去意义。这意味着专利权人一旦发起拟制侵权诉讼，仿制药的上市审批就必然要经过 24 个月的遏制期。

针对二元分立模式对专利链接制度的移植可能造成的障碍及解决方案，学界中不乏讨论和建议。有学者指出，可以通过优先处理拟制侵权案件来解决上述问题，这种优先可以体现在开庭顺序和人员安排上。然而，其也指出，对药品专利链接的侵权诉讼优先处理缺乏充分的合理性，因为拟制侵权诉讼中涉及的主要是双方当事人即仿制药企和创新药企的私人利益，很难说这种优先处理对社会公众利益有何增益。因此，相对于其他专利纠纷，优先处理涉及药品专利的拟制侵权诉讼缺乏足够的说服力。①

另一种观点是在二元分立模式不变的情况下，为解决循环诉讼、审理周期长而导致的仿制药上市迟延的问题，可以根据仿制药企的不同声明区分情况对待。若仿制药企仅挑战专利有效性，则药品审评机构以国家知识产权局的无效审查决定为准，决定是否批准仿制药的上市审批。若仿制药企仅声明对原研药专利不构成侵权，则以民事侵权诉讼的一审判决为准，而非等待终审判决结果。② 但该观点的假设——被控侵权方仅挑战专利有效性或仅在承认专利有效性的情况下抗辩不侵权本身较难成立，因为在专利诉讼中，为提高胜诉率，被控侵权方采取的诉讼策略往往是在辩称被控侵权产品不落入专利保护范围的同时，针对涉案专利提起无效宣告。

也有学者认为在药品专利链接制度中善用"先行裁驳，另行起诉"能够缩短专利确权纠纷的时间，即在国家知识产权局认定专利无效的情况下，法院即可裁定驳回专利权人的起诉，从而药品审评机构可以及时批准仿制药上市。③ 但是一方面，这仅在专利在行政程序中即被认定无效的情况下成立，若专利被认定有效，则法院仍然可能选择等待专利确权司法程序的结

---

① 参见陶冠东《我国新专利链接制度下的纠纷解决路径及思考》，《电子知识产权》2018 年第 9 期。
② 参见郑淑凤《专利链接中拟制侵权的理论基础与实施问题》，《电子知识产权》2019 年第 12 期，第 91 页。
③ 参见曾莉、付雪旻《我国药品专利链接制度的实践难题与解决路径》，《中国发明与专利》2019 年第 8 期，第 17 页。

果。另一方面，"先行裁驳，另行起诉"制度下，法院并没有针对民事侵权问题进行实质审查。若在后续的行政诉讼中司法机关认为专利应维持有效，则仿制药仍可能面临侵权诉讼。因此"先行裁驳，另行起诉"并没有达到提前解决纠纷，降低仿制药上市后侵权风险的目标。

还有观点认为二元分立模式已经不具有理论基础，为提高诉讼效率应允许法院在专利侵权诉讼中对专利效力问题进行审查。① 但二元分立模式是我国长久沿用的制度，其涉及行政和司法的制衡以及国家知识产权局的功能和定位，短期内仍然会是我国专利纠纷适用的模式。因此，二元分立模式作为我国移植专利链接制度的制度土壤，一方面会导致遏制期内定分止争的目标无法实现，另一方面也会因为司法机关无法在遏制期内给出裁决而使得遏制期长度弹性化的设置失去意义，使得被起诉的仿制药的上市审批几乎必然要经过 24 个月的遏制期。

（二）药品专利较高的无效可能性对专利链接制度正当性的挑战

专利诉讼的二元分立模式导致拟制侵权诉讼无法在 24 个月内完成，因而仿制药提起上市申请时一旦遭到原研药企的起诉就必须经历 24 个月的遏制期。遏制期的设立对于保障原研药的专利权十分重要，能够防止仿制药上市给原研药造成的市场份额损失。原研药企基于其专利有权发起遏制期来延长其市场垄断地位，而原研药专利的有效性正是遏制期正当性的来源。因此，药品专利的无效比例也是影响专利链接制度正当性的一个重要因素。

有学者进行了关于医药领域专利无效周期及成功率的统计分析，其采用医药专利的相关 IPC 分类号作为检索条件，检索到 2008 年至 2017 年关于生物医药领域的无效决定共计 359 份。之后，进一步以三家典型生物医药公司作为无效宣告请求人的无效决定为样本，分析了无效审查决定的结果和审理周期，得出被宣布全部无效的案例达到 50% 以上，且平均审理周期约

---

① 参见朱理《专利民事侵权程序与行政无效程序二元分立体制的修正》，《知识产权》2014年第 3 期。

为 7 个月的结论。① 该研究结果在一定程度上体现了我国医药专利的高无效比例，然而，由于研究者并非以全部 359 份无效决定为研究样本，而仅选取了其中的 37 份无效决定（无效宣告请求人包括中信国建、正大天晴、恒瑞制药）进行研究，得到的各种无效决定的比例以及平均审理周期均是以该 37 份无效决定为样本得出，存在样本量过小、样本选取可能不具代表性等问题，因此尚不能以此得出我国的医药专利无效比例较高的结论。

为获得更准确的医药专利无效比例，笔者参考上述文献中的 IPC 分类号，使用 incopat 数据库检索 2010～2019 年共 10 年间的无效审查决定，得到结果 507 份。使用数据库的无效决定类型进行筛选，其中宣告专利权全部无效的决定共计 258 份，占比为 50.89%；维持专利权有效（包括在修改文本的基础上维持专利权有效）的决定共计 140 份，占比为 27.61%；宣告专利权部分无效的决定共计 109 份，占比为 21.50%。

需要注意的是，一方面，上述 50% 的无效比例是指在被提起无效宣告请求的专利中，有 50% 的专利最终被复审委宣告无效，而非所有公告授权的专利中无效的或应被无效的专利。而一个专利被提起无效宣告请求恰恰证明了其具有一定的价值，而不是没有应用价值和计划，仅为了获取政府奖励的"垃圾专利"。因为实践中，无效请求人常常是专利侵权诉讼中的被告，为了避免被判侵权而提起专利无效宣告请求。除此之外，专利的潜在实施者也会针对专利提起无效宣告请求，以期在实施相关专利方案前扫除专利障碍。相反，价值较低的"垃圾专利"反而可能无人挑战，平安度过整个专利期限。因此，若以所有公告授权的医药专利为研究对象，无效比例可能会比 50% 更高。

为了排除被无效的专利主要是为了获得政府奖励的低价值专利的可能性，笔者进一步检索了外国主体在我国申请的医药专利被提起无效宣告请求之后的无效决定情况，以期进一步明确医药专利被无效的比例。检索结

---

① 明志会等：《医药领域专利无效周期及成功率研究分析》，《中国新药杂志》2018 年第 12 期。

果如下，在 507 份无效审查决定中，排除专利申请人的国别是中国的情况，得到申请人为外国主体的相关无效决定共 198 份，其中宣告专利权全部无效的决定共计 118 份，占比为 59.60%；维持专利权有效的决定共计 26 份，占比为 13.13%（包括在修改文本的基础上维持专利权有效）；宣告专利权部分无效的决定共计 54 份，占比为 27.27%。

从上述检索结果可知，医药专利被无效的比例较高，仅全部无效的专利就占所有被提起无效宣告请求的专利的 50% 以上。在如此之高的无效比例下，允许专利权人利用药品专利链接中的遏制期任意拖延仿制药的上市并不合理。

在药品专利链接的制度设计中，专利权人只需要在收到第四类声明的通知后向司法机关提起专利侵权诉讼，并向药品审评机构提供司法机关对专利侵权立案的证明文件即可激活遏制期。对于专利权人而言，激活遏制期的主要成本包括诉讼费用、律师费用及其他合理支出，这些费用对于原研药企业来说并不高昂。甚至，如果仅为了发起遏制期，外部律师都不是必须聘请的，公司法务即可进行相关立案工作。毕竟，在立案登记制下，仅需要符合一定的形式要件即可登记立案。在这种情况下，一旦发现有仿制药企提交注册申请，原研药企的预期行为必然是提起专利侵权诉讼，使仿制药推迟 24 个月上市。

因此，在存在原研药专利的情况下，可以认为所有提起专利挑战的仿制药都将被起诉，并使其上市审批延迟 24 个月。而根据前述的药品专利的无效比例可知，这些因专利链接制度的存在而被延迟上市的仿制药中，有 50% 以上的可能性是被一个无效的专利所遏制。这部分无效专利为其专利权人带来的额外的垄断利益是其本不应享有的。不仅如此，该垄断利益还是建立在仿制药企因仿制药推迟上市所失利益以及公众无法及时获得低价仿制药的代价上。在药品专利无效比例高于 50% 的背景下，专利链接制度赋予专利权人如此强的排他权缺乏正当性。

（三）专利链接制度可能引发滥诉

通常情况下，专利权人在发起专利侵权诉讼前会进行诉讼结果的评估和诉讼策略的准备，包括诉讼对象、时间、地点和内容的选择。[①] 例如，专利权人一般会对自己的权利基础——专利的强度进行评估，在专利具有较强的新颖性和创造性的前提下提起侵权诉讼。反之，如果专利权人明知自己的专利因撰写水平低或者缺乏新颖性或创造性等原因较易被无效，则可能会考虑不提起诉讼，一方面，专利诉讼需要花费一定的时间精力和金钱，另一方面，在诉讼过程中，涉案专利若被对方成功地无效，则连专利的宣传和警示作用都保不住，正是赔了夫人又折兵。除了对自身专利进行评估，专利权人在提起诉讼前也需要对对方的产品进行分析，评估其落入权利要求保护范围的可能性有多大以及证据收集难度等因素。

但是，建立药品专利链接制度之后，情况可能变得不同。一方面，专利权人希望维持市场垄断以获取巨额利润，因此对于延迟仿制药的上市有着极强的行为动机。另一方面，药品专利链接制度的制度设计并未要求原研药企在错误发起遏制期的情况下赔偿仿制药企因延迟上市所遭受的损失。这意味着专利权人提起诉讼，进而阻止仿制药上市的行为成本很低，但获益非常大。这样的制度设计会激励原研药企在收到第四类声明时坚定地选择提起诉讼，不论自身专利的权利基础是否稳固，也不论仿制药企的产品是否落入专利保护范围。例如，研究者发现，在 Hatch-Waxman 法案颁布后，专利权人十分善于利用该法案的漏洞，他们在橙皮书中列举众多与药品或者药品用途无关的专利，以多次触发 30 个月的遏制期，从而使得仿制药的上市时间被严重推迟。[②]

从遏制期的触发条件来看，药品审评机构只要收到司法机关专利侵权

[①] 参见曾德国主编《知识产权管理》，知识产权出版社，2012，第 104 页。

[②] Andrew A. III Caffrey and Jonathan M. Rotter, "Consumer Protection, Patents and Procedure: Generic Drug Market Entry and the Need to Reform the Hatch-Waxman Act," *Va. J. L. & Tech* 9 (2004): 1.

立案的证明文件，即自动延迟仿制药的上市审批。而在当前的立案登记制下，原告只需要提供主体资格证明，权利基础证据和要求很低的侵权证据即可立案。因此，原研药企在专利侵权诉讼的立案过程并不会遇到太多障碍。巨大的利益诱惑和较低的行为成本会导致很多在药品专利链接制度建立前不会发生的侵权诉讼在该制度建立后涌现。创新药企的滥诉行为不仅会给许多仿制药企带来诉累，也会极大地增加法院的负担，浪费原本就十分紧张的司法资源。

（四）移植药品专利链接制度的成本分析

分析药品专利链接制度在中国建立的可行性，不仅要考虑制度移植的收益，还应分析其移植成本，以制度移植的效益作为判断移植可行性的标准。

1. 立法成本

如前所述，药品专利链接制度主要包括四个部分：药品专利信息公开、药品专利声明、专利遏制期和首仿药独占期。虽然目前设立了药品专利链接制度的国家均采用了上述基本架构，我国的相关立法似乎也已有先例可循，但是实际上不同国家根据其医药产业发展情况、专利审查部门与药品审评机构的职能分工与对接等因素，都对该项制度进行了相应的调整。例如，美国和新加坡的遏制期为 30 个月，而加拿大的遏制期则为 24 个月；对于专利权人滥用遏制期的行为，美国并没有设立相应的惩罚，而加拿大和澳大利亚则会对滥用遏制期的行为施以惩罚。相应地，如何判断专利权人是否滥用遏制期又是一个难题。可见，专利链接制度的移植并非简单复制其他国家制度，而是需要根据我国医药产业发展情况和现有的法律体系构建一套匹配和精细的完整制度体系。

此外，Hatch-Waxman 法案在实践中出现了诸多问题和法律漏洞，有一些漏洞已经通过修正案进行填补，例如 2003 年美国颁布了 Medicare Pre-scription Drug, Improvement and Modernization Act of 2003（MMA），针对专利权人在橙皮书中列举多项专利，多次触发遏制期，从而使仿制药上市时间推迟长达数年的漏洞，规定了一个仿制药的申请仅能被遏制至多一次，也即一个仿制药的申请至多因为药品专利链接制度的存在被延迟 30 个月。同时，MMA 也规定了仿制药企可以提出将专利从橙皮书中移除的反诉（counterclaim）。尽管如此，该制度仍有诸多备受争议的问题留待解决，例如，在美国的专利链接制度实施过程中出现的反向支付问题，即当专利权人在不确定自己的药品专利权利基础是否足够强，或者不确定仿制药是否落入专利保护范围的时候，常常会以如下方式与仿制药企达成和解：支付给仿制药企一笔和解费，将相关专利许可给仿制药企使用，或授权仿制药企在自己的新药申请（NDA）下进行仿制药的销售等。如此，专利权人即可延长相关药品的市场独占期。研究者认为这种和解行为实质上是以公众和国家的医疗保健系统增加的负担为代价而使原研药企获得了额外的利益[1]，应该受到反垄断法的规制。[2] 然而，反垄断法究竟应当如何规制反向支付协议，美国各个巡回法院的做法并不一致，第六巡回法院认为反向支付协议本身是一种消除竞争的横向协议，因此是本身违法的；第十一巡回法院则认为如果反向支付协议对竞争的限制在专利的合法垄断范围内则是合法的；而美国最高法院认为反向支付协议应该使用合理原则进行分析，但未阐明具体分析结构，使得该问题仍然具有较大的不确定性。[3]

除此之外，首仿独占制度也存在待解决问题。首仿独占的立法目的是为了鼓励仿制药企对相关专利提起无效，以促进仿制药尽早上市。然而，在多年的实践中，出现了授权仿制（authorized generics）的现象，不管是创新药企将药品重新以通用名称贴牌上市或者是授权其他仿制药企上市相关药品的仿制版本，都会使得首仿独占制度激励仿制药企挑战专利的效果大

---

① Andrew A. III Caffrey and Jonathan M. Rotter, "Consumer Protection, Patents and Procedure: Generic Drug Market Entry and the need to Reform the Hatch-Waxman Act," *Va. J. L. & Tech* 9 (2004): 1.

② Lara J. Glasgow, "Stretching the Limits of Intellectual Property Rights: Has thePharmaceutical Industry Gone Too Far," *Idea* 41 (2001): 227.

③ 参见孙瑜晨《专利反向支付协议反垄断规制探论：美国的经验及启示》，《科技进步与对策》2019 年第 24 期。

打折扣。授权仿制的出现使得仿制药企不仅要面对原研药企的竞争，还要与授权仿制药竞争市场份额，首仿独占的经济激励也就不存在了。尽管授权仿制与首仿独占制度的制度目标相冲突，但有观点认为授权仿制能够增强市场竞争，降低药品价格，因此是有利于消费者的。在美国的司法实践中也有先例肯定了授权仿制的合法性，例如在 Mylan Pharm., Inc. v. U. S. Food And Drug Admin.① 一案中，法院认为 Hatch-Waxman 法案使用的语言很明确，首仿独占制度仅禁止其他仿制药通过 ANDA 程序上市，而不禁止通过 NDA 程序上市的授权仿制药。尽管如此，授权仿制仍然因其削弱了首仿独占制度的激励作用而受到争议。

综上，药品专利链接制度是一个十分复杂的制度，其在制度设计上存在众多可选模式，需要各国根据自身情况进行调整和选择。这种复杂性也必然对我国专利法造成巨大影响。这使得该制度在立法阶段就必须耗费大量的人力物力进行调研、讨论和决定。不仅如此，该制度在适用过程中出现的诸多问题也会增加后续的立法和修法成本，如何看待和解决这些问题，例如是否以及如何适用反垄断法规制创新药企的反向支付行为等，都是立法和司法过程中必须研究和决定的。

2. 行政成本

根据现行《药品注册管理办法》和药品审评机构的职能分工，药品审评机构的主要职能为规范药品注册行为、保证药品的安全性和有效性。而对于仿制药是否侵犯相关专利权的判断和处理，由于没有十分明确的法律法规进行规范，药品审评机构的态度也随着时间和政策的改变而变化。② 根据中国知识产权杂志发布的一篇名为《迷雾与困局：仿制药在专利有效期内强仿上市是否成趋势？》的文章，仅 2019 年的 1 月到 10 月，已有 10 款仿

---

① Mylan Pharm., Inc. v. U. S. Food And Drug Admin., 454 F. 3d 270（4th Cir. 2006）.
② 参见张浩然《竞争视野下中国药品专利链接制度的继受与调适》，《知识产权》2019 年第 4 期。

制药在原研药的化合物专利过期前通过药监局的上市审批。① 可见，目前只要申请人按照《药品注册管理办法》第18条的规定，提交形式化的不侵权声明，则原研药的专利将不再构成仿制药上市审批的障碍。

实际上，药品审评机构设置的职责为审核药品的安全性和有效性，审评人员也多为药理学等相关领域的专业人员，不需要具备专利法知识。因此，药品审评机构没有能力判断专利权人提交的用于公示的药品专利是否有效、所列专利是否与药品实质相关以及仿制药是否会对创新药的专利构成侵权等问题。如果建立药品专利链接制度，则药品审评机构与专利行政部门之间需要建立合作机制，并为此配备更多人力和物力，这会增加大量的行政成本。②

一方面，为了核实专利权人披露的专利的权属状况和效力情况，以及仿制药企提出的各类声明的真实性，药品审评机构与国家知识产权局的专利审查部门之间必须建立良好的衔接机制。例如，需要设置专人进行专利检索或者将相关专利信息和声明转交国家知识产权局进行审核。

另一方面，为了判断所列专利与药品是否实质相关，是否属于可以列举的专利类型，药品审评部门需要设立单独的机构进行审核或者与国家知识产权局合作审查。也许会有观点认为，列举的专利是否与药品实质相关以及是否符合可以列举的专利类型并不是药品审评机构需要考虑的，不符合标准的专利后续可以由公众或者仿制药企通过异议或者无效程序进行删除，而不需要由药品审评机构进行事前审核。但是，专利被列入上市药品目录集之后，就具有一定的公示作用，会让公众产生一种药品目录集中收录的专利信息是经过行政机关认证的印象，也可能会有企业使用该登记情况对药品进行宣传，影响公众或者投资者对于药品价值的判断。因此，如果该目录集中的信息存在与药品无关等其他严重的错误，就可能使公众的

---

① 参见鲁周煌《迷雾与困局：仿制药在专利有效期内强仿上市是否成趋势？》，http://www.chinaipmagazine.com/journal-show.asp？id=3400，最后访问日期：2020年4月11日。

② 参见袁锋《我国移植和构建专利链接制度的正当性研究——对现行主流观点之质疑》，《科技与法律》2019年第6期，第8页。

信赖利益受损，并间接影响行政机关的权威性。因此，即使上市药品目录集中的内容可以根据公众或利益相关方的异议情况进行修正，但一定程度的事前审核也是必要的，尤其是在公众对于行政机关公布的信息有较强信赖的中国而言。

综上，药品专利链接制度的建立需要药品审评机构和专利行政部门在机构内部新设部门和人员以承担专利公示信息审核和专利声明处理等职能。同时，两个部门之间也需要构建良好的衔接机制，以实现药品与专利的链接。这不仅会对部门的传统职能带来冲击，也会增加大量的执行成本。

四　药品专利链接制度建立的必要性之反思

（一）关于激励新药研发

学界支持建立药品专利链接制度的学者多主张药品专利链接制度可以强化药品专利保护，从而激励新药研发。然而，药品专利链接制度是否真的能够激励新药研发很难证明。诚然，最先建立药品专利链接制度的美国有着全球最高的创新药上市数量和率先上市率，但这并不意味着美国创新药产业的繁荣能够归功于药品专利链接制度。事实上，加拿大于 1993 年建立了药品专利链接制度，是世界上第二个建立该制度的国家，该制度在加拿大却没有达到预期的促进创新的作用。根据 Pharmaprojects 2019 年全球创新药行业研发水平分析报告，2018 年全球医药研发公司总部的分布区域中，美国占 48%，遥遥领先，而加拿大仅占 4%，与未建立该制度的英国（6%）、中国（6%）、日本（3%）相比未见明显优势。① 而 2015 年在研产品数量全球贡献比例中，美国占 48.7%，日本占 7%，英国占 8%，加拿大

---

① Pharmaproject, *Pharma R&D Annual Review 2019*，https://pharmaintelligence.informa.com/ ~ / media/informa-shop-window/pharma/2019/files/whitepapers/pharma-rd-review – 2019 – whitepaper.pdf. 最后访问日期：2020 年 3 月 20 日。

仅占 3.8％。① 实际上，创新药研发水平受到众多因素的影响，例如基础研究及药物发现就需要强大的人才储备、充足的科研资金、完善的技术交易市场和转化基础设施。② 不考虑我国实际情况而寄希望于通过药品专利链接制度的建立来提高我国创新药研发水平可能是缘木求鱼。

另外，也有研究认为药品专利链接制度对于创新药研发产生了反面效果，即药品专利链接制度并没有激励创新药企在对公众最有益的新药的研发上加大投资，相反，该制度的制度设计可能引导创新药企分散更多的精力在获得和保持其最具市场价值的药品的独占地位上。③ 例如，申请对已有药品的晶型、用量等进行微小改进的专利，以进一步延长现有药品的市场独占期，攫取更多经济利益。因此，药品专利链接制度能够激励药品的创新这一观点本身仍然是存疑的。

最后，知识产权的保护具有两面性，一方面，知识产权是公共政策的产物，其设立初衷是为了激励人们进行艺术创作和技术创新；另一方面，受保护客体的自由流通是进一步创作的基石，知识产权的过分保护反而会阻碍公众基于已有的智力成果进行进一步创作和创造。④ 这也是为什么知识产权的保护总是受到一定限制的。例如，专利权和著作权都具有一定的保护期限，在保护期限过后，相应客体就进入公共领域，可以供公众自由使用。而商标的保护也有一定的例外，例如描述性使用，指示性使用等。同样地，药品专利的保护也应有一定限度。一方面，后续的研究需要建立在已有研究的基础上，专利法"公开换保护"的逻辑也是为了使其他研究者

---

① *Pharmaprojects：Citeline Annual New Active Substance Report（2007 – 2015）*，转引自《构建可持续发展的中国医药创新生态系统》报告，该报告是由中国医药企业管理协会、中国化学制药工业协会、中国医药保健品进出口商会、中国外商投资企业协会药品研制和开发行业委员会等四家医药行业协会共同推动的，于 2016 年 10 月 31 日公开发布。
② 参见中国医药企业管理协会、中国化学制药工业协会、中国医药保健品进出口商会、中国外商投资企业协会药品研制和开发行业委员会《构建可持续发展的中国医药创新生态系统》，2016，第 19 页。
③ Lara J. Glasgow，"Stretching the Limits of Intellectual Property Rights：Has the Pharmaceutical Industry Gone Too Far," *Idea*41（2001）：227.
④ 参见王迁《知识产权法教程》（第 5 版），中国人民大学出版社，2016，第 10 页。

可以站在巨人的肩膀上，避免重复劳动。另一方面，国家鼓励仿制药的研发，促进仿制药在相关药品专利过期后尽快上市，以满足我国的临床用药和公共卫生安全需求。药品专利的保护如果超过一定限度，则可能降低药品可及性，对公众利益造成损害。因此，理论上药品专利的保护只需要达到足以激励医药企业继续进行研发投入的程度即可。数据显示，以创新药为主的全球 TOP10 药企平均净利润率 19%，制药业与银行业在美国五大行业中边际利润并列第一，且创新药借助专利制度具有赢者通吃全球的特点。① 因此，创新药企从专利制度获得的市场激励未必不足。在没有证据表明专利链接制度确实能够进一步激励创新药研发的情况下，笔者对于在中国建立药品专利链接制度持保留态度。

（二）关于提前解决纠纷

1. 提前解决纠纷对于创新药与仿制药的影响

支持建立药品专利链接制度的另一有力论据是药品专利链接制度可以在仿制药上市前提前解决专利纠纷，一方面避免仿制药进入市场后降低药价，侵蚀创新药企的市场份额，另一方面也可避免仿制药上市后的侵权风险。

对于创新药企而言，提前解决纠纷的益处确实是不证自明的。但是如前所述，创新药企获得的市场激励未必不足，而创新药企由专利链接制度获得的保护却可能是建立在仿制药企的经济损失、社会公众不能及时获得廉价仿制药以及公共医疗体系更多支出的代价上。除此之外，在专利无效比例较高的背景下，创新药企通过遏制期获得的保护也未必有正当性。而专利链接制度带来的对创新的激励也是遥远和不明确的。不仅如此，如前所述，建立药品专利链接制度需要耗费巨大的立法成本，需要相关行政机构进行职能调整，增加了行政成本，还会给仿制药企造成诉累，浪费司法

---

① 参见李建国《创新药及药店的行业趋势与机会》，https://mp.weixin.qq.com/s/wermuf2NsLU i4XLpLMkU-A，最后访问日期：2020 年 3 月 20 日。

资源。

而对于仿制药企而言，提前解决纠纷的目的主要是为了明确原研药的专利情况，避免仿制药上市后的侵权风险。仿制药企作为理性的"经济人"，在仿制药生产及销售前应当考虑相关专利情况，评估侵权风险，最后根据评估结果决定是否上市。例如，在《迷雾与困局：仿制药在专利有效期内强仿上市是否成趋势？》一文中就提到，仿制药企并没有无视专利侵权风险，相反，在获批后，仿制药并没有进行大肆宣传和市场开拓。① 实际上，仿制药企如果未经评估就将相关侵权产品上市，其需要承担的风险不仅包括创新药企提起侵权诉讼后要承担的侵权损害赔偿责任，还包括前期投入的损失和侵权风波给企业商誉带来的重大影响。因此，仿制药企对于侵权的担忧实际上并不比创新药企少。基于此，让仿制药企决定是否在相关专利到期前上市仿制药实际上比一刀切地阻止所有仿制药上市更有效率，因为仿制药企作为药品的开发者对于自己的产品使用的工艺和竞争对手的专利情况应该是最了解的，其有能力作出选择。而如果其作出错误选择，再通过司法程序对其进行惩罚也更具正当性。

关于事后的侵权损害赔偿，有观点认为我国常常以法定赔偿或侵权获利来计算赔偿额，对于创新药企而言并不足以弥补损失。对此，本文认为，根据医药产业的特殊性，可以考虑在医药专利侵权纠纷中采取较高额度的赔偿，以充分弥补创新药企的损失。相比于建立一个全新的制度及其配套制度，对医药专利纠纷中的侵权损害赔偿以司法解释等形式进行特殊规定的制度成本显然是更低的。

另外有观点指出，我国仿制药存在低端仿制的问题，即不具有仿制创新药的能力，而是仿制仿制药，这使我国仿制药的质量与效果与创新药相去甚远。该观点认为从美国仿制药企的发展路径来看，有能力仿制创新药的仿制药企可以借助药品专利链接制度脱颖而出。因而，药品专利链接制

---

① 参见鲁周煌《迷雾与困局：仿制药在专利有效期内强仿上市是否成趋势？》，http://www.chinaipmagazine.com/journal-show.asp？id=3400，最后访问日期：2020年4月11日。

度能够提高我国仿制药行业的发展水平。① 低端仿制主要是因为过去我国使用的审评仿制药的标准过低，没有使用原研药作为参比制剂。我国 2016 年开展的仿制药质量和疗效一致性评价正是针对仿制药质量、疗效参差不齐的问题，对仿制药提出与原研药质量疗效一致的要求。相比于药品专利链接制度，一致性评价已经能够更直接高效地解决低端仿制问题。

2. 药品专利链接制度与诉前禁令制度之对比

如果按照《关于鼓励药品医疗器械创新保护创新者权益的相关政策（征求意见稿）》中的制度设计，专利权人可以通过提起专利侵权诉讼使仿制药的注册申请自动延迟至多 24 个月，以此防止仿制药上市给专利权人带来巨大经济损失。而诉前禁令制度设立的宗旨也在于及时制止侵权行为，防止侵权行为给权利人造成难以弥补的损失。二者在设立的宗旨和效果上具有一定的相似性。也有研究认为欧盟未引入专利链接制度，但其医药产业仍蓬勃发展，就是得益于其便捷、高效的诉前禁令制度。②

相比于专利链接制度的遏制期，诉前禁令的发起需要满足一定条件。根据《最高人民法院关于对诉前停止侵犯专利权行为适用法律问题的若干规定》第 11 条，"人民法院对当事人提出的复议申请应当从以下方面进行审查：

（一）被申请人正在实施或即将实施的行为是否构成侵犯专利权；

（二）不采取有关措施，是否会给申请人合法权益造成难以弥补的损害；

（三）申请人提供担保的情况；

（四）责令被申请人停止有关行为是否损害社会公共利益。"

可知，法院在审查是否适用诉前禁令时，需要考虑侵权可能性、不适用诉前禁令是否会给申请人带来难以弥补的损害、申请人的担保情况以及

---

① 参见程永顺、吴莉娟《药品专利链接：一个"双赢"的制度设计》，《中国专利与商标》2018 年第 1 期，第 22 页。

② 参见杨翼飞《药品专利链接下仿制药专利声明制度研究》，硕士学位论文，华东政法大学，2019，第 42 页。

诉前禁令是否损害公共利益。

若以上述标准对药品专利链接的遏制期进行审查，可发现药品专利链接制度中的遏制期相当于在不考虑诸多因素的情况下依据单方申请自动发放的禁令。

首先考察侵权可能性。根据前述关于药品专利无效比例的实证研究，诉争医药专利被全部无效的概率达到50%以上，仅这部分专利，仿制药就不可能构成侵权。除此之外，在维持全部有效的专利中还包括在修改文本的基础上维持专利权有效的情况，修改后的权利要求是否还能覆盖仿制药是存疑的。同理，部分有效的专利，维持有效的部分权利要求也未必能够覆盖仿制药。因此，诉争的医药专利被仿制药侵犯的可能性从总体上来说是较低的。

其次需要考察仿制药上市是否会给原研药企带来难以弥补的损害。通常，药品专利对于维持专利药的盈利至关重要，因为专利的排他作用，一般原研药在其整个专利期内都仅有单一的提供商（也即专利权人或被许可人），而专利期届满的那一天，也就是仿制药上市，与原研药开始竞争的那一天。① 由于仿制药生产成本较低，能够很快替代原研药，抢占大量市场份额②，因此，一般认为仿制药的上市会给原研药企业带来难以弥补的损害。

再次，考虑申请人的担保情况。在药品专利链接的制度设计中，遏制期的触发并不要求专利权人提供任何担保，专利权人只需要提起侵权诉讼，并向药品审评机构提供立案相关证明文件后即可触发遏制期。除此之外，根据《中华人民共和国专利法》第66条，在诉前禁令制度下，申请人如果错误申请诉前禁令，则应当赔偿被申请人因停止有关行为所遭受的损失。但是在药品专利链接的制度背景下，由于自动遏制期是法律赋予专利权人的权利，专利权人并不需要先向法院或者药品审评机构证明初步侵权可能

---

① Adelman, Martin J. et al. , *Cases And Materials On Patent Law*, 2009.
② 参见李瑞丰、陈燕《专利布局视角下药企应对"专利悬崖"策略研究及思考》，《电子知识产权》2017年第6期，第64页。

性，其只需要对其原研药对应的仿制药提起专利侵权诉讼，即可获得该权利，因此其行为也就没有错误与否之说，更无须为此提供担保。

最后，考虑是否损害公共利益。在 Hatch-Waxman 法案的立法过程中，代表仿制药和代表创新药的政治团体进行过激烈的辩论。虽然二者都只是为了自己的经济利益而争取更倾向于自己的立法，但是为了获得公众的支持和让自己的主张更具正当性，仿制药和创新药企业都声称自己的主张能够更好地代表公共利益。[①] 仿制药企业的主要主张为，仿制药的上市能够打破原研药的市场垄断地位，促进市场上的竞争，从而大幅降低药品的价格（数据显示，在仿制药上市之后的第二年，仿制药的价格就能够下降到相当于先前原研药价格的 60%）[②]，进而减少公众在医疗健康方面的支出，提高社会福利。而创新药企业的主张则是，延长创新药的市场垄断期可以使创新药企获得更强的经济上激励，从而使得创新药企有动力投入更多资金用于新药的研发，最终使得更多的疾病有治愈可能，从而使公众受益。与仿制药企所主张的明确而近期的利益——药品价格下降相比，创新药企的主张在时间上十分遥远且不确定——某种疾病的未知的新药。并且，创新药企也很难证明更长的专利保护期实际上能够促进更多的新药的研发。就短期来看，推迟仿制药的上市会使得公众无法及时获得廉价的仿制药，某种意义上是对社会公共利益的损害。

综上，与诉前禁令制度相比，专利链接制度的遏制期具有单方发起，随意性较大的弊端。在药品专利链接制度下，权利人无须满足诉前禁令的诸多条件即可发起禁令。这种事前无担保，事后不赔偿的制度设计使得专利链接制度十分容易被专利权人滥用。一方面，专利权人希望维持市场垄断以获取巨额利润，因此对于延迟仿制药的上市有着极强的行为动机；另一方面，药品专利链接的制度设计使得专利权人提起诉讼，进而阻止仿制

---

① Erika Lietzan, "The History and Political Economy of the Hatch-Waxman Amendments," *Seton Hall L. Rev.* 49 (2018): 53.

② Chie Hoon Song and Jeung-Whan Han, "Patent Cliff and Strategic Switch: Exploring Strategic Design Possibilities in the Pharmaceutical Industry," *Springer Plus* 1 (2016): 7.

药上市基本没有行为成本。这样的制度设计下，专利权人在收到仿制药企的不侵权声明时提起拟制侵权诉讼的收益最大。那么，任何仿制药的上市都必然被延迟 24 个月，这相当于变相延长了原研药的垄断期，并且是在专利是否有效，以及仿制药是否落入专利保护范围都不清楚的情况下延长了专利保护期，这种额外的利益对于专利权人而言是不必要也不合理的。

结　语

药品专利链接制度作为一种利益平衡机制，一方面是为了构建良性的创新生态系统，激励原始创新药物的产出，为更多疾病提供治疗手段，另一方面是为了鼓励高质量仿制药加快上市，降低药价，提高药物可及性，保障人民的用药需求。最初建立该制度的美国作为创新药研发能力最强的国家之一，一直致力于在全球范围内推广药品专利链接制度，以帮助本国药企在世界范围内寻求更强的药品专利保护。有观点认为美国制药行业的繁荣得益于药品专利链接制度，暂且不论该观点是否成立，即使药品专利链接制度在美国实现了双向激励的目标，由于不同国家的制度土壤不同，专利链接制度或许能够很好地平衡美国原研药企与仿制药企的利益，但不意味着该制度在我国能够产生同样的效果。药品专利链接制度在我国的建立之可行性研究必须立足于中国的医药专利水平、专利行政和司法程序等制度土壤。

首先，与美国法院能够在专利侵权诉讼中决定专利效力不同，我国实行二元分立模式，专利侵权诉讼的审理周期过长，专利链接中的拟制侵权诉讼很难在 24 个月的遏制期内审结。这一方面使得遏制期内定分止争的目标无法实现，另一方面也使得遏制期长度的弹性化设置失去意义。专利权人一旦发起拟制侵权诉讼，仿制药的上市审批几乎必然要经过 24 个月的遏制期。

其次，笔者根据 IPC 分类号，检索得到 2010～2019 年共十年间的医药专利无效审查决定，发现医药专利被无效的比例较高，仅全部无效的专利就占所有被提起无效宣告请求的专利的 50% 以上。无效专利为其专利权人带来的额外的垄断利益是其本不应享有的，不仅如此，该垄断利益还是以仿制药企因仿制药推迟上市所失利益以及公众无法及时获得低价仿制药为代价的。在药品专利无效比例高于 50% 的背景下，遏制期赋予专利权人的强排他权缺乏正当性。

再次，拟制侵权较低的立案门槛和遏制期带来的巨大的经济利益会激励原研药企滥用拟制侵权诉讼，导致很多在药品专利链接制度建立前不会发生的侵权诉讼在该制度建立后涌现。滥诉不仅会给许多仿制药企带来诉累，也会极大地增加法院的负担，浪费原本就十分紧张的司法资源。

最后，药品专利链接制度的移植需要一系列配套制度的建立，将对我国专利法造成巨大影响。同时，该制度仍存在许多待解决问题，如反向支付的反垄断规制。此为制度移植的立法成本。不仅如此，药品审评机构与专利行政部门的职能链接还将带来巨大的行政成本。

反观药品专利链接制度建立的制度目标，基于已建立该制度的国家的实践效果，其激励新药研发的效果不明显甚至有反作用。而其提前解决纠纷功能的理论基础存在一定问题，且与诉前禁令制度相比具有不合理之处。综上，我国建立药品专利链接制度的成本较高而收益不明显，因此笔者对于我国药品专利链接制度的建立持审慎态度。

2020 年 7 月 3 日，《中华人民共和国专利法修正案》（草案二次审议稿）公布并征求意见，其中第 75 条新增的三款首次将药品专利链接制度纳入了专利法修正案中。该条仅给出了专利链接制度的基本框架，具体如何落实仍有待行政法规和司法解释的进一步细化。针对争议最大的遏制期制度，尽管第 75 条第 3 款中规定了有权机关在 9 个月内作出裁决的，药品监督管理部门可以根据裁决作出是否批准药品上市的决定，但并未明确在超出 9 个月后尚未有裁决的情况下，药品监督管理部门是否能够批准药品上市。因此，该 9 个月的期限并不能等同于遏制期。如前文所述，遏制期赋予专利权人的强排他权缺乏正当性，其带来的巨大经济利益会激励专利权人滥诉，而且该制度在遏制期内定分止争的目标也无法实现。因此，笔者认为即使我国基于《中美经贸协议》中的义务建立了专利链接制度，也应避免遏制期，或是通过缩减遏制期的长度以减少其不利影响。然而，失去遏制期，专利链接制度是否还能够满足《中美经贸协议》中所规定的义务——专利权人等有权在被指控侵权的产品获得上市许可前提起诉讼，寻求快速救济——仍需要进一步解释和明确。第 75 条对于遏制期制度或许是有意留白，以等待进一步研究。根据最高人民法院和国家知识产权局发布的关于药品专利链接制度的工作计划来看，这个问题应该很快就会有答案。

《知识产权研究》第二十七卷
第 211~221 页
© SSAP，2021

从促进数字技术创新角度谈专利的充分公开

——以小 i 机器人案为切入点*

李文红　张振军**

摘　要： 公开和排他性保护是专利制度中相互制衡的两个维度，专利申请人欲获得专利权，必须通过专利申请文件充分公开其发明创造。在判断申请文件的披露程度是否满足充分公开时，应当充分考虑产业和技术的特点。数字技术领域的产品创新具有高速迭代、以计算机程序为载体的特点，在判断充分公开时，使用的判断方式和判断标准应当与此适配，这样才能更好地促进产业发展。

关键词： 数字技术　专利制度　计算机程序

一　引言

公开和排他性保护是专利制度中相互制衡的两个维度。专利申请人欲获得专利权，必须通过专利申请文件向专利行政机关进而向社会公众充分

---

* 本文工作受以下项目资助：国家社会科学基金重大项目"基于知识产权密集型产业的强国战略路径研究"（项目编号：17ZDA140）；同济大学"中央高校基本科研业务费"专项资金项目"人工智能产业发展的法律及知识产权问题研究"（项目编号：22120190208）。

** 李文红，同济大学上海国际知识产权学院博士研究生，主要研究方向为知识产权与经济、人工智能与法律；张振军，法律硕士，北京市集佳律师事务所上海分所律师，主要从事互联网软件与人工智能领域专利法律事务处理。

公开其发明创造。充分公开事实上已经成为与新颖性、创造性和实用性等传统"专利三性"相并重的专利授权实质性要件。[①] "确定可专利性常常需要看是否满足三个标准：新颖性、实用性和创造性。然而，可实施性（披露实施该发明的途径）对可专利性是如此重要，以致应被考虑为第四个基本标准……发明人在专利申请书中应当公开了一种能够（在世界大多数国家）实施该发明的方法，或者能够（在美国）实施该发明的众所周知的方法。"[②] 可见，专利的充分公开是现代专利体系中的重要环节。

我国专利法对充分公开的要求是"说明书应当对发明或者实用新型作出清楚、完整的说明，以所属领域的技术人员能够实现为准"。[③] 在专利审查和行政诉讼程序中，充分公开的判断方式和标准问题一直受到关注，尤其是在化学领域。而近年来，随着数字技术的快速发展，互联网、物联网、大数据、云计算、区块链、人工智能等技术领域的专利申请数量也持续增长。[④] 数字技术是一项与电子计算机相伴而生的科学技术，其技术创新总体上都与计算机技术相关，相关专利申请大多也涉及计算机程序的改进。以小i机器人案的争议焦点为例，此类专利申请的充分公开和传统产业技术既有共性，又有因技术本身的不同而带来的特殊性。涉及计算机程序的专利申请是否充分公开直接关系到数字技术相关的创新成果能否以合理的方式得到保护，也关系到创新成果对应的技术信息是否能得到合理、充分的传播，进而影响数字技术的创新激励和整个数字经济的产业发展。

二 小i机器人案涉及的法律问题

小i机器人案涉及的是名称为"一种聊天机器人系统"的ZL200410053749.9

---

① 杨德桥：《专利充分公开制度的逻辑与实践》，知识产权出版社，2019，第1页
② 阿伯特、科蒂尔、高锐：《世界经济一体化进程中的国际知识产权法》，王清译，商务印书馆，2014，第238、268页
③ 《中华人民共和国专利法》第26条第3款。
④ 参见世界知识产权组织（WIPO）发布的《2019技术趋势——人工智能》（WIPO Technology Trends 2019—Artificial Intelligence）。

号发明专利，在无效宣告请求程序中，无效请求人认为该专利权利要求限定的游戏服务器及其相关功能不能实现，导致说明书公开不充分。针对这一争议，专利复审委员会认为该专利"实施例中公开了用户通过机器人服务器 1 连接到游戏服务器 5"，说明书中记载"在机器人中我们特别倡导互动性，机器人可以实现以下互动游戏（智力闯关、智力问答、24 点、猜数字等）"；本领域技术人员能够实现利用游戏服务器实现以文字互动为基础的游戏功能。①

本案一审行政判决认为在判断公开是否充分时，应当区分争议的技术方案必要的基础功能和附加功能，认定"游戏功能是在拟人化对话基础上的附加功能，并不是实现本发明必不可少的技术内容……"，并认为游戏服务器这一特征是"本领域技术人员根据其普通技术知识能够实现的"。②

本案案件二审行政判决认为根据实质审查程序中专利权人的陈述，游戏服务器并非附加功能，并认为"……说明书仅仅记载了具有一个游戏服务器以及提到实现互动游戏的设想"，"……说明书记载的信息量应当足够充分，或者至少应当提供足够明确的指引，以促使本领域技术人员据此获知相关的现有技术来具体实现本专利的技术方案。而原审判决却认为只要本领域技术人员可以实现的内容就属于公开充分，而不考虑这些内容是否已经在说明书中被教导、记载或指引，这显然不符合《专利法》第 26 条第 3 款的立法本意……"③

本案再审行政判决认为"首先结合本专利文件和审查档案来理解涉及游戏服务器的技术方案，并判断游戏服务器是否属于本专利区别于现有技术的技术特征，在此基础上进一步判断其是否符合专利法第二十六条第三款的规定"，"在游戏服务器不是本专利与现有技术的区别技术特征的情况下，根据前述《审查指南》的相关规定，对于涉及游戏服务器的技术方案

---

① 专利复审和无效审理部第 21307 号无效宣告请求审查决定。
② （2014）一中知行初字第 184 号判决书。
③ 参见（2014）高行（知）终字第 2935 号行政判决书。

可以不作详细描述"，"在本专利申请日前，在聊天服务系统中设置游戏服务器是本领域常规设置，包括美国专利在内的现有技术也已经公开了在聊天服务系统中设置游戏服务器的技术内容。本领域技术人员具有获知本领域现有技术的能力，即通过检索现有技术可以实现在聊天机器人系统连接游戏服务器并进行游戏，无须由说明书给出如何连接游戏服务器并进行游戏的具体指引"。[①]

　　本案的争议焦点在于游戏服务器及其相关功能是否公开充分。最高法的判决依据现有法律体系对于充分公开的相关规定，对本案的具体案情进行了详细分析并给出了最终的判断。具体而言，本案权利要求包含技术特征"该聊天机器人设置有一个过滤器，以用来区分所述通讯模块接收到的用户语句是否为格式化语句或自然语言，并根据区分结果将该用户语句转发至相应的服务器，该相应的服务器包括人工智能服务器、查询服务器或游戏服务器"，而说明书中游戏服务器相关的直接文字表述较少，导致游戏服务器与过滤器之间的数据通信关系以及游戏功能的具体实现是否满足充分公开的要求存在较大争议。再审行政判决认为，在判断是否公开充分时，根据技术特征是否是区别于现有技术的技术特征可以适用不同的标准：与最接近的现有技术相比，相同或者共有的技术特征可以不做详细描述，要求相对较低；区别于现有技术的技术特征则应当足够详细地描述，要求相对较高。上述判断方式的依据是《专利审查指南》的相关规定[②]，本案一审行政判决也采用了基本相同的判断方式。

　　本案中，无论是部件、模块之间的数据通信关系还是游戏功能，明显都是依赖计算机程序实现的，目前涉及计算机程序的专利保护的主要是以计算机程序处理流程为基础的解决方案[③]，在当前实务中，涉及计算机程序的专利申请的权利要求中往往使用功能性限定，而在说明书中对功能性限

---

①　参见最高人民法院（2017）最高法行再 34 号行政判决书。
②　参见《专利审查指南 2001》第 2 部分第 2 章第 2.2.6 节。
③　参见《专利审查指南 2010》第 2 部分第 9 章第 1 节。

定的具体实施方式进行进一步描述和说明，以支持权利要求并满足充分公开的要求。现有法律规定下，根据技术特征是否区别于现有技术的特征适用不同的充分公开判断标准，其益处是在技术特征较多的情形下，申请人在专利申请文件中的披露负担可以减轻，审查员在专利授权审查过程时能集中于申请人作出主要贡献的内容。不过，这样的判断方式可能会面临一些挑战，尤其是考虑到数字技术相对于传统产业技术的创新特点和创新规律时。

三　对专利充分公开的判断要件的探讨

从制度设计的初衷来看，激励创新应当是包括专利在内的各种知识产权制度的首要目的。自 Arrow 把创新看成"知识的生产"以来[1]，知识产权制度被视为一种有效的激励创新的制度。知识产权制度构建之后，激励创新被视为为证明知识产权（包括专利）合理性的首要理由。[2] 知识产权制度通过赋予发明者一定期限的排他权，使其得以弥补创新成本，获得排他性的利润，从而增强从事发明创造的积极性。虽然专利制度在激励创新方面是否有足够大的贡献一直存在争议，但是时至今日，专利制度仍然是全球范围内促进和激励技术创新的主要法律制度。我国现行专利制度中，专利充分公开是以本领域普通技术人员能够实现为基本要件，而且在进行具体判断时，专利申请文件中的不同技术特征适用不同的披露标准，相比区别于现有技术的技术特征，与现有技术相同或者共有的技术特征可以不做详细描述。但是对于数字技术而言，这样的要件设计可能无法很好地达成激励创新的目的。

---

① Arrow，K J.，*Economic welfare and the allocation of resources for invention. In*：*The Rate and Direction of Inventive Activity Economic and Social Factors*（New Jersey：Princeton University Press，1962），pp. 609 – 625.

② 罗伯特·P. 墨杰斯等：《新技术时代的知识产权法》，齐筠等译，中国政法大学出版社，2003，第 10 页。

数字技术依托于电子计算机及计算机程序，其技术本身具有可再编程性，其赋予数字创新自生长性和融合性的特点。[①] 自生长性是指数字技术具有动态性和再塑造性，可以在产品完成后增加新功能，例如软件程序和 App 的迭代创新。因此，数字技术的创新往往是在原有产品基础上不断迭代，衍生出新的功能、新的产品。在数字技术相关产业中，其产品往往是以软件形式来呈现的，而软件产品的开发周期是一个非常重要的竞争因素，在功能相同的情况下，更早发布的软件产品往往会建立较大的先发优势，这样的案例在充分竞争的市场上屡见不鲜。与传统技术类似的是，数字技术的创新需要依赖现有技术，而不同的是，数字技术的创新更加依赖现实可用的现有技术，从零开始的产品开发并非不可行，但是这与该领域的技术开发特点和竞争趋势是相悖的。

对于数字技术相关的专利申请大多涉及计算机程序的改进，目前实务中往往使用功能性限定来描述创新的改进内容，即基于计算机程序的运行步骤做文字说明。这样的文字说明绝大多数是使用自然语言完成的，而并非本领域技术人员惯常使用的程序源代码。在现行的公开充分的判断要件下，对于与现有技术相同或共有的技术特征，其文字描述可以更加简单，甚至没有与计算机程序的运行步骤相关的文字说明，而仅仅是功能性描述，例如小 i 机器人案中的游戏功能。而对本领域技术人员来说，计算机软件的开发是个非常复杂的过程，包括需求分析、概要设计、详细设计、程序编码和测试等多个阶段。需求分析阶段识别用户需求和环境约束并确定需求规格；概要设计阶段确定软件的系统架构；详细设计阶段确定模块内部的算法和数据结构并形成详细的文档；程序编写阶段将详细设计转换为计算机可以接受的程序；软件按测试阶段对代码和系统进行测试和验证。[②] 因此，简单的功能性描述大致相当于软件开发流程中的需求分析阶段，距离

---

① Yoo, Youngjin et al. , "Organizing for innovation in the digitized world," *Organization Science*, 23, 5（2012）: 1398 – 1408.

② 厉小军、潘云、谢波：《软件开发过程及规范》，清华大学出版社，2013。

计算机软件的开发完成尚有很多工作要完成，即便是对于相关技术领域人员，这也并非一件易事。如此一来，仅仅是重现专利要保护的技术方案就将耗费大量的时间，更不论在此基础上的进一步改进和创新，这就使得基于专利披露信息的再创新变得非常困难，而且由于较长的开发时间，也将无法产生期望中的市场竞争优势。因此，在数字技术相关领域中，现行的专利充分公开的判断要件使得基于专利公开信息的继续创新并非易事，无法很好地达成激励创新的目的。

从制度设计的另一个角度而言，专利制度是一种公开换保护的制度，专利给予了专利权人较强的排他权利，作为对价，专利权人需要将自己的技术方案公开。这样的公开可以促进技术的溢出效应，减少重复的研究成本，提高专利的透明度。① 在这种"以公开换取保护"的平衡机制中，协调平衡好社会公众获得知识的公益与专利权人获得经济利益的私益之间的关系是最为重要的任务。"公益—私益"之间的平衡格局是否被打破，是"以垄断换取公开"契约能不能履行的关键因素。

如前所述，采用现行的专利充分公开的判断要件，与现有技术相同或共用的技术特征可以简单描述，即至少对于部分内容，权利人能够通过相对较少的技术信息披露来获得排他权。对于数字技术这一特定领域，由于公众从专利文件中能够获知的技术信息非常抽象、有限，因此即便是与现有技术相同或者公用的功能，本领域技术人员也需要花费大量的开发时间来重现方案，而进一步的技术迭代和演进需要的开发时间会更多。因此，权利人除了获得排他性权利外，还将在产业竞争中处于明显优势的地位，这有可能打破权利人与公众之间的平衡。在一个典型场景下，处于行业领先地位的大公司通常掌握更多的开发资源和开发成果，其获得专利排他权的能力强于初创阶段的小公司，由于专利申请文件中披露的技术信息有限，小公司在受到大公司专利权制约的同时，也很难依据专利申请文件中披露的技术信息进行再创新，这将加剧两种规模公司之间的技术差距，不利于

---

① 李雨峰：《论专利公开与排他利益的动态平衡》，《知识产权》2019 年第 9 期。

产业生态的平衡和长远发展。

综上，为了在数字技术领域达成激励创新、维持权利人与公众之间的利益平衡的目的，有必要对现行的公开充分的判断要件进行调整，增加新的要件内容。新增的要件内容应当与数字技术自身的特点相契合，使得专利申请人披露的技术信息对于本领域技术人员足够具体和丰富，从而能在本领域合理的开发周期内重现专利技术，进而有可能在此基础上做出技术再创新。

四　新增的要件内容及其适用标准

新增的要件内容要与数字技术的特点相适配，专利申请文件公开的内容就需要符合本领域技术开发和创新的规律。具体而言，新增的要件内容应当使得本领域技术人员能够根据专利申请文件披露的信息，以较为合理的开发成本编写出相应的计算机程序。本文认为，为了达成这一目的，可以借鉴美国专利法充分公开的书面描述要件。美国专利法对于充分公开的要求主要包括能够实现（Enablement）和书面描述（Written Description）两个方面。[①] 其中，能够实现的判断标准是根据专利说明书，本领域技术人员为制造和使用该方法，无须开展过度实验（Undue Experiment）[②]，这一要件与我国现行的专利制度基本相同；而描述的判断标准是说明书充分披露发明，从而使本领域技术人员能够直观得到（visualize）或认识到（recognize）权利要求概括的发明，进而合理地表现出专利权人已现实拥有该发明[③]。

对于单纯基于理论假设的带有预期与推测性质的技术方案，如果授予专利权，会导致在申请日没有完成发明创造并掌握技术方案的专利权人获

---

① USPTO, *Manual of Patent Examining Procedure*, Rev. 9, March 2014, pp. 2100–2242.

② Allergan Inc v. Sandoz Inc., 796 F. 3d 1293, 1309 (Fed. Cir. 2015); Streck, Inc. v. Research & Diagnostic Sys. Inc., 665 F. 3d 1269, 1288 (Fed. Cir. 2012).

③ Vasudevan Software, Inc. v. MicroStrategy, Inc., 782 F. 3d 671, 682 (Fed. Cir. 2015) [quoting AriadPharmaceuticals, Inc. v. Eli Lily & Co., 598 F. 3d 1336, 1351 (Fed. Cir. 2010)(en banc)].

得超乎其技术贡献的回报，也不利于本领域技术人员从专利文件中获得足够的技术启示。① 而书面描述的要求旨在充分而详细地证明权利人在申请专利之时确实拥有了该发明，由此，公众可以从专利申请文件中获得充足的信息，从而能够在一定程度上解决激励创新和利益平衡的问题。

在数字技术领域，程序源代码是技术交流的主要手段，也是向计算机发出指令的方式，因此，在平衡权利人和公众的方式中，程序源代码是解释算法的最佳方式②，从这一点来看，公开程序源代码是证明权利人实际拥有发明的最直接途径。那么为了证明对发明的实际拥有，公开程序源代码是不是必要的或者必然的，笔者对此持否定的观点。从结果来看，如果将源代码的公开作为书面描述的必要条件，首先，专利权将与著作权存在较大的重叠，而且由于著作权并不要求源代码的公开，因此可能会有更多的权利人倾向于使用著作权来保护自己的创新，这与专利制度"公开换保护"的总体设计相违背。其次，计算机程序语言的种类繁多，而且可读性往往不高，因此，这将极大地增加专利审查的工作负担，导致行政成本的增加。实际上，在美国专利实践中也存在类似的争论，目前主流的观点认为，申请人可以用非代码的方式证明其于申请之时确实拥有了该发明，按照《美国专利法》，申请人无须为获得专利而将发明导入生产实践，换言之，并不要求软件发明具有现实的实用性，因此，就宽泛意义上的功能性而言，公开源代码是不必要的。③ 从目前的实务来看，在数字技术较为发达的美国以及欧洲地区，其专利实践中也都未要求公开源代码。

为了证明对发明的实际拥有，公开源代码是最直接的途径，但也并非必然的途径。作为描述工具的相关流程图及文档足以阐述发明，事实上，

---

① 李文红：《能够实现是说明书充分公开的必要非充分条件》，《电子知识产权》2015 年第 5 期。

② Thomas P. Burke，"Note，Software Patent Protection：Debugging the Current System，" *Notre Dame L. Rev.* 69（1994）.

③ Kenneth Canfiled，"The Disclosure of Source Code in Software Patents：Should Software Patents Be Open Source?" *Colum. Sci. & Tech. L. Rev.* 6（2006）.

文字、伪代码与图表的结合较之源代码能够更好地阐明软件发明。[①] 可见，流程图及说明文档是证明实际拥有发明的另一有效途径，但是流程图和说明文档并不能完全等同于源代码，某些较为抽象、概括的流程图和说明文档（往往存在于方案构想阶段）距离源代码仍有相当距离，并不能必然证明对发明的实际拥有。因此，需要对流程图及说明文档的披露程度做适当的限制。我国现行的专利审查指南出于"能够实现"的考虑，对流程图及说明文档的披露程度提出了要求，"说明书对该计算机程序主要技术特征的描述程度应当以本领域的技术人员能够根据说明书所记载的流程图及其说明编制出能够达到所述技术效果的计算机程序为准"。[②] 本文认为，在使用流程图及说明文档证明对发明的实际拥有时，可以借鉴这一标准，即，流程图及说明文档的披露程度应当使得本领域技术人员编制出能够达到所述技术效果的计算机程序。

更进一步，在前文所述的软件开发流程中，软件系统架构的确定、算法和数据结构的设计往往是更需要创造性劳动的环节。因此，在数字技术领域涉及计算机程序的专利申请文件中，流程图及其说明需要达到详细设计阶段的程度，即充分披露软件系统架构、各个步骤和模块的算法、数据结构等核心要素的设计，使得本领域技术人员在看到披露内容后，无须创造性劳动即可编写出具有相应技术功能和效果的计算机程序。例如，上述小i机器人案还有一个争议焦点是专利申请文件中是否公开了访问游戏服务器的数据通路。最高法的判决认为，根据本案说明书的记载，为用户查找信息、做游戏均是聊天机器人通过"命令"方式实现的，而过滤器用来区分用户语句是否为格式化的命令式语句或者是自然语言，分别使用查询模块和对话模块来后续处理以生成回复信息或应当对话，因此，申请文件中已经隐含公开了访问游戏服务器的数据通路。各个模块之间的数据通路属

---

① Kenneth Canfiled，"The Disclosure of Source Code in Software Patents: Should Software Patents Be Open Source?" *Colum. Sci. & Tech. L. Rev.* 6（2006）.

② 参见《专利审查指南 2010》第 2 部分第 9 章第 5.1 节。

于比较典型的软件系统架构范畴，因此，单就软件系统架构这一方面而言，本案的公开程度是满足上述要求的。

结　语

专利制度的主要目的是鼓励社会创新，推动产业发展，而不同的产业因为其技术领域的不同而有自身的特点和发展规律，因此，在进行公开充分的判断时应当充分考虑产业和技术特点。数字技术是依赖于电子计算机和计算机程序的技术，其具有产品高速迭代的特点。现行的充分公开的判断要件在这一领域无法很好地达成激励创新、维持权利人与公众之间的利益平衡的目的，增加权利人实际拥有发明的要件内容，能够在一定程度上解决这一问题。权利人为了证明对发明的实际拥有，可以在专利申请文件中对依据计算机程序的流程图及说明文档进行详细描述，使得本领域技术人员能够依据披露内容编制出达到所述技术效果的计算机程序。尤其应当充分披露软件系统架构、各个步骤和模块的算法、数据结构等核心要素的设计，使得本领域技术人员能够无须花费超出合理范围的开发时间即可重现专利的技术方案，从而有可能做出进一步的创新。

《知识产权研究》第二十七卷
第 222~245 页
© SSAP, 2021

商标在先使用抗辩"原使用范围"的
适用问题研究

胡巧璐[*]

摘　要： 商标在先使用抗辩"原使用范围"的认定影响在先使用人和商标注册人的利益。在司法实践中，商标在先使用抗辩"原使用范围"的界定应当以商誉覆盖范围为判断原则，以使用主体、客观方面、地域范围和使用方式来界定"原使用范围"。"原使用范围"的适用分为三种情形，分别为一般适用、适用例外和反向适用。一般适用采用"筛选式检验法"以应对动态商标使用行为；当涉及商标恶意抢注时，在先使用抗辩不受"原使用范围"限制，是"原使用范围"的适用例外；就反向适用而言，商标法语境下仅赋予在先使用人的消极抗辩权能并不能阻止其通过《反不正当竞争法》保障自己的权益，即起诉商标注册人进入其"原使用范围"进行不正当竞争的行为。在先使用人可以援引《反不正当竞争法》第六条第（一）项保护其在先使用获得的商誉。

关键词： 在先使用抗辩　原使用范围　未注册商标　商誉

　　商标在先使用抗辩制度是 2013 年修订的《商标法》中的一大亮点，该制度的引入缓和了我国实行的严格注册取得制度带来的弊端，赋予"商标

---

　　* 法学硕士，研究方向为知识产权，2020 年毕业于苏州大学王健法学院，现工作单位为宁波市税务局。

使用"以重要意义，使未注册商标的在先使用人得以抗辩商标权人的侵权之诉。自 2014 年实施新《商标法》以来，商标在先使用抗辩制度已被适用将近 6 年，但网上可查询的司法案例中不乏缺少对"原使用范围"界定的情况，即使在相关案例中讨论"原使用范围"也是寥寥几笔，未阐释具体的界定要素。针对同一界定要素，不同案件也会给出不同的判断标准。而"原使用范围"的界定关系到先使用人和商标专用权人的利益，必须找到一条适中的界限用以平衡双方利益。因此，明确商标在先使用制度中"原使用范围"的司法适用困境并针对性地分析考量因素和判断标准，对平衡商标专用权人和在先使用人的利益有重大意义。

一　商标在先使用抗辩"原使用范围"
认定的司法困境

在中国裁判文书网和北大法宝数据库中搜索得到大量适用该制度的案例，通过对这些案例的研读发现"原使用范围"的适用大致存在以下几方面问题。

（一）不将"原使用范围"作为在先使用抗辩的构成要件

在论证是否成立在先使用抗辩时，不将"原使用范围"作为构成要件进行讨论主要包含两种情况：其一，论证在先使用抗辩成立时完全不涉及对"原使用范围"的讨论，即案例通篇不考虑原使用范围；其二，在缺少对"原使用范围"讨论的基础上认定在先使用抗辩成立，但释明了诉讼后只能在"原使用范围"内继续使用，简言之，将"原使用范围"作为结果约束要件而非抗辩构成要件。

"感康"案①和"赛信"②案便是第一种情形的典型，法院均认为在先

---

① 参见吉林省长春市中级人民法院（2015）长民三初字第 82 号判决书。
② 参见山东省高级人民法院（2016）鲁民终 1862 号判决书。

使用抗辩的成立只需满足两个条件：一是商标使用行为先于商标注册申请日，二是在先使用的相关标识具有一定影响，即法院认为满足"行为要件"便可成立抗辩。而在"悦跑圈"案中，法院在认定被告满足在先善意使用并具有一定影响的基础上，鉴于已保护先用人已有市场份额和商誉，便对后续使用的"原有范围"进行严格的限缩解释，避免出现先用人蚕食注册人市场利益的局面。① 这是典型的将"原使用范围"作为结果约束要件的做法。

（二）回避说明"原使用范围"的具体判断标准

在这些案件中，法院认定在先使用抗辩的成立需要以在"原使用范围"内使用为条件，但着重对行为要件和善意要件进行论证，当需要论及"原使用范围"时仅一笔带过。例如在"汇江"案中，法院认为"被告使用在先，且一直在原使用范围内合理使用，并未扩大使用范围，故被告的合理使用未对原告注册商标构成侵权"。但法院对何为"原使用范围"未作任何阐释。② 在"海天飞龙"案中，法院在认定被告使用在先后，对"原使用范围"的界定只字未提；即使提及需要从几个要素界定"原使用范围"，也只是一笔带过。③ 在"TORCH"案中，法院认为对"原有范围"的理解应综合商标标识、商品、使用行为等要素综合予以考量，但在后文中并未展开论述。④

（三）界定"原使用范围"要素不统一

"原使用范围"的界定事关在先使用人和注册商标人的利益边界，但法院在界定这一要件时时常出现不同的考虑要素，表1列举了相关案例考虑的要素。

---

① 参见广东省深圳市中级人民法院（2017）粤03民初977号判决书。
② 参见贵州省高级人民法院（2014）黔高民三终字第27号判决书。
③ 参见海南省三亚市中级人民法院（2016）琼02民初131号判决书。
④ 参见上海市知识产权法院（2016）沪73民终104号判决书。

表 1　法院实际考虑的要素

案号	涉案商标	界定"原使用范围"考虑的要素
（2018）浙 01 民终 1810 号	藏木人	商品类别
（2015）民申字第 3513 号	好日子	主体范围
（2015）苏知民终字第 00177 号	超研	主体范围、地域范围
（2018）浙民再 247 号	黑蔓	商品类别、使用方式
（2014）沪一中民五（知）终字第 187 号	拍拍贷	主体范围、商标标识
（2015）长中民五初字第 00757 号	蚂蚁搬家	主体范围、规模范围、地域范围
（2017）粤 03 民初 977 号	悦跑圈	商标标识、使用方式、地域范围
（2015）京知民终字第 588 号	启航	商品类别、商标标识、主体范围、规模范围
（2016）苏 04 民终 3528 号	Dynaper	主体范围、商品类别、商标标识、使用方式、地域范围

由表 1 可见，法院在认定"原使用范围"时考虑的要素参差不齐，既有只通过一个要素界定的情况，也有通过两个要素界定的情况，更有多因素共同界定的情况，且各案件考虑要素并无规律可循。这种没有统一标准的情况会导致"原使用范围"沦为"任人打扮的小姑娘"，对在先使用人而言，司法缺乏稳定性而对其使用行为缺少指导意义。

（四）同一要素的判断标准不明确

将上述各法院考虑的要素归纳总结，对"原使用范围"的界定大致需要考虑如下几方面：主体范围、商标标识和商品类别、地域范围、使用规模、使用方式。但即使是同一要素，不同案例也会给出不同的判断标准。

对主体范围而言，主张在先使用抗辩的主体不只有最初的原使用人，也可能是原使用人的承继人、被许可人以及经营活动中的相关主体。关于这些主体是否可以主张在先使用抗辩，法院未取得一致意见，如表 2 所示。

表 2　法院对抗辩主体的认可情况

抗辩人	商标	案号	认定情况
原使用人	小肥羊	（2014）粤高法民三终字第 27 号	只认可原使用人
承继人	超研	（2015）苏知民终字第 00177 号	认可承继人
	拍拍贷	（2014）沪一中民五（知）终字第 187 号	
	田园印象	（2017）川民终 747 号	
	好日子	（2015）民申字第 3513 号	
	八方客	（2016）苏 01 民终 7243 号	认可申请注册前的承继人
申请前被许可人	启航	（2015）京知民终字第 588 号	认可申请前的被许可人
	蚂蚁搬家	（2015）长中民五初字第 00757 号	
	Dynapar	（2016）苏 04 民终 3528 号	
申请后被许可人	超研	（2016）苏民终 125 号	认可申请后的被许可人
	理想空间	（2016）鲁民终 2223 号	
	豪柏	（2015）穗越法知初字第 822 号	
	超研	（2017）最高法民申 2642 号	不认可申请后的被许可人
	理想空间	（2016）鄂民终 508 号	
	上海人家	（2014）锡知民终字第 0005 号	
关联经营主体	报达家政	（2015）黑知终字第 9 号	认可关联经营人
	TORCH	（2016）沪 73 民终 104 号	
	棒棒鸡	（2018）川民终 157 号	不认可关联经营人
	金剪刀	（2014）渝三中法民初字第 00170 号	
业务合作者	棒棒鸡	（2017）川民终 771 号	认可业务合作者
	欢途	（2015）沪高民三（知）终字第 1 号	

　　针对商标标识和商品类别，司法适用中有些案例采用了严格的"相同标准"，即要求为同一商品类别和同一商标标识，与原使用情况有区别即不属于"原使用范围"，例如"理想空间"①。也有的采用相对宽松的"相同标准"，"启航"案表述为"相同或基本相同的商品（服务）和商标"②，

① 参见辽宁省沈阳市中级人民法院（2015）沈中民四初字第 00246 号判决书。
② 参见北京知识产权法院（2015）京知民终字第 588 号判决书。

"拍拍贷"案①和"Dynapar"案②认可细微差异的商标属于原有范围。"悦跑圈"案甚至打破"相同标准",认为为了区别注册商标而改变原有商标行为仍然属于对原有商标标识的使用。③ 到底是适用何种标准需要下文详细阐述。

针对地域范围,有些案例将原使用的地域范围限定在地市级,有些限定在全省范围,但对如何界定地域范围莫衷一是,因此有必要在下文探讨界定原使用地域范围的具体方法。此外需要考虑的是网络服务给地域范围的界定带来的困扰,例如在"悦跑圈"案中,法院认为"鉴于被告通过互联网提供'在线社交网络服务',其服务范围突破了现实地域限制,已无法界定原使用范围中的'地域性'。"④"Dynapar"案也同样认为由于网络覆盖形成了全国范围的原有范围。如何解决网络环境下在先使用原有地域范围的问题也是下文讨论的问题。

针对使用方式,鉴于商标使用分为直接附着于商品或服务之上的商标使用行为和用于广告宣传等不随商品或服务流通的使用行为,因此对"原使用范围"的界定也应当考虑这两种使用方式。但在司法适用中,往往对此笼统表述,例如"黑莓"案认为"被诉侵权使用方式与原使用方式没有任何改变"⑤,但并未对具体的使用方式进一步阐述。此外,考虑到以互联网为平台的电子商务日益频繁,商标的线上和线下转换使用的问题也日益突出,例如"红炉"案就在肯定在先使用人线下使用商标的同时,驳回了线上使用行为构成在先使用抗辩的诉求。⑥"卡通熊"案亦指出"原使用范围"在新的网络销售模式下需要重新界定。⑦ 但并未对使用方式的转变展开详细论述。线上线下的转换使用是否超出"原使用范围"亦是下文讨论的

---

① 参见上海市第一中级人民法院(2014)沪一中民五(知)终字第 187 号。
② 参见江苏省高级人民法院(2016)苏 04 民终 3528 号。
③ 参见广东省深圳市中级人民法院(2017)粤 03 民初 977 号判决书。
④ 参见广东省深圳市中级人民法院(2017)粤 03 民初 977 号判决书。
⑤ 参见浙江省高级人民法院(2018)浙民再 247 号。
⑥ 参见北京市朝阳区人民法院(2016)京 0105 民初 26530 号。
⑦ 参见河南省商丘市中级人民法院(2018)豫 14 民初 111 号。

问题。

针对规模范围，司法适用呈现了两种极端情况。有些法院认为在先使用人只可以在原有经营地址继续经营，原址之外的扩张超出原使用范围，例如在"超研"案中，法院强调在先使用的经营地址并未改变；① "蒋有记"案虽然是在先使用抗辩确立之前的案例，但同样涉及使用规模的问题，法院认为只可在原址使用，不得扩大经营区域及规模。② 有些法院认为在先使用不应限制规模范围，这以"启航"案③和"蚂蚁搬家"案④为典型，其主要从商誉的延续角度出发进行论证。

二 "原使用范围"的认定标准

（一）界定原则：以商誉覆盖范围为判断基准

从表面上看，注册取得制并不要求商标以使用为申请注册的前提，这似乎意味着注册取得制下的商标法赋予先申请者以标志财产权。但纵观商标制度的历史演变，标志从来不是商标制度想要保护的对象。正如美国著名的1879年商标案所明确的："商标通常情况下是采用已经存在的标志，通过使用将其用作具有显著性的标志。在普通法中，商标的专有权产生于使用，而非仅仅的采用……商标不需要想象力，不需要天赋，也不需要艰苦的思想活动，它只是优先使用。"⑤ 由此可见，商标不同于发明与作品，不是智力劳动的成果，商标制度保护的是以商标为载体的商誉，而标志是由使用人创造的还是本就存在的在所不问。

而我国的商标在先使用抗辩制度就是为了解决未注册商标经过使用形成一定影响后，在先使用人所积累商誉的保护问题。在利益平衡原则和公

---

① 参见江苏省高级人民法院（2015）苏知民终字第00177号判决书。
② 参见江苏省知识产权法院（2013）苏知民终字第37号判决书。
③ 参见北京知识产权法院（2015）京知民终字第588号判决书。
④ 参见湖南省长沙市中级人民法院（2015）长中民五初字第00757号。
⑤ Trade-Mark Cases, 100 U. S. 82（1879）.

平原则的指导下，商标权人不可攫取商标先用人的商誉，对商标先用人的保护也不致不合理地损害商标权人的利益，此时便在事实上形成了两个需要保护的商标利益。在两者互不攫取商誉的情况下，应当允许商标共存。根据先用抗辩保护先用人商誉的制度目的，"原使用范围"就应当是在先使用所形成商誉的覆盖范围，而商誉覆盖范围需要通过多因素合理界定。下文便以商誉覆盖范围为界定宗旨，对"原使用范围"界定需要考虑的要素进行分析，从而形成系统的判断标准。

（二）"原使用范围"的具体考量因素及判定标准

1. 使用主体

正如上述司法认定现状所示，原在先使用人是适格的抗辩主体自不待言，有争议的是原在先使用人授权许可他人使用、因继承或企业并购等由他人承继使用、关联经营者的使用以及业务合作者的使用，这些被许可人、承继人、联营者和合作者是否构成适格的抗辩主体才是使用主体范围要讨论的核心问题。

首先是被许可人，有学者从消费者角度出发，认为被许可人所使用的商标所发挥的识别商品来源的作用依旧来自原在先使用人，只要原先用人的在先使用抗辩成立，那么被许可人也应当成立抗辩。[①] 简言之，这一观点将被许可人的使用行为看作原使用人的行为，只要原使用人抗辩成立，前者自然成立抗辩。另有学者将许可行为以申请日为限一分为二，认为在先使用本人以及申请日前获得许可的被许可人是适格的抗辩主体。[②] 本文认同将被许可人依授权许可发生在申请日前后进行区分的观点，认为在申请日前获得授权许可的被许可人经过其自身的使用达到"一定影响"的可以成为适格的抗辩主体，而申请日后获得授权的被许可人不应主张抗辩。上述

---

① 参见田村善之：《商标法概说》（第2版），弘文堂，2000，第86页。转引自李扬：《商标在先使用抗辩研究》，《知识产权》2016年第10期。

② 芮松艳：《〈商标法〉第59条第3款的理解与适用——以启航案为视角》，《知识产权》2016年第6期。

表格反映的司法实践也显示，法院基本承认申请日前的被许可人，而对申请日后的被许可人存在不同判法。

应当将被许可人作为独立主体进行审查，而非将被许可人的使用行为看作原使用人行为的延伸。因许可是商标专用权的权能之一，而商标在先使用仅仅产生抗辩的效果，仅具有消极权能，其中并不包括许可权，因此原使用人的许可并不产生商标法意义上的许可权。但事实上的被许可人并非不可抗辩，其完全可以作为独立主体，通过自身的使用行为形成"一定影响"，并以自身使用行为产生的商誉作为抗辩依据。既然作为独立主体，自然应当如原使用人一般以"原使用范围"的时间节点为限判定是否属于参照行为的使用主体。由此可见，申请日前的被许可人能够成为适格的抗辩主体并不在于原在先使用人的授权许可，而是基于其自身的使用行为，此时的授权行为不具有法律意义。但原使用人的授权行为并非永远不具有法律意义，若申请日之后原使用人许可他人对未注册商标进行使用，被许可人一旦被认定构成侵权，那么许可人可能构成帮助侵权，此时其并不能继续以原使用人的身份进行抗辩，因为被诉的不是其自身使用行为，而是许可他人使用涉案商标的行为。

其次是承继人，司法实践基本承认承继人为适格的抗辩主体，但正如上述表格统计的案例所示，有些案件像许可一般将承继时间区分讨论，认为申请日之前的承继人才是适格的抗辩主体。承继是否需要与许可一般按申请日前后区分情况讨论是有争议的点。笔者认为，承继的性质不同于许可，承继人的使用应当视为被承继人（即原使用人）的使用行为。因为承继并非许可一般仅针对商标使用行为，而是针对整体业务的承继，是法律权利和法律义务的概括继受，换言之，被承继人所有法律意义上的行为均由被承继人承担。正如日本学者所述，承继人是根据继受前主体业务这一事实状态而允许其取得在先使用权的，承继业务的时间是在被人申请注册前还是在其后并不在考虑范围内。[1]

---

[1] 纹谷畅男：《商标法 50 讲》，魏启学译，法律出版社，1987，第 237 页。

最后是相关主体的问题，相关主体包括关联经营者和业务合作者，在上述表格统计中对两者也多有争议之处。本文所述关联经营主要是指以下情况：若公司中的股东或合伙企业中的合伙人在先使用未注册商标并形成"一定影响"，则抗辩效力是否延及其所处公司或合伙企业。业务合作是指涉案被告通过与商标原先使用人合作的方式，原使用人之使用是否能延及业务合作人。其实这两类问题系属同一问题，归根结底均为被诉主体使用行为是独立行为还是附属行为。笔者认为这两类情况的处理方式应当参照上文对被许可人是否适格的讨论，将关联经营者和业务合作者看作独立主体，其若在申请日前使用并形成"一定影响"则认可其适格的主体地位，若不满足上述条件，则非适格主体。

2. 客观方面：商标和商品（服务）类别

在商标使用过程中难免会存在商标和商品（服务）类别的变动，经营者根据市场的需求和自身的利益调整商标使用情况，这原属正常的商业现象。但由于后出现注册商标，为保障注册商标人利益，在先使用人便不可肆意改变原先使用的商标和商品类别从而扩张其商誉覆盖范围，进而侵犯商标专用权。但不得肆意改变并不意味着不能改变，从上文所述近年来的司法案例中可见法院对客观方面的变动态度不一：有采取严格相同标准的，即有所区别就认定超出"原使用范围"；有采取相对宽松的相同标准的，即并不要求完全相同，将客观方面放松到基本相同、细微差异的标准；也有突破相同标准的情况，即对于商标标识而言，使未注册商标与注册商标相区分的改变行为成为相同标准的例外。

笔者认为不能仅因客观方面于申请日之后发生了改变就认定其超出了"原使用范围"，但也不能放任其改变程度进而侵害商标专用权人利益，改变的形态多种多样，需要具体讨论。具体而言分为两大步。

第一步，将未注册商标人改变后的客观方面与注册商标的客观方面进行对比，若改变后的商品类别与注册商标商品类别既不构成相同也不类似，那么除非涉案注册商标被认定为驰名商标，否则先使用人于申请日后的使用行为不构成侵权；若改变后的商标与注册商标既不相同也不近似，则无论涉案注册商标驰名与否，申请日后的使用行为都不构成侵权。简言之，第一步用以排除后续使用不构成侵权的情形，那些改变后所使用的商标和商品（服务）类别仍旧进入注册商标人权利范围的，则进入第二步检验。

第二步，对比未注册商标申请日前后的改变使用情况，此时要区分商品（服务）类别和商标的认定标准。

对于商品（服务）类别而言，"原使用范围"仅限于申请日前使用的商品或服务类别，不能改变使用至类似商品和服务上。这与注册商标的专用权不同，商标专用权基于其注册商标的效力，可以禁止他人在相同或类似类别的商品或服务上使用相同或近似商标，其主要目的是为了防止消费者混淆。而在先使用抗辩所使用的商品类别本就在他人商标注册之后有混淆之虞，若允许其扩展至类似商品类别，则无异于增大了混淆的可能性，这有悖于商标在先使用抗辩的立法宗旨。且先用抗辩受保护的仅为申请日前使用过程中形成的商誉，必须于特定商品类别中形成"一定影响"，但这"一定影响"并未及于类似商品，因此类似商品上的使用行为同时缺少影响力要件而不成立抗辩。

对于商标而言，情况又有不同，因为仍旧在注册商标权人的权利范围内，商标的变动是稍加改变而非大改。稍加改动意味着保留了在先使用商标的显著性特征，只进行了细节上的改动。若细节改动趋向于使之与注册商标相区别，则可推定改动行为想要降低双方商标的混淆可能性，符合商标法立法目的，应当肯定；若细节改动趋向于使之与注册商标更加近似，则可推定在先使用人在得知注册商标情况后意欲利用后者商誉，并非善意。正如上文所述，善意的判断应当是持续性的，即不但从使用开始时须为善意，使用过程中随着使用方式的改变也应当保持善意。因此在后一种情况下，应当认定商标改动超出"原使用范围"构成侵权。

3. 地域范围

正如司法实践中所表现的，有些法院将原有的地域范围限定于地级市，

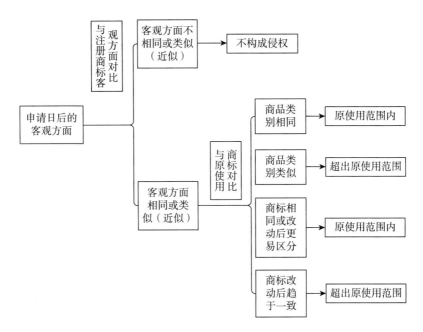

图 1　商标在使用过程中的改动情况

例如"理想空间"案将在先使用原有范围放在济南市进行讨论,[①]"蚂蚁搬家"案证成的也是在长沙市内的在先使用构成原使用范围;[②] 而有的法院将原有的地域范围限定于省级范围内,例如"豪柏"案认定原使用地域范围包括广东省内(包括广州)以及广东省外部分地区。[③] 这本无任何不妥,因为不同的未注册商标人的使用规模是不同的,问题就在于法院对地域范围的讨论太过模糊,没有给出明确的判断标准,往往是没缘由地给出了在某一地域的使用不超过原使用范围的结论。笔者认为,原使用范围应当紧紧围绕商誉覆盖范围来讨论,因此对地域范围的讨论就转换成在后使用地域是否为申请日前使用行为累积商誉所覆盖的地域范围了。因商标使用行为分为直接附着于商品或服务之上的商标使用行为和用于广告宣传等不随商品或服务流通的使用行为,其判断方法存在不同,因此下文分点展开。

---

① 参见山东省高级人民法院(2016)鲁民终 2223 号判决书。
② 参见湖南省长沙市中级人民法院(2015)长中民五初字第 00757 号判决书。
③ 参见广东省广州市越秀区人民法院(2015)穗越法知民初字第 822 号判决书。

　　针对直接附着于商品或服务之上的商标使用行为，商标使用存在于商品的销售或服务的提供中，检验商誉便要着力于商品的销售和服务的提供情况。

　　因服务提供的流动性不强，其具有更强的地域性，因此在检验服务商标商誉覆盖地域时应当着重考虑在后地域中接受服务的消费者数量占原地域中消费者数量的比例，以及在后地域中消费者数量占在后地域同行业服务提供者消费者数量的比例。只要其中之一比例数值较高，即可认定原使用地域范围延及在后使用地域。例如，有人在 A 市 B 区使用未注册商标 M 提供租房服务并产生一定影响，在他人注册该商标后在先使用人于 A 市 C 区继续使用商标 M 提供租房服务，检验在后使用的 A 市 C 区是否为 A 市 B 区商誉的延及地域，应当看在申请日之前，在先使用人是否为 A 市 C 区的消费者提供租房服务，若存在则计算该地消费者占全部消费者的比例，若所占比例较高则意味着在申请日之前先用人的美誉度已经覆盖至 A 市 C 区，若不存在消费者或消费者数量寥寥则意味着申请日之前先用人之商誉并未及于 A 市 C 区。同理，若 A 市 C 区接受 A 市 B 区提供服务的消费者占 A 市 C 区接受其他同行租房服务的消费者数量较高，也意味着在申请日之前先用人的美誉度已经覆盖至 A 市 C 区，反之则不及于。

　　对于商品商标而言，由于商品具有较强的流动性，因此除了考虑上述两个比例外，还应当考虑商品自然流通的合法性问题。① 例如，有人在 X 省生产并销售带有未注册商标 N 的商品，在他人申请注册该商标后，在先使用人所生产的上述商品经过销售进入 Y 省进行再次销售，通过检验可知在先使用所形成的商誉并不及于 Y 省，那么基于自然流通进入 Y 省的销售行为是否构成侵权？笔者认为应当允许商品流通到原使用地域范围之外，类比于商标权穷竭原则，经商标所有人同意后将带有商标的商品首次投放市场后，任何人使用或再次销售该产品将不构成侵权。该制度的意义在于促

---

　　① 所涉及的流通领域是指经过检验并不在先用商誉所覆盖的地域范围内的领域。

进贸易的顺利发展,保障商品的正常流通。① 在先使用人于原使用地的销售行为根据在先使用抗辩制度的检验是合法的,那么就不应该限制使用合法商标商品的自然流通。

针对用于广告宣传等不随商品或服务流通的使用行为,商标使用是作为广告宣传而存在的,不同于前者可通过其依附的实体商品或服务检验商誉范围,不随商品流通的商标仅可通过广告宣传情况推定商誉的覆盖范围,主要考虑广告投放渠道和数量。例如上文提供租房服务的案例,若在先使用人在申请日前于市级媒介投放大量广告用以宣传其租房服务,并且持续性投放该广告,那么可以推定其商誉延及全市范围;若在先使用人在申请日前仅于 A 市 B 区广告牌中投放广告,则可以推定申请日之前先用人之商誉并未及于 A 市 C 区。

对地域范围的讨论不仅限于上述情况,当涉及在互联网上使用商标时,有学者认为互联网没有界限,商标使用于互联网就意味着在全国乃至全世界范围内使用。② 正如上文所述,同样的观点也出现在司法实践的若干案例中。但笔者不这么认为,涉及网络情形时应当根据是否以实体产业为依托进行区别讨论。若互联网仅仅是实体产业的销售渠道,那么其地域范围的界定与线下销售并没有太大区别,并未突破地域限制。因为网络与报纸、电视台一样提供的仅仅是信息传播服务,最后的商品还是从特定地域生产发出,服务还是只在特定地域可获得。我们需要查看涉案主体提供的商品或服务最终在哪些地域形成了"一定影响",进而判断原使用范围的地域范围在哪里即可,而不应该笼统地得出"互联网突破地域限制"这一结论。若互联网并不搭载实体产业,那么其仅可能提供虚拟网络服务,在这种情况下,所有的服务均在线上完成,也就无所谓现实生活中地域范围的讨论了。

4. 使用方式

正如上文所述,"原使用范围"并不是由商标使用数量决定的,而是由

---

① 王莲峰:《商标法学》,北京大学出版社,2014,第 190 页。
② 李扬:《商标在先使用抗辩研究》,《知识产权》2016 年第 10 期。

使用行为形成的商誉所划定的。因此，对于直接附着于商品或服务之上的商标使用行为和用于广告宣传等不随商品或服务流通的使用行为的讨论也应当秉持着这一理念，进行具体分析，而非简单粗暴地以是否改变使用方式来认定是否超出"原使用范围"。

对于前者而言，原先使用的商品、包装、容器等构成了商誉的载体，在先使用人在上述载体中的使用构成在"原使用范围"内的使用；申请日后在先使用人为进行广告宣传而使用商标的行为是否符合"原使用范围"应当以商誉范围为界定标准。例如在先使用人原先在 M 市进行商品销售，并在 M 市积累了一定商誉，则后续的广告宣传方式只能限制于该市的广播、报纸等媒介，若在省级或更大范围内形成广告效果，则应认定超出原使用范围。

对于后者而言，特别是只进行了前期宣传，并没有直接附着于商品或服务之上的使用行为，若是将其使用方式限定在广告宣传而不允许使用于商品或服务上，这无疑是不合理的，因为前期的宣传就是为了后续的生产销售，不允许在生产销售时使用在先使用的商标，无疑违背了保护在先使用形成的商誉的初衷。因此，对使用方式的限定应当本着在原有商誉覆盖范围内的原则，允许在先使用人于在先宣传形成的商誉覆盖范围内继续使用，后续使用包括直接附着于商品或服务之上的商标使用行为和用于广告宣传等不随商品或服务流通的使用行为。

此外，针对线上线下的转换使用问题，司法实践大多强调线下销售转为线上销售后，突破了地域范围的限制，超出了"原使用范围"。在"卡通熊"案中，法院认为在新的销售模式下（即网络销售模式下），"原使用范围"需要重新界定，应当优先保护注册商标的专用权。[①] 但笔者认为，使用方式转变为线上方式并不一定突破了"原使用范围"，应当秉持着商誉覆盖范围的判断原则进行具体分析。若申请日前进行的线下销售仅局限在某一地域范围内，而后改采互联网销售渠道或依托互联网进行广告宣传使之商

---

① 参见河南省商丘市中级人民法院（2018）豫 14 民初 111 号。

誉扩大，这无疑突破了"原使用范围"，超出范围的行为应当认定为商标侵权。例如，线下门店在申请日后于淘宝、京东等电商平台处进行全国范围内的销售。若申请日后依托的互联网平台仅作为技术支持，销售范围依旧存在于申请日前的地域范围，则未超出"原使用范围"。例如线下门店搭载"饿了么"等外卖平台，因平台限定了配送区域，故而即使使用了新的销售模式也未超出"原使用范围"，在满足其他条件的情况下可成立抗辩。

5. 使用规模

正如上文所述，对于使用规模，司法实践中出现了两种适用极端：其一，严格限制使用规模，集中表现为只可在原址经营；其二，认定使用规模不应受限，可扩大生产规模。前者限定使用规模的适用方式不禁让人联想到现行《专利法》第六十九条第（二）项规定的专利在先使用抗辩。2009 年通过的司法解释对"原有范围"进行解释时，将之界定为原有生产规模。[①]由于专利和商标主要应用于工业商品的生产和流通领域，因此专利权和商标权统称为工业产权。[②] 这使人不由得将二者联系起来，专利在先使用抗辩制度适用已久且对本文所探讨的"原有范围"有配套的司法解释，那么专利在先使用抗辩制度能否为本文探讨的商标在先使用抗辩"原使用范围"提供类比适用呢？笔者认为，商标在先使用抗辩中"原使用范围"的界定不应限定使用规模。在先实施行为和准备实施行为均为对产品专利或方法专利的直接使用行为，从现有投入中即可认定相应实施规模，因此专利在先使用可通过现有规模或准备好的实施规模确定"原有范围"。而《商标法》第四十八条规定的商标使用方式包括了将商标直接附着于商品或服务之上的使用行为和用于广告宣传等不随商品或服务流通的使用行为，直接使用于商品或服务上的规模还比较容易界定，但使用在宣传广告中的

---

① 参见《最高人民法院关于审理侵犯专利权纠纷案件应用法律若干问题的解释》第十五条第三款："专利法第六十九条第（二）项规定的原有范围，包括专利申请日前已有的生产规模以及利用已有的生产设备或者根据已有的生产准备可以达到的生产规模。"法释〔2009〕21 号。

② 王迁：《知识产权法教程》，中国人民大学出版社，2014，第 5 页。

商标数量则难以明确，因此商标需要通过明确已形成的商誉范围来界定"原使用范围"，而商誉的界定需要综合考量多种因素，这与专利在先使用抗辩制度中通过控制原有规模来限定的做法是完全不同的。

那么这是否意味着在申请日后的商标使用可以扩大生产规模呢？这个结论大体上是正确的，只不过应当加上个小前提：在原商誉覆盖的地域范围内。换言之，扩大使用规模也并非无限制的扩大，仍旧需要在申请日前所形成商誉的地域范围内扩大规模，这才符合"原使用范围"的界定原则。可以扩大使用规模意味着只要是在原使用形成商誉的地域范围内，应当允许先用人增加产量、另设经营地点、拓宽销售渠道等，但若上述行为超过了原使用地域范围则应认定超出行为构成侵权。

三 "原使用范围"的三种适用情形

通过上文分析已基本明确"原使用范围"的界定标准，下文将进一步讨论将之应用到司法适用中的各种情形，不仅包括一般情况下"原使用范围"于在先使用抗辩中的适用逻辑，还包括在涉及商标专用权人恶意抢注时"原使用范围"的适用例外以及通过《反不正当竞争法》对未注册商标的保护模式讨论"原使用范围"的反向适用情形。

（一）"原使用范围"的一般性适用

"原使用范围"界定的意义在于审查申请日后的未注册商标使用行为是否与申请日前的参照行为一致，若存在改变则审查改变后的行为是否在可容忍的范围内，可容忍范围便以在先累积的商誉覆盖范围为判断原则。在实践中，未注册商标人改变商标使用情况是常态，正如上文所述，注册商标人尚且有擅自更改商标标识等注册事项的情况，未注册商标在缺乏商标管理的情况下更是会随商业活动的改变而改变使用情况。这种改变不仅会发生在申请日之后的使用过程中，也会发生在申请日前，因此本文将这种情况称为未注册商标的动态使用。提出"动态使用"这一概念并不是针对申请日后的被诉侵权行为，因为该行为是商标专用权人提出商标侵权诉讼的诉因，其自会提供证据证明相关使用行为。这一概念是针对申请日前在先使用人的使用行为所提出，用以明确申请日前的参照行为并非一成不变的单一使用行为，而是由经过改变的多个使用行为构成的，用以后续"原使用范围"筛选之用。因为界定"原使用范围"需要对上述五大要素进行考量，每一使用状态下的"原使用范围"是不同的。例如在涉案商标申请前，甲先在 A 市使用商标 M 并形成一定影响，后在 B 市使用商标 M 并未形成一定影响，那么甲便只可以对其在 A 市的继续使用行为提出抗辩，对其在 B 市的使用则不可提出抗辩。因此在先使用人想要证明商标专用权人提起的侵权行为是在原使用范围内，必须在申请日前找到符合现有使用状态的参照行为，该参照行为必须与被诉行为在使用主体范围、客观方面、地域范围和使用方式方面相同，或在可容忍的改变范围内，且后续使用未超过商誉覆盖面的使用规模。上述要素的满足仅用于找到初步合适的参照行为，但该参照行为必须同时满足商标在先使用抗辩制度的其他构成要件才算抗辩成立，即善意地持续使用至申请日前并产生一定影响。若不满足这一要件则需要另找满足所有界定要素的参照行为并检验其行为要件和主观要件。若最终找到符合条件的参照行为，则抗辩成功；反之则失败。笔者将之称为"筛选式检验法"，下文具体阐述适用方法。

为抗辩商标专用权人的侵权之诉，先用人会提供其最初使用涉案商标的时间 A，假设商标申请时间为 B，则 A 至 B 的这段时间便为筛选参照行为的时间段。首先，需要证明这段时间确实存在在先使用并形成一定影响的使用行为，且该使用行为是在善意状态下进行的，这是在先使用抗辩的前提，若连这一条件都无法满足，则直接认定抗辩不成立，构成侵权。例如在"城市之家"案中，法院以抗辩人的酒店成立时间晚于注册商标申请之日为由直接认定不构成在先使用。① 其次，需要根据被诉行为状态在参照的行为束中找到相对应的参照行为（参照行为 1），该行为状态需要使被诉行

---

① 参见河北省高级人民法院（2016）冀民终 483 号判决书。

为同时满足上文对"原使用范围"界定的几个要素，找到参照行为1后需要重新审核该行为状态是否满足行为要件和主观要件，若符合则以该参照行为认定被诉行为成立在先使用抗辩，若不符合则继续找寻参照行为2、参照行为3……直至筛选成功，成立抗辩；或最终筛选失败，抗辩不成立。

（二）"原使用范围"的例外性适用

1. 《商标法》第五十九条第三款与第三十二条的关系

从条款性质来看，第三十二条是权利冲突条款，用于商标申请时的异议阶段以及核准注册后的无效申请阶段，其效果是从根本上解决商标的效力问题；而第五十九条第三款的商标在先使用抗辩是侵权抗辩条款，适用于诉讼抗辩阶段，其效果是从个案效果上保护在先使用人，并不影响注册商标的效力。虽然从性质和适用效果来看，两条款存在巨大差异，但它们保护的利益又将两者紧密地串联了起来。从条文表述上来看，两者均表达了对"在先使用并有一定影响"的未注册商标的保护。而在构成要件方面，第三十二条在对未注册商标人提出要求的同时，也对商标专用权人的主观要件提出要求，必须在商标专用权人以不正当手段抢先注册商标的情形下方能适用，该行为常被学界称为"商标恶意抢注"。反观商标在先使用抗辩，其只要求在先使用人的主观状态为善意，并没有强调注册人的主观状态。由此可知，《商标法》第五十九条第三款既可以适用于商标专用权人恶意抢注的情形，也可以适用于专用权人善意注册的情形。

明确商标在先使用抗辩可以适用于恶意抢注情形的意义体现在如下两方面。其一，条款性质的差异决定了其适用程序的不同，恶意抢注条款规定于《商标法》第三章"商标注册的审查和核准"，无论是申请阶段的异议还是核准注册后的无效申请均适用商标授权的行政程序，而在先使用抗辩规定于《商标法》第七章"注册商标专用权的保护"，适用于商标侵权诉讼这一司法程序。可见两条款分别出现于行政、司法阶段，不可交错适用。如此一来，针对司法程序中查明存在恶意抢注商标的情形，法院不能适用第三十二条代替行政机关判定商标无效，只能在默认商标有效的情况下适用在先使用抗辩对先用人进行保护。其二,商标恶意抢注作为宣告商标无效的相对事由存在时间限制,应当自注册之日起五年内请求相关行政机关宣告无效,若没有在时间段内提出异议或请求宣告无效,那么在先使用人就错过了从根源上否定注册商标效力的机会,只能转而使用在先使用抗辩来对抗专用权人的侵权指控了。

2. 在先使用抗辩涉及恶意抢注时不受"原使用范围"限制

若在商标侵权诉讼中有足够证据证明专用权人以不正当手段抢注他人在先使用并有一定影响的商标,那么先用人可通过两种方式保障自身利益:其一,申请诉讼中止,向商标行政机关请求涉案注册商标无效,待行政行为作出后继续诉讼;其二,在诉讼阶段援引在先使用抗辩。前一种方法虽能从根本上解决问题,但往往耗时较长,而后一种方法正是下文着重讨论的。

在涉及商标恶意抢注时援引在先使用抗辩能够快捷地保障在先使用人的利益,但该种情况下是否仍旧要像一般适用情况一样逐一满足行为要件、主观要件以及限定要件呢?笔者认为,前两者是保障在先使用人基于使用所累积商誉的必备要件,但可突破"原使用范围"的限定要件。换言之,在满足在先使用抗辩其他要件的情况下,专用权人的"恶意"使在先使用人不必受"原使用范围"的限制,就算申请日后的使用行为超出原使用范围也不会导致抗辩失败。这主要是因为此时涉案注册商标的权利具有重大瑕疵,当有足够证据证明注册人的"恶意"时,法院虽然不能代替行政机关宣告商标无效,但基于诚实信用原则可以判定超出原使用范围的使用行为不构成侵权。简言之,在先使用抗辩得到了诚实信用原则的补强。

但此处需要强调的是,上文所述仅为抗辩构成要件层面上的"原使用范围",即申请日至主张权利日之间的使用行为即使超过了申请日前的使用范围,先用人也得根据诚实信用原则抗辩商标专用权人的侵权指控。这并不包括结果约束要件层面的"原使用范围",未注册商标不能在诉讼后继续拓宽使用范围,除非注册商标被宣告无效。注册商标被宣告无效之后,在先使用人自然不用限制其后续使用行为。但笔者认为仅仅停留在这个现状还不够,法律仅停留在注册商标被宣告这一层面,但无效之后该商标的归属问题并没有得到解决。其实在宣告无效的过程中，行政机关就应当查明恶意注册和在先使用两方面的事实，在宣告注册人丧失商标权的同时应当敦促在先使用人申请商标，将前注册人之商标权转移给在先使用人。简言之，《商标法》应当规定在宣告恶意抢注商标无效的同时，将商标权转移给在先使用人，从而更好地保障在先使用人的利益，同时维护商标注册取得制。

（三）"原使用范围"的反向适用

1. 《反不正当竞争法》对未注册商标积极权能的保护

正如上文所述，"原使用范围"给先使用人的后续使用划定了使用界限，其只能在商誉所及范围之内进行使用。但在后商标权人随着商标核准注册便享有在全国范围内使用其注册商标的权利，随着持续的使用，商标权人便可能进入在先使用人的地域范围，此时就出现了使用区域的混合。随之而来的问题是，商标专用权人是否可以进入在先使用人的原有使用范围进行使用，换言之，在先使用人能否禁止专用权人进入其原使用范围与之进行竞争。

分析到此处，可以看到不同于上文主要站在消极的角度维护未注册商标人利益，这一部分主要从积极权能的角度来分析面对专用权人进入先用人的"原使用范围"的行为，在先使用人是否可以有效维护自身的利益。对此，学界也莫衷一是，有认可商标注册人进入先用范围的（简称"支持派"），也有反对其进入先用范围的（简称"反对派"）。"支持派"的学者认为，虽然商标先用人的使用范围已经受到限制，但专用权人仍然有权利在先用人之原有市场范围内使用注册商标。[①] 也有学者从否认先用人维护权益的角度间接支持注册人进入原使用范围，其认为在先使用人仅具有抗辩权能，不能提起侵权诉讼。[②] "反对派"学者认为，在先使用人不应因他人

---

① 曹新民：《商标先用权研究——兼论我国〈商标法〉第三修正案》，《法治研究》2014 年第 9 期。

② 张玉敏：《论使用在商标制度构建中的作用——写在商标法第三次修改之际》，《知识产权》2011 年第 9 期。

的注册行为丧失对商标的使用，并且在后注册人因为注册所获的权利不应延及在先使用人所使用的区域范围。[①]

笔者认为，在商标法语境下，在先使用仅具有对抗商标注册人侵权控诉的消极性作用。这是由我国奉行的商标注册取得原则所决定的，商标权只能通过申请注册取得，在先使用产生的是一种弱于权利的法益。因此，当两种权益相冲突时，商标法更偏向于保障注册商标人权利，即注册商标人可以进入在先使用人的经营范围进行商标使用。然而，虽说商标法允许注册商标人进入先用人经营范围，但这并不意味着注册商标人可以在先用人经营范围内搭载后者商誉，从事不正当竞争。若商标注册人进入先用人经营范围从事不正当竞争，则在先使用人基于对其商誉的保护以《反不正当竞争法》为依据，诉其不正当竞争可谓正当。这种积极意义上的权利维护与在商标法语境中只能获得消极抗辩的保护并不冲突，换言之，这是两套独立的系统，它们各自提供对商标在先使用人权益的保护。而在先使用人得以诉请不正当竞争的利益范围是其在先使用形成的"原使用范围"，这便是"原使用范围"的反向适用。

2.《反不正当竞争法》适用依据之检索

我国《反不正当竞争法》于第一章规定总则性条款，其中第二条是著名的"一般性条款"，第二章则规定了若干种具体的不正当竞争行为。在适用顺序上，原则上应当适用第二章中具体行为调整竞争行为，但在满足"三要件"[②]的情况下，法院可以适用第二条一般性条款调整市场竞争行为。

统观《反不正当竞争法》，该法没有专门条款用以保护未注册商标，但通说认为，该法第六条对有一定影响的商品名称、包装、装潢仿冒行为的规制与保护未注册商标出于同一法理，这些包装、装潢在发挥其装饰功能

[①] 李阁霞：《论商标与商誉》，知识产权出版社，2014，第324页。

[②] "三要件"是最高院于"海带配额"案提出的适用《反不正当竞争法》第二条的三个条件，分别为：（1）法律对涉案行为未作出特别规定；（2）经营者合法权益确因该竞争行为受到实际损害；（3）该行为因违反诚信原则和公认的商业道德而具有不正当性或可责性。"海带配额"案参见最高人民法院（2009）民申字第1065号民事裁定书。

的同时也承担着识别功能。① 在《反不正当竞争法》修订前，由于法条对未注册商标保护的字面缺失，使许多案件的当事人不得不强行将未注册商标解释为知名商品特有的名称、包装或装潢。虽然未注册商标确实承担着相似功能，但法条并未使用兜底性用语，将未注册商标解释为名称、包装或装潢实在是术语上的扭曲。不过这一问题随着 2017 年《反不正当竞争法》的第一次修订得到了缓解，表现在两个方面：其一，第六条第（一）项添加了兜底性用语；② 其二，第六条第（四）项为仿冒行为增加了兜底性条款。③ 虽然仍旧没有专门条款保护未注册商标，但上述两项加上第二条的一般性条款已经为未注册商标的保护提供了可选择依据。

首先需要厘清的是《反不正当竞争法》一般性条款与第二章具体行为之间的关系。两者的本质区别在于适用方法的不同：前者的适用需要做定性分析，正如"海带配额"案所述，需要对损害结果、行为的不正当性或可责性进行论证方可适用；后者则是经过反复实践被验证的不正当竞争行为，不需要做定性分析。在《反不正当竞争法》第六条规制仿冒行为且存在兜底用语的情况下，对未注册商标的保护自然不应适用该法第二条。而在第六条第（一）项和第（四）项之中，笔者更倾向于适用第（一）项，因为第（一）项将保护对象归纳为包括有一定影响的商品名称、包装、装潢的"标识"，这更符合未注册商标的标识属性。而第（四）项保护的是除前三项以外的仿冒行为，在未注册商标能够获得第（一）项保护的情况下，不应当再适用兜底条款。当然此处应当排除缺乏显著特征的情形④，仅为商品通用名称、表示商品质量等特点的名称、包装和装潢不可适用。

---

① 冯术杰：《未注册商标的权利产生机制与保护模式》，《法学》2013 年第 7 期。
② 第六条第（一）项规定：擅自使用与他人有一定影响的商品名称、包装、装潢等相同或近似的标识的行为构成不正当竞争。
③ 第六条第（四）项规定：其他足以引人误认为是他人商品或与他人存在特定联系的混淆行为构成不正当竞争。
④ 参见《最高人民法院关于审理不正当竞争民事案件应用法律若干问题的解释》（法释〔2007〕2 号）第二条。

结　语

　　针对商标在先使用抗辩"原使用范围"司法适用中存在的问题，本文从范围界定和具体适用两个方面展开论述，并将整体观这一研究方法贯穿其中。秉持着不同法律但具有相同或类似性质的规则与制度之间可能存在联系的理念，本文探讨了两方面的内容。其一，反对参照专利在先使用抗辩"原有范围"的认定标准对商标在先使用抗辩的"原使用范围"进行界定，应当以商誉覆盖范围为判断原则，同时以使用主体、客观方面、地域范围、使用方式和使用规模为界定"原使用范围"的要素。对于使用规模而言，虽说不用参照专利法相关规定限定规模，但也只能在原商誉覆盖的地域范围内扩大使用规模。其二，论证了在先使用人可以依据在先使用形成的商誉阻止商标权人进入其"原使用范围"进而实施不正当竞争行为，即"原使用范围"的反向使用。在先使用人可以依据《反不正当竞争法》第六条第（一）项保护其在先使用获得的商誉。秉持着同一部法律内各个相关规则和制度之间存在联系的理念，本文探讨了"原使用范围"的适用例外，即涉及注册人恶意抢注情形时，在先使用人即使于申请日后超过原使用范围进行使用，基于诚实信用原则的考量也不应当认为抗辩失败。

　　虽然商标在先使用抗辩制度没有明确的司法解释做适用支撑，但法院在具体适用中，对"原使用范围"这一抗辩构成要件不能采取"鸵鸟"态度，应明确其作为限定要件的定位，并对其考量因素和判定标准做充分说明，积极探索其在适用中的多种价值。相信通过法院的有益探索，在不久的将来一定能够形成更加完善的"原使用范围"界定规则，切实保障市场主体的利益。

司法前沿

《知识产权研究》第二十七卷

第 249～263 页

© SSAP, 2021

论知识产权侵权警告"正当警告人"标准之构建

邓　玲[*]

摘　要：知识产权侵权警告成本低、影响大，短时间就能降低被警告人的市场活跃度，那些并没有实施侵权行为的被警告人短时间内往往无法自证清白。针对知识产权侵权警告的异化和滥用，需要建立多层次的规制体系。我国采取了反不正当竞争法规制为主的规制模式，但知识产权侵权警告正当行使的标准规范不统一、不清晰。笔者主张，知识产权侵权警告是否正当并非以所指称的被警告行为侵权成立与否作为判断依据，而应确立"正当警告人"标准，注重考量权利人是否基于真实诉讼威胁目的而发送知识产权侵权警告，考量警告主体、对象，考量警告内容的充分性，以及披露内容的清晰程度等。如果侵权警告行为得当，即使最终所谓侵权行为并不成立，警告人也无须为其正当行使了权利而承担责任。

关键词：知识产权　侵权警告　权利滥用　不正当竞争　诉讼外解决纠纷

知识产权侵权警告是知识产权权利人或自诩的知识产权权利人、利害关系人宣示权利、揭发指责他人涉嫌侵权行为、有意迫使他人停止侵权并以诉诸司法为威胁的行为。权利人可以用合理的方法来保障其独占权，排

---

[*]　云南省高级人民法院审判委员会委员、三级高级法官、研究室主任。

除他人干扰。近年来，最高人民法院在"理邦诉迈瑞案"和"双环诉本田案"两个案件中试图构建新的知识产权侵权警告正当性规则。笔者认为，我国在完善知识产权侵权警告规制体系的过程中，应注重确立"正当警告人"标准规范，可以在最高人民法院两个案例裁判要旨的基础上，进一步完善规则，以引导知识产权侵权警告行为正当行使。

一　侵权警告的异化现象

在社会普遍认为知识产权侵权现象比较严重的同时，一部分所谓的疑似"侵权者"也正在备受"维权者"的欺扰，一些权利人利用知识产权侵权警告消耗竞争对手资源，或谋求其他不正当利益的问题应引起更多关注。

（一）针对中小企业等脆弱目标的警告

一些"维权者"深谙利用知识产权侵权警告进行威胁之道，他们对知识产权的使用价值无意寻求，而是倾向于花功夫大规模、拉网式地向小经销商发出律师函或者警告信，其中许多是针对中小企业的。因为对一家较小的公司提出知识产权侵权警告及索赔往往比针对一家大公司容易得多。相反，被警告的公司规模越大，进行反击（包括反警告、诉讼或仲裁）的可能性就越大。中小企业面对强大的知识产权侵权警告的"熟练玩家"别无选择，为了避免昂贵而旷日持久的诉讼，很可能选择妥协退让。他们常常因资源不足而无法收集信息、无力支付高昂的诉讼费用，更容易受到和解的诱惑，即使明知自己没有侵权，也可能在被提起诉讼之前就达成和解，并为此支付一笔许可使用费。因此，一些学者认为，虚假陈述和彻头彻尾的欺诈已经成为知识产权领域的一个主要问题，尤其是针对个人和小企业等脆弱目标，以恶意警告制造媒体舆论、误导消费者，使其他企业背负盗版恶名，招致不必要的损失，又不真实地启动诉讼解决争端，这种行为使许多企业受了"不白之冤"。①

（二）明知对方无侵权行为的竞争策略警告

在巨大的市场和商业利益的驱使下，有的权利人将知识产权侵权警告作为一种商业策略来争夺市场份额，并消耗市场新进者的资源，行业新进者不得不退出市场。知识产权侵权警告成本低、影响大，短时间就能降低对手的市场活跃度，"先下手为强"，便可以争取到更多的交易机会，而那些被警告的企业往往百口莫辩，很难在短时间内通过法律程序有效反击。即使在之后的知识产权侵权诉讼中，被警告人赢了官司，却已经输了市场。有调查发现，专利警告可能成为决定风险投资家是否投资一家公司的主要因素。② 有 70% 的风险投资家说，他们的投资组合公司已经收到了专利警告，包括知识产权侵权警告书面函件、诉讼威胁或侵权诉讼。绝大多数受访者表示，专利警告对被警告方产生了非常显著或中等的影响，包括分散管理、消耗资源或改变商业计划。③ 类似研究发现，40% 的企业陈述，由于专利侵权警告导致企业有一项或多项重大业务受影响，如推迟招聘、改变产品或商业策略、关闭某项业务或整体业务或失去估值。④

（三）以商业牟利为目的的警告

一些"熟练玩家"可以借知识产权侵权警告将那些本无价值或者价值

---

① "N. Y. AG Reaches Settlement with 'Scanner Troll' MPHJ," https://legalnewsline. com/stories/510516838-newsinator-n-y-ag-reaches-settlement-with-scanner-troll-mphj, 最后访问日期：2019 年 1 月 5 日。

② Robin Feldman, "Patent Demands&Startup Companies: The View from the Venture Capital Community," *Hastings Research Paper* No. 75, 2013, available at http://ssrn. com/abstract = 2346338. 最后访问日期：2018 年 5 月 5 日。

③ Stephen Kiebzak, Greg Rafert, Catherine E. Tucker, "The Effect of Patent Litigation and Patent Assertion Entities on Entrepreneurial Activity," *Research Policy*, 45, 1 (2016): 218 – 231.

④ Colleen Chien, "Startups and Patent Trolls," *Stan. Tech. L. Rev*461, 17 (2014): 472.

不大的商标和版权成功运用。① 某些持有众多知识产权的公司的商业运作模式是将某一个区域的知识产权维权诉讼打包给某个律师事务所，律师事务所接受委托后，自行取证、诉讼，所得赔偿由双方分成。② 例如，权利人王某某曾公开向媒体表示，由于实用新型专利的保护期为 10 年，故大规模维权和起诉必须在 2014 年 5 月前开展。王某某并未开展实体的生产和销售，而是成了维权专家，做法是委托律师广泛调查使用和租赁有全玻璃窗墙的经营场所并取证。在收集了相关证据之后，由律师向这些商户、使用人进行口头或书面知识产权侵权警告，随之而来的是交涉、和解以及起诉。③ 大多数被律师函警告的企业只是租户，玻璃窗墙要么在租用之前就已经存在，要么由装修公司一手包办，他们甚至在接到诉状后仍不知道自己为何侵犯了专利权。2015 年 3 月 16 日，国家知识产权局专利复审委员会作出第 25444 号无效宣告请求审查决定，认为该实用新型专利之权利要求 1～9 均不具备创造性，应全部予以无效。④

二　比较法上警告行使标准的范例

知识产权侵权警告的异化和滥用引起了广泛注意，一些国家和地区构建起了多层次的规制体系。本文仅以知识产权侵权警告正当行使标准作为探讨焦点，不涉及其他规制体系中的问题。本文寻找的比较法上的样本也

① William T. Gallagher, "Trademark and Copyright Enforcement in the Shadow of IP Law," *Santa Clara Computer & High Technology Law Journal* 28，3（2011－2012）：453－498，461.
② 参见曾亮亮、姜韩《华盖创意的维权是否包含敲诈》，"搜狐商业频道" 2012 年 11 月 20 日，http://business.sohu.com/20121120/n358065290.shtml，最后访问日期：2019 年 4 月 27 日。
③ 《一个专利遭'遍地抄袭'男子'怒告'1500 家企业》，网易首页新闻中心，2015 年 4 月 25 日，http://news.163.com/15/0425/08/AO1KUSCG00014AEE.html，最后访问日期：2019 年 4 月 23 日。
④ 北京知识产权法院、北京高院分别作出行政判决，均维持国家知识产权局专利复审委员会关于宣告"全玻璃窗墙"实用新型专利无效的决定，参见北京高级人民法院（2017）京行终 402 号民事判决书。

仅围绕知识产权侵权警告正当行使具体标准展开。

（一） 美国专利法第 35 条确立的适当通知标准

在美国，停止信（cease and desistletters）、口头诉讼威胁和诉讼威胁行为均视为知识产权侵权警告，是知识产权人的私人执法行为。美国专利法第 35 条确定了适当通知标准（Criteria for Proper Notification），且该法条所规定的行使标准涉及警告人和被警告人双方。

依据美国专利法第 35 条，对于合法专利权人的权利行使推定为合法行为，且仅限于他方当事人提出"明白并令人信服"（clear and convincing）的反证时，才有可能推翻此合法行为的推定。侵权通知中侵权理由的细节必须以诚意写成，并包含足以说服"理性的人"的信息。如果专利权人遵守适当通知标准的要求，则通知应足以使理性的人相信某一产品很可能是使用在美国获得专利的工艺制造的，侵权通知中必须具体说明据称被使用的专利程序以及使用了这一专利的理由，列出合理资料，指出合理细节，公平解释判断，以解释发送人有相信侵权存在的理由。当然专利权人无须披露任何商业机密资料。总之，如果专利权人发出的侵权通知"足以说服理性的人相信产品是在美国获得专利的程序制造的"，则不存在滥用权利的问题。

美国专利法第 35 条规定收到书面通知或对知识产权侵权警告作出书面答复的人，被视为知识产权侵权警告接受者，即被警告人。如果被警告人不采取适当步骤予以回应，就意味着被警告人可能缺乏诚信，须承担侵权责任，并可能将对故意侵权和律师费负有责任。① 被警告人为谋求免责，除了迅速向适当的人转发知识产权侵权警告外，还必须获得"制造商或供应商的书面陈述"，至少从"表面上说明有充分根据的事实依据，证明所述的专利没有受到侵犯"。为了避免受到侵权通知的影响，被警告人应：（1）迅

---

① 参见美国专利法第 35 条，35 U. S. C. §287（b）（5）（A）to（D）。

速将书面通知传递给制造商（或产品供应商），索取回应信息。① 如能迅速转发，意味着相当的诚意。收到书面侵权通知的一方，如未向其使用或销售的产品的制造商（或供应商）索取回应信息，则应视为自己收到侵权通知。被警告人不采取适当步骤，就意味着其可能被认为缺乏诚信，须承担侵权责任，并可能对故意侵权和律师费负有责任。（2）"从制造商或供应商的书面陈述中识别专利未被侵犯"。② 仅仅将专利权人的知识产权侵权警告传递给制造商并不自动免除被警告人的责任，只有当收到制造商、供应商的书面陈述，且该书面陈述表面上为相信产品不侵权提供了充分的事实依据时，被警告人可以据此不承担责任。被警告人不需要超出制造商（或产品供应商）的回应范围，只需确保其"表面"的反馈令人感到有依据即可。"表面"一词可以理解为制造商需要有明确的答复和理由，说明其制造过程与专利程序不同。如果制造商只是回复其使用的是与专利不同的程序，而没有详细说明程序的细节，就不能认为其提供了充分根据的事实依据。

（二）德国民法中营业权侵害的客观标准

德国民法关于营业权侵害的规定对于知识产权权利人而言较为严苛。在侵害营业权的构成要件方面，德国要求客观上存在不合法警告即可。若权利随后被证明不存在或者无效，则主张该权利的警告人应对营业权的不法侵害承担责任。

根据德国联邦最高人民法院的一贯见解，不合法（主要是指客观上无合理根据）的警告或起诉行为，原则上是不法且会侵害民法上的营业权的，所以实践中德国构成民法营业权的侵害的案例比例较高，只有零星案例将由不正当竞争防止法规制。这种规制的价值导向是认为被警告人的利益优先于警告人，权利人可以在一定条件下行使知识产权支配权，以防止竞争

---

① 参见美国专利法第 35 条 35U. S. C. §287（b）（5）（c）（i）.
② 参见美国专利法第 35 条 35U. S. C. §287（b）（5）（c）（ii）.

者对之加以使用并因此而获有利益。然而，这种优势地位的自然推论是保护权人不能只享受权利，而是同时必须负担与其权利行使相伴的风险，即权利人必须担保其所借以限制竞争对手本可自由进行的营业的权利的存在，不论故意或者过失。既然知识产权人拥有了支配权和排他权，知识产权人自然比被警告人更有能力做出清晰的判断。相对应地，他就应当负担较高的风险和义务。德国法院将被警告人的利益优先于警告人的价值判断从对生产者、制造者的知识产权侵权警告扩展到对侵权商品的购买者的侵权警告。对涉嫌侵权人的交易相对方包括消费者进行知识产权侵权警告也会对竞争者营业权构成侵害。

德国学术界的主流意见是认同实务部门的见解，对知识产权侵权警告的构成要件加以严格要求，以此折中、平衡各方利益。少数反对意见认为，即使经过审判认定侵权不成立，知识产权侵权警告内容有误，对被警告人的营业利益造成损害，仍然不能认为知识产权侵权警告信就是违法的；且被警告人是否听从警告的要求停止生产和交易，是其可以自行判断的范围，其应当对自己的行为负责，不应主张警告发出人赔偿损失。此外，还有一些德国学者持折中观点，即被警告人应对不实警告的警告人有损害赔偿请求权，但欠缺提出禁止权利人警告的权利。① 德国也有学者常抨击法院的做法将不正当竞争构成要件移植到了民法侵权行为法上。另外一些学者却认为，这类判决的合理性在于，专利权等知识产权一方面透过排他权促进创新，另一方面也根据发明程度限定了排他权范围，范围外可以自由开展竞争。因此，滥发警告人若有故意或过失必须赔偿被警告人基于知识产权侵权警告所遭受的损害。而且，任何一个具有使用权与禁止权的无体财产权人皆有可能会负担此赔偿责任。②

① Hefermehl/KöhlerlBornkamm, *Wettbewerbsrecht*, 24. Aufl., Verlag C. H. Beck München, 2006, S. 1078. 转引自刘孔中：《解构知识产权法及其与竞争法的冲突与调和》，中国法制出版社，2015，第210页。
② 参见许忠信《知识产权侵权警告函之比较法观察——以美国法与德国法之比较为中心》，《公平交易季刊》，2008年第8期，第37页。

（三）我国台湾地区"公平交易委员会对于事业发侵害著作权、商标权或专利权警告函件之处理原则"① 中的判断标准

我国台湾地区对于知识产权侵权警告持狭义观点，仅认可书面方式的知识产权侵权警告信函。台湾地区"警告函案件处理原则"自 1997 年适用后，至今已历经 9 次修正。"警告函案件处理原则"规定具体细致、颇具操作性。第 2 条对发送警告的行为进行了法律界定。② 第 3 条、第 4 条规定以列举方式进一步明确了权利人可以发知识产权侵权警告书面函件的情形。这些规定颇为具体，且经长期实践和屡次修订，已经比较成熟和有操作性。

"警告函案件处理原则"要求权利人承担较重的审查义务，权利人能够发送知识产权侵权警告的空间较小、对象较少，也只能采取书面形式，可以说该文件对于知识产权侵权警告行为管控较为严格。其中重要的设计有以下三点。（1）发送知识产权侵权警告书面函件要取得有权机关的结论性文书或鉴定报告。我国台湾地区对于知识产权侵权警告书面函件的发送，要求取得一审判决或者专业机构之鉴定意见，如此，就会被认为已尽到相当的注意义务。日后即使该鉴定意见未被法院采纳为侵权判决的依据，也被认为是权利行使正当行为。（2）发送知识产权侵权警告书面函件要按照顺位，要先行通知直接涉嫌侵权人，然后才可以通知第三方。如此可给涉嫌侵权人申辩的机会，有利于事实的澄清和纠纷的解决，也便于涉嫌侵权人向第三方申明较客观和全面的情况。不允许权利人直接函告进口商或代理商、消费者，必得事先商请制造商停止侵权，或同时通知。③（3）对

---

① 我国台湾地区"公平交易委员会对于事业发侵害著作权、商标权或专利权警告函件之处理原则"，简称"警告函件处理原则"。

② "警告函案件处理原则"第 2 条规定：本处理原则所称事业发警告函行为，系指事业除依法律程序主张权利或排除侵害外，并通过警告函、敬告函、律师函、公开信、广告启事以及其它足使其自身或他事业之交易相对人或潜在交易相对人知悉之书面对其自身或其它特定事业之交易相对人或潜在交易相对人，指明特定竞争对手散布其侵害自身所有著作权、商标权或专利权之行为。

③ 参见我国台湾地区"公平交易委员会对于事业侵害著作权、商标权或专利权警告函案件之处理原则"（2012 年修订）第 3 条。

于警告内容,"警告函案件处理原则"的要求是充分披露,"使相对人足以了解"。①

"警告函案件处理原则"设置了对不当和滥用知识产权侵权警告的判断方法:(1)警告函中内容系以损害特定竞争者为目的,促使竞争者之交易相对人拒绝与该特定竞争者交易,而有限制竞争或妨碍公平竞争可能的;(2)警告函中的内容对其商品或服务,有虚假或引人误解的陈述;(3)警告函中内容系以损害竞争者为目的,虚假陈述足以损害竞争者的商誉。②

三 我国司法实务对警告行使标准的探索

目前,我国法院在反不正当竞争法框架下,以商业诋毁、虚假宣传、一般不正当竞争行为处理知识产权侵权警告争议时,呈现出不同思路。

(一)客观标准

有的法院认为知识产权纠纷判断是专业性较强的事项,故对此类"未决事项"进行警告本身就是不谨慎、不正当的。有的法院围绕知识产权侵权警告所指称的侵权行为是否确凿来判断知识产权侵权警告的正当性,即如果知识产权侵权警告的内容与之后侵权诉讼、行政确认诉讼结果相悖(侵权行为不成立、知识产权被宣告无效或被撤销),则认为权利人"捏造、散布"了"虚伪事实",以此认定权利人发送知识产权侵权警告的行为构成

---

① 参见我国台湾地区"公平交易委员会对于事业发侵害著作权、商标权或专利权警告函案件之处理原则"(2012年修订)第4条:"始发警告函者,为依照著作权法、商标法或专利法行使权利之正当行为:

(一)发函前已事先或同时通知可能侵害之制造商、进口商或代理商请求排除侵害。(二)于警告函内叙明著作权、商标权或专利权明确内容、范围,及受侵害之具体事实(例如系争权利于何时、何地、如何制造、使用、贩卖或进口等),使受信者足以知悉系争权利可能受有侵害之事实。事业未践行前项第一款排除侵害通知,但已事先采取权利救济程序,或已尽合理可能之注意义务,或前项通知已属客观不能,或有具体事证足认应受通知人已知悉侵权争议之情形,视为已践行排除侵害通知之程序。"

② 参见我国台湾地区"公平交易法"(2011年修订)第19、21、22条以及第24条。

商业诋毁、虚假宣传。"客观标准"将知识产权侵权警告的合法性与后续相关诉讼相关联的裁判思路是严格的法条主义逻辑，有一定的合理性，对于以维权之名行不正当竞争，打压竞争对手、抢占市场的滥用知识产权侵权警告行为能起到遏制作用。但是，这种裁判思路的缺陷也十分明显，即过于苛求权利人对侵权事实的预判能力，维权者的预判能力需要等同于侵权纠纷的裁判结果，必然使权利人负担过重，行使权利小心翼翼。带来的后果是知识产权行使和协商解决纠纷途径被过度限缩。

"客观标准"下，对于知识产权侵权警告是否构成商业诋毁主要考量两点。一是被诉行为是否"捏造虚伪事实"，假如知识产权侵权警告所诉的侵权行为得到另案的事实支持，即侵权案件中权利人胜诉，则知识产权侵权警告当然没有捏造事实，反之，则属于"捏造虚伪事实"。二是权利人是否存在过错，如果没有事实依据而捏造事实，其主观上就是存在过错。在这样的思路下，从被警告人在诉讼中被判定为不构成侵权，就自然而然地可以推导出先前权利人发出的知识产权侵权警告与法院认定的事实不相符，当然成就了"捏造、散布虚伪事实"这一不正当竞争的客观要件，而客观上的"捏造、散布虚伪事实"可以再进一步推导权利人主观上存在过错。暗含的逻辑是，知识产权侵权警告所诉侵权不成立，等同于知识产权侵权警告"捏造、散布虚伪事实"，等同于警告人明知而故意发函警告，从而可以推定其具有主观恶意。

"客观标准"长期为我国法院所采用。"客观标准"不问知识产权侵权警告的行为意图和目的，只要知识产权侵权警告内容有误，必然对被警告人和社会竞争造成损害，知识产权侵权警告自然就是违法的；严格依据法条规定进行逻辑推理，将侵权构成与否和"捏造、散布虚伪事实"进行直接逻辑关联。许多学者和法官认为，这种标准不仅于法有据，即紧扣反不正当竞争法的条款，而且对于遏制知识产权侵权警告的滥用势头有积极意义。"客观标准"是适用反不正当竞争法第 14 条的必然逻辑，故这种规则也获得学界的一些支持。

然而，"客观标准"缺陷也很明显。其一，《反不正当竞争法》条文中并没有过失推定的适用，这种推理过程难免武断。其二，该规则侧重保护被警告人的利益，权利人维权的风险过高。谁都无法代替司法机关的判断，谁对侵权诉讼的结果都无法精准预料。"客观标准"过于苛求权利人对于本来就存在模糊性的知识产权边界和侵权事实具有高精度的预判能力。如此，将大大限制私权的行使，因为只要以发送知识产权侵权警告的形式行使知识产权，权利人就有较高的败诉风险，必然导致诉讼外的协商解决途径无法畅通，权利人只能等待法院裁决，除此别无他法。这带来的后果是，知识产权行使和协商解决纠纷途径被过度限缩。

（二）具备较高真实性标准

最高人民法院在"理邦诉迈瑞案"① 中对地方法院长期适用的严格"客观标准"予以摒弃，发展出新的知识产权侵权警告正当性、合法性的判断标准，笔者将其称为"具备较高程度真实性"标准。

最高人民法院在"理邦诉迈瑞案"中认为，专利侵权警告这种单方意愿，无法做到对侵权事实的确凿，法律如果苛求其单方意愿、单方表态的内容与侵权诉讼的结果毫无疑义得相同，则是强人所难。专利权本身在效力上确定性不足，而侵权判断又十分专业，所以不可要求过于绝对，知识产权侵权警告所述内容的确定性程度应当根据具体情况把握。权利人应当具有真实的、善意的目的发送知识产权侵权警告，权利人自己应当已有充足的理由与事实确信被警告人正在实施或者即将实施侵害行为。依据"具备较高真实性标准"，对于知识产权侵权警告正当与否的认定，应当考察知识产权侵权警告行为是否出于真实维权意图、是否充分披露了自身知识产权、是否披露了侵权对比情况、是否善尽警告人义务等。

---

① 案件的起因是在理邦公司上市的关键时期，迈瑞公司提起了23件专利侵权和1件侵权商业秘密诉讼，在诉讼期间迈瑞公司一部分专利被无效，最后一审迈瑞公司只有一件胜诉。之后理邦公司遂以迈瑞公司侵权警告不当以及其法定代表人接受媒体采访构成不正当竞争提起诉讼。参见最高人民法院（2015）民申字第191号民事裁定书。

（三）尽到合理的注意义务标准

最高人民法院在"双环诉本田案"[①] 中遵循与"理邦诉迈瑞案"中基本相同的思考进路，但更加偏向对知识产权侵权警告之目的考察，确立了新的知识产权侵权警告判断标准——行为人是否尽到了合理的注意义务，即使此后警告中所指责的侵权行为并不为法院认可，只要警告人在警告时有合理的理由认为侵权行为存在，其发出的警告就属于正当行使知识产权权利。这一最新规则似乎借鉴了美国司法注重考察主观目的传统，将知识产权侵权警告应当"有维权的目的"作为判断要素之一，降低了"理邦诉迈瑞案"中提出的知识产权侵权警告对所指责的涉嫌侵权事实有较高程度确定性的要求，强调对知识产权侵权警告目的之考查，以此试图平衡警告人与被警告人的利益，反映出对知识产权侵权警告行为本身行使是否适当的判断核心的回归。

四　"正当警告人"标准的设想

我国采取了反不正当竞争法规制为主的规制模式，但现阶段知识产权侵权警告正当行使的标准规范不甚清晰。笔者建议以最高人民法院两个案例裁判要旨为基础，进一步完善规则，在司法解释或司法政策中确立"正当警告人"标准。

（一）"正当警告人"标准的基本构想

其一，知识产权侵权警告是否合法、适当并非以被警告行为侵权成立与否的结论为判断依据，而要遵循知识产权侵权警告正当与否的衡量标准。其二，权利人发送知识产权侵权警告之目的不能是竞争和抢占市场，而应

[①] 参见最高人民法院（2014）民三终字第 7 号民事判决书；（2016）最高法民申 361 号民事裁定书。

当限于维护其自身知识产权，阻止被警告人继续侵权，或者与警告人开启沟通，协商解决双方的知识产权纠纷之目的。其三，判断知识产权侵权警告行使的合法性，要重点考量警告内容的充分性和指正侵权行为的明确性；内容不应空泛、笼统，应当披露权利人的身份、权利的有效性、保护范围以及其他据以判断侵权的信息。权利人在特定时机向经销商发送知识产权侵权警告时有审慎义务，披露内容更应清晰、具体，否则将有碍于公平竞争的交易秩序。其四，权利人发送知识产权侵权警告行为如果得当，且不存在过错时，即使最终被警告的所谓侵权行为不构成侵权，知识产权侵权警告也应不属于滥用权利，警告人无须承担赔偿责任。

（二）"正当警告人"实质要件

"正当警告人"实质要件是知识产权侵权警告应基于真实诉讼威胁目的。（1）警告人在作出知识产权侵权警告行为时相信其知识产权有效，且相信其权利受到了侵害；（2）权利人发送知识产权侵权警告的目的在于让警告对象知悉存在可能侵害他人权利的事实，自行停止侵权或与权利人积极沟通、协商解决纠纷，若被警告人无意停止侵权，将面临被起诉的风险。明知没有侵权之虞而发送知识产权侵权警告的行为，不能认定为是正当行使。

此外，知识产权侵权警告的行文要达到引起法律纠纷的程度方能构成诉讼威胁，警告中需要明确被警告人具体侵犯了权利人的哪项知识产权，其权利范围是怎样而侵权行为又是如何，同时要明确提出停止侵权的要求，示明若其不停止将诉诸法律。如果权利人发送的函件仅仅是告知对方自己相关知识产权权利的存在，询问情况、了解态度，那可能仅仅是一种许可授权的要约行为，只要没有诉诸法律程序的明确意思表示，均难以构成合法有效的警告。

（三）"正当警告人"形式要件

就发出的主体而言，通常他们应当是那些有诉权的人，即警告发布者应当能以自己的名义作出该行为。因为知识产权侵权警告作为一种诉讼威胁，其行为人要有制止侵权行为的资格。根据理论和相关立法，知识产权诉讼中，只有权利人和独占被许可人、排他被许可人有资格以自己的名义提起侵权之诉，具有提起知识产权侵权诉讼的权利，他们自然也享有发送警告的权利。此外，权利人的合法继承人依据我国相关法律也应当享有发出警告之资格。

知识产权侵权警告的发送对象（被警告人）应当限于涉嫌侵权行为的实施者和间接侵权人。目前司法中将上级行政管理部门、潜在交易相对人、行业协会、社会公众作为警告对象，无疑纵容了警告人利用知识产权侵权警告损害他人商誉，谋取竞争地位，故笔者认为，对警告对象的范围应予以限缩。

在内容上，知识产权侵权警告须尽到谨慎义务，力求有凭有据。实务上，判断知识产权人所发警告是否为权利的正当行使，首先应看警告函明确与否。知识产权侵权警告所指称的侵权行为可以是司法判决的已决事项（法院已通过裁判的方式确认侵权事实成立与否），也可以是未决事项（法院对此侵权行为成立与否尚未作判断）。对司法判决的已决事项进行警告，则警告人无须再履行另外的调查义务，只以判决为依据即可。对于未决事项，知识产权侵权警告中的事实是权利人的单方认识，须尽到谨慎义务和调查义务。知识产权侵权警告要表明警告人是权利主体，需提供证明自身权利有效性和权利保护范围的依据，并需提供被警告人的基本侵权事实，以供对方判断之用。（1）告知权利名称、权利登记号、有效期、权利范围、归纳特征等，如果警告人不是原始权利人，也需予以披露，以防止警告对象误以为其为无关人员而不予理睬。（2）告知侵权行为的具体情况，并进行简要比对。有系列产品的时候，知识产权侵权警告中应当指明侵权产品名称、产品型号、侵权部件等。（3）指明侵权行为的性质、触犯了哪些法律条款，如不能妥善解决需要承担什么法律责任，等等。（4）应区分权利类型作不同的考量，并根据警告对象是制造商还是制造品的使用者的不同在个案发函时周遭情况的不同而综合判断。通常，那些未经实体审查的权利（例如版权、实用新型等）之权利人，负较高的调查义务；对客户或经销商发函有更高的审慎义务，要充分详细披露权利情况，不得误导警告对象。总之，不宜僵硬判断。

综上，知识产权侵权警告作为一种权利的行使方式，本身存在着警告人与被警告人、权利人与公共利益的冲突与平衡。在"度"的把握上，如果标准过于严格，意味着国家管控积极介入，势必使权利人负担过重，无异于鼓励专利权人等知识产权人直接向被指侵权人提起诉讼。因此，笔者建议以"正当警告人"标准构建知识产权人之行为边界。

《知识产权研究》第二十七卷
第 264~271 页
© SSAP，2021

涉计算机软件纠纷类型案件的裁判要旨分析

吴月琴　何　鑫 [*]

摘　要： 开发成果是否交付、交付内容是否符合约定、履行中的变更是否已经达成合意、迟延履行应当如何认定等问题是目前司法实践中法院审理涉计算机软件案件的主要争议焦点。对于开发成果是否交付，一般由计算机软件开发方承担举证义务，但在委托开发方导致计算软件开发方无法举证的情况下，由哪方承担举证义务存在争议。交付内容是否符合约定，一方面涉及技术鉴定的问题，另一方面则涉及对合同条款的解释。关于履行中的变更是否已经达成合意，主要问题是计算机软件开发方未明示承诺或拒绝的情况下，是否存在有效的承诺。关于迟延履行的判断，委托方是否需对受托方迟延交付计算机软件承担责任则是主要难点。

关键词： 计算机软件开发合同　《合同法》　委托合同

一　涉及算机软件合同案件中的主要争议焦点

　　2020 年 4 月 16 日，最高人民法院知识产权法庭发布《最高人民法院知识产权法庭年度报告（2019）》（以下简称《报告》），总结了知识产权法庭成立一年来的审判工作，并对主要案件特点与争议焦点进行了归纳。其中，

---

[*]　上海华诚律师事务所律师。

有关计算机软件的案件成为《报告》的总结重点。根据《报告》，计算机软件合同案件占涉计算机软件案件总量的80%以上，而该类案件的争议焦点则集中在开发成果是否交付、交付内容是否符合约定、履行中的变更是否已经达成合意、迟延履行应当如何认定等问题上。[①] 而导致上述问题产生的原因，主要是合同约定模糊、履约标准难以确定。因此，无论对于委托开发方或是软件开发方来说，签订清晰完备的计算机软件开发合同对防范纠纷发生并切实维护自身利益具有重要作用。本文针对上述问题，立足于法院审判实践中相关争议的认定标准，力图厘清涉计算机软件开发合同中的风险要点，并为规避上述风险提供一定的建议。

二　开发成果是否交付

开发成果是否交付是该类案件中常见的争议焦点，在认定交付成果是否符合合同约定、当事人是否存在违约行为等事实中，开发成果是否交付也是前置需要解决的争议点。该争议焦点主要涉及举证责任的分配。由于交付行为是积极事实，应当由主张开发成果已经交付的一方承担举证责任。在诉讼中，一般均为软件开发方主张开发成果已经交付，此时需要由开发方提供软件交付的相关证据。一般而言，在开发方交付委托开发软件后，委托方均需出具交付确认书，因此若开发方在诉讼中提交符合合同约定形式的交付确认书，即可认定其已经尽到了相应的举证责任，此时则应由委托方举证软件并未交付。如在上海匡丞企业管理咨询有限公司诉高腾斯佳计算机软件开发合同纠纷上诉案中，法院认为，在开发方高腾斯佳提供录音以及确认验收合格证明以证明匡丞公司对涉案产品进行确认的情况下，委托方匡丞公司未能提供证据证明其确认交付系受到开发方诱导或涉案产

---

① 参见最高人民法院《最高人民法院知识产权法庭年度报告（2019）》，http://ipc. court. gov. cn/zh-cn/news/view－308. html，最后访问日期：2020年4月18日。

品并未实际交付，此时应认定涉案产品已经交付。①

在某些软件开发过程中，开发方会通过在云服务器上部署软件的形式向委托方交付软件，此时发生争议，法院仅需在云服务器上验证软件是否实际部署即可确认软件是否交付。然而在实践中，由于租用云服务器需要支付费用，在发生争议时，云服务器租赁方（通常为委托方）停止支付租金将导致法院无法登陆云服务器进而验证软件是否实际交付。此种情形下，若开发方提供初步证据证明其已经交付软件，但无法通过云服务器验证软件是否实际交付，在无相反证据的情形下，法院可以直接认定软件已经交付。问题在于，若开发方无法提供证据证明软件已经交付，同时由于委托方停止支付租金导致无法登陆云服务器，在无法验证软件实际是否交付的情形下，此时法院要么根据"谁主张谁举证"的原则认定开发方承担举证不能的责任，要么则要求导致云服务器无法登陆的委托方承担举证不能的责任。② 这将为双方维护权利带来极大的不确定性。

三　交付内容是否符合约定的认定

有关交付成果内容是否符合合同约定的认定，一方面涉及技术层面的认定，另一方面涉及对合同内容的理解。部分委托方对计算机专业技术及术语缺乏一定了解、双方仅对交付成果应具备的功能进行了框架性描述或双方未能仔细审查合同条款，导致在签订合同过程中会出现就交付成果要求约定不明或双方对交付成果要求理解存在偏差的情形。因此，在司法实践中，除对涉案软件进行技术上鉴定以查明事实外，对合同条款的理解也

---

① 参见上海知识产权法院（2016）沪民终 389 号上海匡丞企业管理咨询有限公司诉高腾斯佳计算机软件开发合同纠纷二审民事判决书。

② 要求委托方承担举证不能责任的依据主要是《最高人民法院关于民事诉讼证据的若干规定》第九十五条确立的证明妨碍制度。但根据骆永家教授的观点，证明妨碍制度要求不负举证责任之当事人在以作为或不作为方式陷负有举证责任当事人于举证不能状态时存在故意或过失。而委托方停止支付租金存在避免成本增加的理由，是否存在主观故意或过失或该理由是否属于正当理由，仍有待讨论。

是法院作出裁量的重要依据，这就涉及合同解释问题。

根据《合同法》第一百二十五条第一款规定，当事人对合同条款的理解有争议的，应当按照合同所使用的词句、合同的有关条款、合同的目的、交易习惯以及诚实信用原则确定该条款的真实意思。即可以通过文义解释、体系解释、目的解释并结合行业交易习惯实现对合同条款的解释。在王彬诉上海涵予信息科技有限公司计算机软件开发合同纠纷一案中，双方合同约定交付软件包括聊天与购物板块，合同1.3条进一步约定聊天板块包括：我的好友，查询好友（按条件搜索、好友申请、申请提醒）、在线聊天（聊天列表、聊天界面）。但涵予公司交付软件仅有聊天与购物界面，对于合同约定的聊天、购物板块是否不包括聊天与购物功能，一审法院指出"从上述'按条价搜索、好友申请、申请提醒'等约定看，聊天板块不应仅仅具备聊天界面，还应具备实际的聊天功能"。此处法院运用了文义解释的方法对合同条款进行了解释。

此外，合同解释的工作应遵循严格的顺序，文义解释应当是最先运用的解释方法，然后则是体系解释，最后是根据合同目的、交易习惯以及诚实信用原则进行解释。①

四 履行中的变更是否达成合意的认定

在计算机软件开发过程中，委托方的需求可能会发生变化，此时委托方会要求开发方对软件进行调整，如增加功能模块等。此时若发生争议，委托方则会主张开发方未满足委托方变更的需求而构成违约。在济南艾雅信息系统有限公司诉济南凤凰新锐科技有限公司计算机软件开发合同纠纷一案中，委托方艾雅信息系统有限公司主张开发方凤凰新锐科技有限公司

---

① 如在北京市第二中级人民法院（2019）京02民终2834号民事判决书中，法院指出"解释合同必须先由词句的含义入手，在词句的含义有歧义或不同理解的情况下，方能再按照合同的有关条款、合同的目的等进行解释"。

交付的软件未满足其在合同履行过程中提出的新开发要求及功能，构成违约。同时，开发方也可能主张委托方未支付软件开发过程中新增功能、项目的款项而构成违约。[①] 在上海凯岸信息科技有限公司诉上海麦易信息软件有限公司计算机软件开发合同及买卖合同纠纷一案中，开发方麦易公司提起反诉要求委托方凯岸公司支付后续增加的"车贷"项目开发费用。[②] 此时法院在审理过程中则会重点审查双方是否就合同变更达成合意。

根据《合同法》第七十七条第一款，当事人协商一致，可以变更合同。因此，判断委托方与开发方是否就合同变更达成一致，即是判断双方是否存在合同变更的有效要约与承诺。实践中通常出现争议的情形是，一方发出变更合同的通知（如要求对软件功能进行调整或变更开发费用等），另一方未明示同意或拒绝，此时双方达成合意的状态成为法院的审查重点。根据《合同法》第二十二条规定，承诺应当以通知的方式作出，但根据交易习惯或者要约表明可以通过行为作出承诺的除外。即除当事人约定或依交易习惯外，承诺应当以明示方式作出。据此，开发方若对委托方的变更要求保持沉默，则不应认定双方就合同变更达成合意。前述凯岸公司诉麦易公司案中，法院指出，"本案中并无证据表明凯岸公司或者麦易公司曾以书面形式，明确车贷属于涉案开发软件的'新增项目'。……如车贷项目属于凯岸公司的新增需求……应当由双方当事人书面协商确认。因此，在无双方当事人书面确认车贷项目属于涉案开发软件'新增项目'的情况下，仅凭麦易公司在《下周工作计划（2015/8/3－7）》车贷项目中的'增量'字样，并不能得出车贷项目属于涉案开发软件"新增项目"的结论"。当然，若开发方虽未明确表示同意委托方变更合同的要求，但实际履行了相关软件开发要求，则应当认为开发方以默示的方式做出了承诺，双方已就合同的变更达成了合意。

[①] 参见山东省济南市中级人民法院（2018）鲁01民初2334号济南艾雅信息系统有限公司与济南凤凰新锐科技有限公司计算机软件开发合同纠纷民事判决书。

[②] 上海知识产权法院，（2016）沪73民初730号民上海凯岸信息科技有限公司诉上海麦易信息软件有限公司计算机软件开发合同及买卖合同纠纷民事判决书。

五　迟延履行的认定

在计算机软件开发合同中，双方通常会确定软件的交付时间，并约定开发方迟延交付软件将构成违约。因此，开发方迟延履行交付软件的合同义务，成为委托方主张开发方构成违约的主要理由。然而开发方未及时交付软件并非开发方构成违约的充分条件。在部分案件中，开发方以其迟延履行系因委托方过错导致作为抗辩理由。若法院认定委托方在开发方的迟延履行中存在过错，则会减轻开发方的违约责任甚至认定开发方不构成违约。此种情形下，如何认定委托方责任成为法院审理该类案件时的难点。

在北京中易游网络科技有限公司诉北京盛世星辉网络科技有限公司计算机软件开发合同纠纷一案①中，委托方中易游公司主张盛世星辉公司未能及时交付软件构成迟延履行。盛世星辉公司抗辩称系因中易游公司多次提出修改及增加端口要求导致其未能按时交付软件，因此其不构成迟延履行。法院审理后认为，双方未能在合同履行初期制定《项目说明书》与软件开发计划，均存在过错。而中易游公司作为委托方，负有积极督促盛世星辉公司及时协商制定软件开发计划并依照开发计划在每一个阶段检测和验收盛世星辉公司开发的阶段性产品的义务。未能制定《项目说明书》与软件开发计划导致开发方不能按期交付软件的风险和难度增加。此外，现有证据不能证明中易游公司多次要求盛世星辉公司修改软件的原因系盛世星辉公司完成的工作不合要求所致。基于以上原因，开发进度被延宕的原因不应简单归责于盛世星辉公司。该案给我们的指引是，委托方应当在计算机软件开发合同签订初期明确己方的功能需求，并同开发方明确软件开发标准，避免因自身原因导致项目进程延宕。

---

① 最高人民法院（2019）最高法知民终 433 号北京中易游网络科技有限公司诉北京盛世星辉网络科技有限公司计算机软件开发合同纠纷二审民事判决书。

六　几点启示

从上述分析，我们知道了法院在解决上述争议中主要的关注点。对于企业来说，了解上述问题对于如何签订以及履行计算机软件开发合同将有很多启示。

正如本文开头提到，合同约定模糊、履约标准难以确定为合同的履行埋下了巨大隐患。因此，针对前述问题，在合同签订阶段，我们建议企业应当至少做到三个"明确"，即明确开发需求、明确交付方式、明确验收标准。

明确开发需求一方面可以使开发方更清晰了解委托方对于委托开发软件的现实功能需求，进而更加高效地开展软件开发工作；另一方面便于为双方在软件开发过程中就软件功能的调整进行沟通提供原则性的指引。而明确开发需求，可以通过开发方对委托方进行需求调研等形式展开。需求确定后，双方应当通过软件开发的《项目功能说明书》或软件开发计划等书面文件对需求予以确认，对功能模块的描述应当做到详细、具体、清晰。

明确交付方式，包括明确交付的时间、交付的地点、交付所需的文件、交付的流程等内容。根据实际需要，双方也可以约定作出特定动作即表示交付完成，如委托方发出交付确认书、软件由开发方部署在云服务器上或软件实际运行等。需要提醒的是，由于在实践中法院通常通过交付确认书确定软件是否已经交付，而委托方作为主张消极事实的主体提供反证存在较大难度。因此委托方应在确认软件已实际交付的基础上发出交付确认书，避免因在交付流程上的疏漏而在争议发生时处于被动地位。

明确验收标准，在合同签订阶段双方应当对软件验收标准进行约定，并着重对各项技术指标进行量化，必要时可以约定由第三方对软件是否符合开发标准进行验证。

在中易游网络科技有限公司诉盛世星辉网络科技有限公司案中，法院为委托方在合同履行阶段如何开展工作提供了指引。即根据在合同签订前期确定的软件开发计划等文件，依据约定的时间节点，在每一个阶段对开发方的开发工作进行检测和验收。此外，虽然在软件开发过程中，委托方需求根据软件阶段性完成情况、市场变化等原因变更属于正常情况，但由于频繁性的需求变更可能导致开发方难以按时交付软件，因此需求的变更应当控制在合理范围内。对于开发方而言，若由于委托方需求变更等原因已经可以预见到难以在约定时间内交付软件，则应及时与委托方进行沟通，延长交付期限，避免争议的发生。

此外，在合同履行过程中双方应当注重沟通，并留存沟通书面记录。如开发方留存告知委托方项目进度的往来邮件、委托方留存开发方进度的阶段性验收结果报告以及开发过程中软件存在的问题等。若涉及对合同内容的变更，双方应当通过书面形式确认约定的变更，尤其当委托方开发需求变更时，开发方应当同委托方进行正式的书面确认，避免争议发生时陷入难以证明交付软件成果符合约定的被动境地。

《知识产权研究》第二十七卷

第 272~291 页

© SSAP，2021

知识产权惩罚性赔偿制度之功能辨析

江　波[*]

　　摘　要： 2020 年全国人大公开的《著作权法（修正草案）》《专利法（修正草案）》标志着惩罚性赔偿制度在知识产权领域的全面确立。但对于惩罚性赔偿的理论争议从未停止，其中关于惩罚性赔偿功能的理论争议尤甚。本文试图从知识产权的自身特点出发，分析惩罚性赔偿制度在知识产权中的功能。

　　关键词： 惩罚性赔偿制度　知识产权　惩罚性赔偿功能

前　言

　　2020 年是著作权法颁布实施的第 30 个年头，也是酝酿十年之久的著作权法第三次修改迈出重要一步的一年。相较前两次被动的修法，这次修改是以国家发展现实需求为导向的主动修订，以期打破当前著作权法实施过程中所面临的诸多司法困境。其中，一个重要修改是在著作权法中首次规定惩罚性赔偿制度，以提高违法成本，有效保护著作权人的利益。[①] 著作权

---

　　[*]　涉外法务工作人员，常驻尼日利亚。
　　[①]　参见《中华人民共和国著作权法（修正案草案）》第 53 条："对故意侵犯著作权或者与著作权有关的权利，情节严重的，可以在按照上述方法确定数额的一倍以上五倍以下给予赔偿。"

法并非首个引入惩罚性赔偿制度规定的，2013 年商标法修订，首次在知识产权中引入惩罚性赔偿制度。无独有偶，专利法也在本次公布的修正案中引入惩罚性赔偿制度①，这标志着惩罚性赔偿制度在知识产权领域的全面确立。

惩罚性赔偿作为侵犯知识产权的救济手段之一，其确立无疑强化了对知识产权的保护力度。2019 年商标法修订案规定：对故意侵权人，情节严重的，按照上述计算方法确定 1 至 5 倍的赔偿额。从条文来看，"故意""情节严重"抑或"确定 1 至 5 倍的赔偿额"，留给法官的主观随意性都较大。2013 年修订的商标法在司法实践中存在惩罚性赔偿与法定赔偿适用界线不明、赔偿金额标准不统一等问题，这导致惩罚性赔偿制度在司法实践中适用困难。因此，本文试图从制度本身出发，透过惩罚性制度本身的定义及其功能的辨析，溯本正源，理清该制度在知识产权中的功能，明确该制度如何发挥作用，以期为后续的司法实践提供指导，发挥该制度应有之功效。

一 惩罚性赔偿的定义

惩罚性赔偿在当今的法律规定中，其实质含义已经明朗，但由于该制度具有长达 250 多年的发展历史，因此在历史的发展中呈现出不同的表述方式。这些不同的表述，反映的是该制度在不同历史时期所承担的不同功能。如在 Fay v. Parker 一案中，福斯特法官即以痛苦金（Smart Money）的称谓来表示惩罚性赔偿金制度，表示任何人都有不受伤害的权利，倘若他人遭受不法伤害，可以请求此种赔偿金使不法行为人感到痛苦。② 该称谓反映了其惩罚不法行为人并使其产生痛苦的作用，体现了强烈的报复主义观。此

---

① 参见《中华人民共和国专利权法（草案二次审议稿）》第 72 条："对故意侵犯专利权，情节严重的，可以按照上述方法确定数额的一倍以上五倍以下确定赔偿数额"。

② 参见 53 N. H. 342（1872）。

外，惩罚性赔偿制度还经常使用报复性赔偿（Vindictive Damages）、刑事的赔偿金（Penal Damages）、刑罚性赔偿金（Punitory Damages）、报应性赔偿（Retributory Damages）等诸多称谓。

在惩罚性赔偿制度的早期定义中，其被称为"刑事性赔偿金"，"损害赔偿的一个种类，被称为痛苦金、推测性、虚构性、推定性、惩戒性、复仇性的赔偿金；而这些赔偿金仅在不法行为具有恶意时才能适用，并且需由陪审团在无偏激或激情的情形下，依其自由裁量权，根据其恶意的程度来确定数额，以防止未来类似事件的发生。陪审团认为被告意图伤害原告的行为是故意（Willful）、放任的（Wanton）或恶意的（Malicious）时，通过赔偿金对其给予惩罚并设立典范，刑事性赔偿金因而与实际赔偿金有差异"。①

由于历史的原因，惩罚性赔偿制度并不存在一个统一的称谓，而当前比较通用的是惩罚性赔偿（Punitive Damages）及示范性赔偿（Exemplary Damages），前者是美国各州使用的普遍称谓，后者是英国使用的称谓，前者表明该赔偿金的目的是惩罚，后者则是建立示范用以警示。不过，当今普遍承认惩罚性赔偿制度的惩罚与遏制功能，使得这两种称谓无甚区别，可以交替使用。

《布莱克法律词典》（*Black's Law Dictionary*）第八版将惩罚性赔偿定义为："指因被告恶意、轻率或者欺骗的行为，法院判给被害人超出实际损失的赔偿，其目的是惩罚不法行为人，遏制其他人做出不法行为。"② 再如，《牛津法律英语大词典》（*The Oxford Companion to Law*）对示范性赔偿的定义为："一种重要的损害赔偿方式，或是对填补性损害赔偿的一种重要补充。其主要是用以表明法院或陪审团对被告有意的、严重的或野蛮的侵权行为的否定性评价。"③ 基顿教授将惩罚性赔偿定义为："在完全填补原告的损失外，兼有惩罚该被告之目的，以教育其不再犯，且起到遏制他人不再

---

① Cyclopedia of Law and Procedure 1263 (1904), as quoted in Blatt et al., supra note 14, at 10.
② Bryan A. Garner Editor in chief, *Black's Law Dictionary*, 8th Edition, Thomson West, Aspatore Books, 2009, p.418.
③ 戴维·M. 沃克：《牛津法律大辞典》，李双元等译，法律出版社，2003。

实施类似不法行为"；① 欧文教授则将其定义为："透过民事诉讼的方式给予原告填补性赔偿金之外的一种金钱性赔偿金，用以惩罚被告粗暴的不法行为且遏制他人在未来从事相同的不法行为。"②

综上，可见惩罚性赔偿制度是一个历史概念，存在诸多不同的表述，但是作为一个概念，其最为核心的内涵大体而言是统一的，即对存在主观恶意的不法行为，法院判处其超出原告所受损失数额的金钱。

二 惩罚性赔偿的功能

功能一词在现代汉语词典中的表述为："事物或方法所发挥的有利作用。"③ 从社会学角度，功能是指 "从客观地位去看一项行为对个人生存和社会完整上所发生的作用。"④ 而根据涂尔干的理解，功能一词有两种不同用法。其一，指一种生命运动的系统，而不是运动本身的后果；其二，指这些运动与有机体的某种需要之间的相应关系。而目的或意图这些词，就假设有个既定的结果，某个行为就是为了这个结果而存在的。⑤ 惩罚性赔偿的功能显然系指后者，即惩罚行为本身与权利保护之间的一种相应关系。惩罚性赔偿肇始于 200 多年前的普通法系司法实践，该惩罚行为与保护本身相应关系的社会环境发生了变化，这也是惩罚性赔偿制度功能存在争议的重要原因。

如在美国实务界及理论界就有诸多不同的学说，其中比较有代表性的有以下三种。首先是以欧文（Owen）为代表的，他在 1976 年提出了惩罚性

---

① W. Page Keeton et al. , Prosser & Keeton on The Law of Tort § 2 , at 9 （5th ed. 1984）.

② DavidG. Owen, "Punitive Damages Awards In Product Liability Litigation: Strong Medicine Or Poison Pill?" *Vill. L. Rev.* 9 （1994）: 199; David G. Owen , "A Punitive DamagesOverview: Functions, Problems And Reform, *Vill. L. Rev.* 39 （1994）: 373 – 381.

③ 参见 https://cidian. 51240. com/gongnen_4ky_ cidianchaxun/，最后访问日期：2017 年 7 月 22 日。

④ 费孝通：《乡土中国》，生活·读书·新知三联书店，2016，第 107 页。

⑤ 涂尔干：《社会分工论》，渠东译，生活·读书·新知三联书店，2000，第 13 页。

赔偿金的功能有四种：惩罚、遏制、使私人协助执法、补偿。在 1994 年的论文中，他将其扩展至五种，增加了教育功能。[①] 埃利斯（Ellis）经过整理司法判决与学者的意见，归纳了惩罚性赔偿金的七种不同功能：惩罚被告、遏制被告再犯、遏制他人从事相同的行为、维护和平、诱导私人追诉不法行为、补偿被告不能依他法获得补充的损失、支付原告的律师费用。[②] 另有一种则是查普曼（Chapman）与特里比尔科克（Trebilcock）在 1989 年提出的三分说，即补偿、报复及威慑。[③]

台湾地区是深受大陆法系影响的，也是最早引入该项制度的，早期在商事与经济相关规定中做出了数倍赔偿或超额赔偿的规定。1994 年制定并实施的"消费者保护法"第 51 条更是将惩罚性赔偿进一步扩展到民事领域，从而引发了诸多台湾民法学者的关注，这些学者对于惩罚性赔偿功能的研究，采取的分类模式与美国学者相仿，但是在具体的说理方面不尽相同。台湾地区学者对于惩罚性赔偿功能大多持四功能学说。如陈聪富在研究美国的惩罚性赔偿制度后，认为该制度的功能主要是损害填补、吓阻、报复惩罚、私人执法四项。[④] 谢哲胜、林德瑞也持该学说。谢哲胜将其归纳为惩罚、吓阻、填补损失、报复[⑤]，林德瑞则认为是处罚、吓阻、执法功能、赔偿四项[⑥]。二者的表述与陈聪富表述存在细微差别之处。另有一种以何建武为代表的三功能说，将其归纳为补偿、吓阻、报应三种。[⑦]

---

① David G. Owen, "Punitive Damages in Products Liability Litigation", *Michigan Law Review* 74 (1976)：1257, 1287；David G. Owen, "A Punitive Damages Overview：Functions, Problems and Reform," *Vill. L. Rev.* 39 (1994)：373 – 381.

② Dorsey D. Ellis, "Fairness and Efficiency in the Law of Punitive Damages", *Southern Caniforia Law Review* 56 (1982)：3.

③ 参见 Bruce Chapman and Michael Trebicock, "Punitive Damages：Divergence in Search of A Rationale", *Alabama Law Review* 40 (1989)：7541。

④ 陈聪富：《侵权归责原则与损害赔偿》，北京大学出版社，2005，第 203 ~ 217 页。

⑤ 谢哲胜：《财产法专题研究（二）》，中国人民大学出版社，2004，第 4 ~ 5 页。

⑥ 林德瑞：《论惩罚性赔偿》，《中正大学法学集刊》第 1 卷第 1 期，1998 年 7 月，第 34 ~ 38 页。

⑦ 何建武：《惩罚性赔偿金之法理与运用——论最适赔偿金额之判定》，《台大法学论丛》第 31 卷第 3 期，2002 年 5 月，第 11 ~ 26 页。

大陆学者中研究该项制度最早的是王利明教授，他认为惩罚性赔偿具有赔偿、制裁、遏制三个功能。[①] 另有一种观点认为惩罚性赔偿的功能从法理的角度来看，只具备补偿及预防两项，其他的仅是其衍生而来的功能。[②] 此外，还有学者以对被告、对原告及对社会其他人来划分其功能，将其归纳为惩罚、遏制、补偿、安抚、奖励、预防、激励等。[③]

尽管存在如此多的不同认识，但是仔细分析，还是可以"合并同类项"。所谓的奖励、激励、鼓励私人执法，无非就是加重赔偿，其实质还是赔偿功能。教育、遏制、吓阻所表达的意思都是预防再次犯罪，是威慑功能。因而，笔者认为惩罚性赔偿的功能就是赔偿、惩罚及威慑。

三 知识产权惩罚性赔偿之功能辨析

在知识产权制度面临的社会需求方面，现有的研究认为，其一，近年来侵权纠纷大量增加，严重损害知识产权所有人利益；其二，在知识产权领域，我国的现实状况是侵权成本低，维权成本高；其三，国外相关的立法实践为我国知识产权侵权惩罚性赔偿的建立提供了借鉴。[④] 立法者们在修订《专利法》《著作权法》时引入惩罚性赔偿的现实需求是解决赔偿低的问题。由此可见，赔偿过低是引入惩罚性赔偿的最大实现需求。赔偿过低一方面会造成权利人得不偿失，失去维权的积极性，导致侵犯知识产权行为的泛滥；另一方面，知识产权侵权的隐蔽性强，不容易被发现，没有权利人的积极维权，会增加国家对于知识产权的管理的负担，不利于知识产权的保护，更不利于知识产权的可持续发展。因此，除了提高赔偿数额，最主要的还是加大对知识产权的保护力度，从而遏制对知识产权的侵害。

---

① 王利明：《惩罚性赔偿研究》，《中国社会科学》2000年第4期。
② 温世扬、邱永清：《惩罚性赔偿与知识产权保护》，《法律适用》2004年第12期，第50页。
③ 金福海：《惩罚性赔偿制度研究》，法律出版社，2008，第69~87页。
④ 曹新明：《知识产权侵权惩罚性赔偿责任探析——兼论我国知识产权领域三部法律的修订》，《知识产权》2013年第4期。

知识产权相较于传统的民事领域具有其自身的特点。知识产权保护的客体是智力成果，智力成果具有无体性，权利人无法直接占有，只能通过法律赋予的排他权进行救济。此外，知识产权具有公开性，通过公开其技术，换取法律的保护。这两个特点决定了知识产权更容易遭到不法侵害。正是这些不同之处，使得我们不得不思考其他侵权领域的惩罚性赔偿制度能否"移植"到知识产权中来，发挥其功能作用，而不会出现"南橘北枳"的现象。

考虑到特定的现实需求及知识产权的自身特点，对惩罚性赔偿所具有的赔偿、威慑、惩罚三个功能在知识产权中适用与否的问题需要逐项进行辨析。

（一）赔偿功能与填平原则的张力

赔偿功能，亦叫补偿功能，主要是为了补偿损害赔偿中无法填平的损失，现有的民事责任的损害赔偿遵循的最高指导原则就是全面赔偿，也就是使权利人的损失回复到事故发生前的状态。权利人的损失通常包括财产损失、受害人的人身和精神损失及诉讼费用的支出。对于受害人的人身及精神损失在现实生活中是难以精确评估的，只能去尝试做出一个大体较为接近的评价，甚至做出这种大体接近的评价有时也是困难的。而诉讼费用是由当事人承担，这部分费用有时过于高昂，对受害人而言似乎有失公允。因此，透过惩罚性赔偿可以弥补法律救济的不足之处。①

我国知识产权领域现在也奉行全面赔偿原则②，但是仔细分析，民事责任的损害赔偿中无法填平的原因并不适用于知识产权。知识产权中商标与专利均不涉及精神损害，只有著作权涉及人格利益和精神损害赔偿的问题。但是从现有的司法实践来看，主张精神损害的权利人在著作权侵权案件中所占比重不高，且能够得到法院支持的更是微乎其微，笔者通过威科先行

---

① 王利明：《美国惩罚性赔偿制度研究》，《比较法研究》2003 年第 5 期，第 6 页。
② 2014 年《商标法》规定了惩罚性赔偿，《著作权法》及《专利法》遵循的是全面赔偿原则。

数据，以"著作权侵权"和"精神损害赔偿"为关键词，检索到的案例不过区区四件。① 绝大多数情况下法院以证据不足或者公开赔礼道歉、停止侵权足以抚慰权利人的精神损失为由，不支持当事人的精神损害赔偿的诉求。可见，知识产权总体而言并不涉及精神损害赔偿，主要还是财产损害赔偿，自然就不会涉及精神损害难以计算的问题。至于诉讼费用的补偿，现有的知识产权相关法律已经明确权利人可以向法院主张包括律师费及调查、取证产生的合理费用。②

但是，知识产权有其自身的特殊性，它是一种无形的财产权，其中专利权的获取更是以公开换取保护，因此极易遭到侵犯，且不容易被发现。正是因为这些特点，现有的研究认为，我国知识产权领域遵循填平原则无法填平权利人所受损失。第一，知识产权损害赔偿数额偏低。我国知识产权的损害赔偿大体是按照权利人实际损失、侵权人获利、许可倍数及法定赔偿来确定损害赔偿的数额，但是知识产权的价值难以评估、取证难导致大部分侵权案件采用的是法定赔偿。根据学者的统计，在著作权侵权案件的判赔中，采用"法定赔偿"判赔标准的占 78.54%；在商标权侵权案件的判赔中，采用上述标准的占 97.63%，专利侵权判决的这一比例则为97.25%。③ 法定赔偿是由法官自由裁量，主观性较强，往往对于权利人的实际损失预估较低，判决的数额要低于权利人的诉求。在 758 件著作权侵权有效判例中，权利人经济损害赔偿诉求的平均金额为 7.7 万元，法院判赔的平均额

---

① 参见彭延慧诉刘维、湖南惟楚文化传播有限公司、第三人长沙市天心区井岗印刷厂、中国文联出版社侵权赔偿纠纷，湖南省长沙市中级人民法院（2005）长中民三初字第 243 号；徐叔华诉广州市鸿翔音像制作有限公司、河北百灵音像出版社、佛山金声电子有限公司、湖南省新华书店著作权侵权纠纷一案，湖南省长沙市中级人民法院，（2005）长中民三初字第 520 号；姚群诉中国康复医学会、于绍斌、邸旭辉等著作权侵权纠纷案，北京市朝阳区人民法院（2006）朝民初字第 19878 号；中贸圣佳国际拍卖有限公司诉杨季康著作权权属、侵权纠纷上诉案，北京市高级人民法院（2014）高民终字第 1152 号。

② 参见《最高人民法学院关于审理商标民事纠纷案件适用法律若干问题的解释》第 17 条；《最高人民法院关于审理著作权民事纠纷案件具体适用法律若干问题的解释》第 26 条。

③ 参见 2012 年中南财经政法大学知识产权研究中心：《知识产权侵权损害赔偿案例实证研究报告》，http://www.cnipr.com/news/ywdd/201304/t20130418_175898.html，最后访问日期：2020 年 7 月 20 日。

为 1.5 万元。从各案件判赔支持度来看，有 35.88% 案件支持度低于 20%，31.13% 的案件支持度为 20%~40%，全部案件的平均支持度为 31.1%。在商标权侵权 488 件有效案例判决中，权利人经济损害赔偿诉求的平均金额为 32.6 万元，法院判赔的平均金额为 6.2 万元。从商标权侵权案件对于经济损害的判赔支持度来看，约 50% 的案件支持度低于 20%，全部案件的平均支持度为 34.81%。[①] 第二，知识产权的填平原则只赔偿直接的损失，对于间接损失，如对商标商誉的造成的不良影响、商机的丧失以及权利人耗费的时间、精力，填平原则在所不问。[②]

无疑，这些研究进一步对填平原则在知识产权赔偿上的应用提出了有力的质疑，但是，这是否就证明赔偿功能是将惩罚性赔偿引入知识产权的理由？答案应该是否定的。其理由如下，第一，填平原则中无法填补的部分，可以通过法律上的其他措施加以补充，如通过获利原则的确立来补充。因此，在现有的制度能够起到规制不法行为的情况下，无须考虑引入新的制度，增加交易的制度成本。第二，适用惩罚性赔偿的只能是那些存在恶意的不法行为，并非所有侵犯知识产权的案件。如 2020 年 4 月，最高人民法院发布的 2019 年中国法院十大知识产权案件中，由上海市浦东新区人民法院作出的平衡身体公司与永康一恋运动器材有限公司侵害商标权纠纷一案。[③] 平衡身体公司是核定适用在第 28 类健身器材等商品上的 "MOTR" 商标的注册人。被告永康一恋运动器材公司使用涉案商标在微信商场和展览会上推销健身器材。原告起诉被告侵害商标权并主张惩罚性赔偿。法院在调查中发现，在本案之前，被告就曾侵犯平衡身体公司的知识产权，经平衡公司发送警告函后，双方签署和解协议，被告承诺不再犯。而本案中，被告再次使用原告商标的行为，构成重复侵权，存在恶意，根据《商标法》

---

① 参见 2012 年中南财经政法大学知识产权研究中心：《知识产权侵权损害赔偿案例实证研究报告》，http://www.cnipr.com/news/ywdd/201304/t20130418_175898.html，最后访问日期：2020 年 7 月 20 日。

② 罗莉：《论惩罚性赔偿在知识产权中的引进与实施》，《法学》2014 年第 4 期，第 26 页。

③ 参见永康一恋运动器材有限公司侵害商标权纠纷一审民事判决书，（2018）卢 0115 民初 53351 号。

第63条第1款"对恶意侵犯商标专用权，情节严重，可以按照上述方法确定数额的一倍以上三倍以下确定赔偿数额"①，适用三倍惩罚性赔偿标准，确定永康一恋公司承担300万元的赔偿责任。该案号称上海首例商标惩罚性赔偿判决。然而，多数情况下，对于商标的侵权，难以认定存在恶意而适用惩罚性赔偿。又如，在广州浩动网络科技有限公司、腾讯科技（深圳）有限公司侵害商标纠纷二审中，法官明确指出《商标法》规定的赔偿损失原则是填平原则，在没有恶意侵权的情况下，不能给予惩罚性赔偿。腾讯公司、腾讯计算机公司再次起诉浩动公司除非有证据证明在达成和解协议后，浩动公司仍有侵权行为或150万元的赔偿款不能弥补侵权所致损失，腾讯公司、腾讯计算机公司对此无法举证，再次起诉完全没有必要。② 由此可见，惩罚性赔偿并非为了提高侵权的赔偿数额，而是为了惩戒反复侵权、存在主观恶意的不法行为。可见，即使填平原则无法完全弥补侵权所带来的损失，惩罚性赔偿也能够在一定程度上起到补偿受害人的功能，但这也只能视为是惩罚赔偿制度的附带效果，并非其主要目的。

（二）惩罚功能与创新的冲突

惩罚性赔偿，顾名思义就是对那些从事不法行为且具有道德的非难性的人实施的惩罚。这与民事领域长期奉行的填平原则存在差异，填平原则追求的是回复权利人所遭受的损失，通常可以用金钱来弥补，并无道德上的谴责性与形式上的惩罚性。填平原则通过削平侵权人的获利，填补权利人的受损，不偏不倚，看似一种符合公平、正义的原则，然而，仔细分析，未必如此。现行的民事责任通常是以金钱来赔偿受害人的全部经济损失的，在性质上实为一种交易，即用金钱来交换损失。而这种"交易"实质上是贬损正义的，正义是关于是与非的一项事理，而金钱只代表一种事实状态，

---

① 本案于2019年8月28日作出，最新2019年《商标法》于2019年11月1日生效，因此适用2013年《商标法》。

② 参见广州浩动网络科技有限公司、腾讯科技（深圳）有限公司侵害商标纠纷二审判决书，（2016）粤73民终734号。

两者并不能等同。用金钱来赔偿行为造成的损害，其暗含着：用金钱来匡复正义，用金钱来解决是非。换言之，正义是可以用金钱来替代的。[①] 因而富人们可以通过金钱来逃避责任，使其不法行为免受谴责与制裁，这破坏了社会的正义。惩罚性赔偿在金钱上加大赔偿数额，在道德层面加大谴责的力度，提高侵权成本，可以促使富人衡量个中得失，做出合适的抉择，从而有效遏制其恣意的行为。

惩罚性赔偿的惩罚功能理论基础主要有两种，即报复论和权利论。持报复论者认为惩罚的目的在于平衡行为人行为所产生的罪责，使社会正义回复到侵权行为发生之前。从早期英美关于惩罚性赔偿的判决来看，法院一般会要求被告的行为具有恶意，并且根据被告行为的非难程度来衡量惩罚性赔偿金额的多少，与报复论的主张相吻合。主张报复论的学者认为，被告人的这种恶意行为，是将自己的价值凌驾于受害人之上，认为自己高人一等，可以侵害他人的权利，造就自己的自由。显然，这与现代法律的价值是相违背的，法律应该维护人与人之间的平等、正义的关系。被告人破坏这种社会价值取向，产生错误的评估，认为可以利用他人，成就自己。而惩罚性赔偿的目的就在于通过公开可见的处罚，重新恢复加害人与被害人之间相对的价值关系。换言之，报复性的惩罚在于重新肯定被害人因侵权行为丧失的"人的价值"，并修复被害人因侵害事件无法实现其价值的损失，回复两者的平等关系。而权利论者的观点是，法律明文规定某些重要的权利受到保护，对于故意侵犯这些权利者，应该惩罚。侵犯这种权利的行为从社会契约论的角度来看，破坏了人们与社会所订立的契约，破坏了社会所认可的行为准则，不仅是一种违约行为，更是一种侵权行为，因而需要对其进行惩罚，警醒他人不得从事类似的不法行为，同时抚平受害者与社会为此遭受的不公。

惩罚性赔偿的惩罚功能在实务界与理论界得到一致认可，美国联邦法院明确表示："今天我们对于惩罚性损害赔偿追求的目标达成共识，并不是

---

① 陈聪富：《侵权归责原则与损害赔偿》，北京大学出版社，2005，第151页。

为了赔偿，主要是为了惩罚以及威慑有害的行为。"① 知识产权领域引入惩罚性赔偿，其惩罚功能是继续"独领风骚"还是会"水土不服"，这需要我们回到知识产权制度本身进行探究，不能一概继受。知识产权制度存在了不过近 400 年的时间②，其保护的客体是智力成果，即一种精神产品，其最大特点在于其无体性。而之所以对其进行保护，是为了激励人们进行知识的创新，其中，著作权法和专利法构成调整创新活动的核心规范体系。引入惩罚性赔偿这样一项重要的制度，不得不考虑其对创新活动造成的影响，这也是知识产权领域和其他民事领域最大不同之处。如果该制度运用恰当，不仅有利于保护权利人，营造一个良好的社会环境，更有利于创新活动的发展，反之，将极大破坏人们创新的积极性，甚至将创新扼杀在摇篮里。因而，调整知识产权的制度，即是调整创新的规则，调整创新的规则就不得不考虑创新活动的特点。

创新活动其最大的特点并非是我们所理所当然认为的"从无到有"的过程，牛顿被苹果砸头因而发现了万有引力，似乎轻而易举。然而，这是无数前辈经验的积累。正如牛顿那句名言所说："我之所以看得远一些，那是因为我站在巨人的肩膀上。"可见，创新从来不是一蹴而就的，也非无中生有，而是以积跬步之态，涓滴成河；创新更不是彼此独立的，相反，是彼此关联的。与之相应，知识产品通常也是承载着诸多其他智力成果。一本好的文学作品总可以使人在其中看到其他人的影子，一项好的专利总包含了其他的技术在其中。因此，创新活动最大的特点在于创新的连续性及其引发的智力成果产权的叠加性。③ 正是创新活动的这个特点决定了我们不能单纯地只保护在先创新者的利益，而忽视为后续创新人员保留足够的创新空间。

① Exxon Shipping Co. Vs Baker, 128S. Ct 2605, 2621（2008）.
② 曹新明：《知识产权侵权惩罚性赔偿责任探析——兼论我国知识产权领域三部法律的修订》，《知识产权》2013 年第 4 期，第 6 页。
③ 蒋舸：《著作权与专利法中"惩罚性赔偿"之非惩罚性》，《法学研究》2015 年第 6 期，第 82 页。

而且，智力成果产权的边界存在巨大的模糊性，正如著作权法奉行的"思想表达二分法"一样，按照汉德法官在阐明思想表达二分法的经典判决中所提及的：思想与表达"分界线过去未曾有人划定，将来亦无人能之"。① 可见，为智力成果的产权划定一条清晰的楚河边界是何等之难事。在著作权和专利权中，这种模糊性主要体现在两个方面，一是难以事先确定权利本身存在与否，二是事后难以判断使用是否落入权利保护范围。在著作权中，创造者创作的作品被认定为思想而非表达②，无法得到著作权的保护的案例俯拾皆是。即使享有著作权，他人的侵权认定也存在极大困难，尤其是涉及抄袭，就更加难以判断。③ 专利也同样存在边界不确定的问题，一方面专利无法确定其专利权的有效性，在专利侵权案件中，专利可能被宣告无效，而且概率颇高。另外，侵权专利的权利要求书如何解释也存在很多空间，与被侵权专利对比起来存在诸多不确定因素。可见，这种不确定性对于后来的创新人员而言，相当于埋了一颗随时爆炸的雷，他们不得不小心翼翼，生恐自己努力的成果不仅没有机会收获成功的果实，反而构成对他人的侵权。可想而知，这并不利于后续者的创新，使后续创新人员承担过重的智力成果边界模糊的社会成本是不公平的。因此，不能单纯地保护在先的创新，而应该在在先创新与在后创新两者之间保持一个恰当的平衡。

以上分析表明，在知识产权领域，尤其是关涉创新活动的著作权法与专利法，其损害赔偿的目的并不在于惩罚，不应该强调通过惩罚表达对后来者的责难，而更应该注重的是预防，为两者找到一个合适的平衡点，保护在先创新者的利益的同时鼓励后续的创新。

---

① Nichols v. Universal Pictures Corporation et al. , 45 F. 2d 119, 121 (1930).
② 金正科技电子有限公司诉摩托罗拉（中国）有限公司侵犯"真金不拍火炼，金正 VCD"的著作权一案中，创造者创作的作品被认定为思想，参见《人民法院案例选》2000 年第 2 辑，人民法院出版社，2000；岳德宇诉郑州大学出版社，北京西城区法院（2008）西民初字第 1650 号；中国体育报业总社诉广东音像公司，北京西城区法院（2012）西民初字第 1470 号。
③ 参见庄羽诉郭敬明的《梦》一书抄袭其《圈》，北京市高院（2005）高民终字第 539 号；琼瑶诉于正的《宫锁连城》抄袭其《梅花烙》一书，一审北京三中院（2014）三中民初字第 07916 号，二审北京高院（2015）高民（知）终字第 1039 号。

（三） 威慑功能——惩罚性赔偿的归属

惩罚性赔偿的威慑功能，又叫预防、遏制、吓阻功能，指的是通过让不法行为人为其不法行为承担惩罚性赔偿，以防止其再次从事类似或相同的不法行为，这是一种特别威慑作用。而这种威慑作用，也向社会上潜在的不法分子传递了一个信号，相同或类似的不法行为将受到严厉的处罚，须承担惩罚性赔偿责任，对潜在的不法行为人起到一般威慑作用，从而建立起社会行为典范。因此，惩罚性赔偿具有威慑功能，此种威慑功能分为一般威慑及特别威慑。一般威慑目的在于设立典范，使一般人不敢从事与被告相同或者类似的不法行为，而特别威慑目的是使被告不敢再犯相同的过错，以免承担加重的责任。①

现有的研究及实务对于惩罚性赔偿的威慑功能均持赞同态度，其受到普遍欢迎的原因大致有以下三点：其一，根据费尔巴哈的心理强制说，其符合人们趋利避害，趋乐避苦的心态；其二，威慑作用通常只要使得被害人得不偿失即可，相较而言具有可操作的标准，不会流于空洞；其三，事前的预防理念相比于事后的救济而言，更能全面、有力地保护受害人，也更符合时代的发展需求。

惩罚性赔偿的威慑功能，相较于填平性的损害赔偿而言，主要在于填充其威慑的漏洞。当填平性损害赔偿的威慑力没有漏洞或者漏洞很小之时，并不需要施加惩罚性赔偿，只有当填平性损害赔偿的威慑力不足之时，才需要通过惩罚性赔偿来填补其漏洞。在某些侵权案件中，仅采用填平性的损害赔偿，并不足以威慑不法行为人。如在广东省高级人民法院判决的欧普照明股份有限公司与广州市华升塑料制品有限公司侵害商标纠纷再审一案中，欧普公司是涉案商标"欧普"的注册人，是一家生产商业照明的大型照明企业，其产品销往全国，并远销海外。华升公司主要生产、销售灯

---

① 陈聪富：《美国法上之惩罚性赔偿金制度》，《台湾本土法学杂志》第 25 期，2001 年 8 月，第 174 页。

具，欧普公司起诉华升塑料制品有限公司使用涉案商标，在沃尔玛、大润发、华润万家等各大实体超市销售，并且在天猫、淘宝、京东等平台销售，并远销西欧、北美等国家，销售金额巨大、涉及地域广泛，其主观上存在恶意，情节严重，构成商标侵权，应适用惩罚性赔偿。法院认为，华升塑料制品有限公司在明知欧普是驰名商标的情况下，仍然使用，存在主观恶意，客观上给欧普公司带来了较大损失和消极影响，情节严重，因此适用《商标法》第 63 条规定的惩罚性赔偿。法官进一步论述："国家建立知识产权惩罚性赔偿制度，判定的赔偿数额超出实际损害数额，不仅为填平权利人的经济损失，更体现对故意加害人的惩罚，让侵权者付出沉重代价，使其不敢侵权、不再侵权，充分发挥法律的威慑作用，有效遏制知识产权侵权行为。"① 而根据经济学的成本—效益分析，侵害人只有在侵权收益大于侵权成本之际才有动力从事侵权行为，而填平原则仅仅只是以受害人的损失为准，并不排除在某些情况下，侵害人获利远大于损害，此时，填平性的损害赔偿不足威慑侵权人使其不再从事相同或类似的不法行为以获取利益。退一步讲，即使获利与受损持平，但并非每个案件中，被告都是确定无疑承担责任，被告存在逃避责任的可能性。② 因而，仅赔偿与损失相当的数额，并不足以使侵害人采取预防措施，反而，参与风险活动的动机是充足的，侵害人会心存侥幸心理，实施不法行为。正如邓宁格在《工会与罢工》中所言："一有适当的利润，资本就会非常胆壮起来。只要有 10% 的利润，它就会到处被人使用；有 20%，就会活泼起来；有 50%，就会引起积极的冒险；有 100%，就会使人不顾一切法律；有 300%，就会使人不怕犯罪，甚至不怕绞首的危险。"③ 因而，在人的自私心理以及资本的逐利情形下，填平原则并不足以达到威慑之作用。

---

① 参见再审申请人欧普照明股份有限公司因与被申请人广州市华升塑料制品有限公司侵害商标纠纷再审民事判决书，（2019）粤民再 147 号。
② A. Mitchell Polinsky and Shavell, "Punitive Damages: An Economic Analysis," *Harvard Law Review* 111 (1998): 869, 888.
③ 卡尔·马克思：《资本论》第 1 卷，中共中央马克思恩格斯列宁斯大林著作编译局编译，人民出版社，1958，第 839 页。

举例言之，假定在案件中只有 1/5 可能性裁决侵害人承担 10000 元的损害赔偿责任，侵害人预期损害为 2000 元，若采取预防措施需要 5000 元，那么侵害人将不会有采取此项预防措施的足够动机，因为采取预防措施产生的实际边际收益远低于其预防成本。这也导致侵害人有从事该风险活动的足够动机。如果侵害人是一家公司的话，产品的价格将会上浮一定程度，这一上浮程度恰好反映了所致损害的 1/5，并促使更多消费者购买，从而，对于满足社会需要来说，将引起更多的损害。

可见，仅是赔偿受害者的损失，威慑力不足，这是填平原则难以克服的障碍，因而需要在某些特定情形下，适用惩罚性赔偿，增大赔偿数额，加大威慑力度。但是，这种增大赔偿数额并不是无节制的，损害赔偿过多将导致不经济的预防措施以及将具有市场价值的产品及服务撤出市场，造成过度威慑。因而法律经济学家认为，应当存在一个最优的损害赔偿数额，即侵害人的平均损害赔偿与他们引起的损害相当。在前述事例中，被裁决 10000 元的损害赔偿责任的可能性为 1/5，将赔偿损害的数额提高至 50000 元，平均而言，如果侵害人造成此损害将赔偿 10000 元。简而言之，这一基本准则就是，强制施与侵害人的全部损害赔偿应当与这一损害相当，该项损害的增加与侵害人应当承担责任时裁决其承担责任的可能性成反比，这一增加值称为全部损害赔偿的增加值。该基本准则用公式表示，即 $H \times 1/P$，其中 H 是损害，P 是被裁决承担责任的可能性。在前述例子中，侵害人被裁决承担责任的可能性为 1/5，因而增加值是 5。根据这一基本准则的计算公式，由于损害是 10000 元，因而侵害人所承担的全部损害赔偿是 50000 元。我们将全部损害赔偿超出补偿性损害赔偿的这一部分视为惩罚性损害赔偿。从威慑视角来看，惩罚性赔偿的最优程度就是由该准则所确定的、减去补偿性损害赔偿的全部损害赔偿的程度。上述提及的全部损害赔偿 50000 元，其中 10000 元是补偿性的，因此，40000 元则是惩罚性赔偿的最优数额。

知识产权领域是否需要惩罚性赔偿发挥其威慑功能来补充填平性赔偿的不足？答案是肯定的，这与知识产权的"公共产品"的属性相关，权利人难以阻止他人的不法使用，也难以排除搭便车的行为。更为重要的一点是，权利人难于发现侵权使用。① 假如甲偷了乙的钱包，乙很快就会发现失窃，因为被盗窃后，乙能够轻易感知钱包的存在与否。他也会很快报告失窃案件，并采取行动找回自己的钱包。但是对于知识产权来说，情况就大不相同。假如甲将乙享有著作权的文字作品传播到网络上，乙可能很长时间（或者根本就）未能发觉，因为该传播行为并未剥夺乙对作品的使用，只是剥夺了其对作品的排他性使用。而且这种传播行为只需要移动设备及网络。换而言之，知识产权领域侵权人更容易逃避应当承担的损害赔偿，更有动机从事风险活动，这也是近年来知识产权侵权高发的一个主要诱因。根据国务院新闻办 2016 年中国知识产权发展状况发布会上国家知识产权局局长申长雨的介绍，2016 年专利、商标行政执法办案量分别达到 4.9 万件和 3.2 万件，同比分别增长 36.5% 和 3.4%。各级法院新接受知识产权民事一审案件 13.65 万件，同比增长 24.8%。② 可见，现有的知识产权救济措施威慑不足，并不能有效遏制知识产权领域的侵权，于权利人个人而言，不利于其合法权利的保护；于整个社会而言，不利于对知识财富的保护，不利于社会的创新发展。因而，引入惩罚性赔偿的威慑功能实属必要。但是，值得注意的是，2013 年修订的《商标法》、《著作权法》及《专利法》送审稿，将惩罚性赔偿的数额做出了限制，这与发挥惩罚性赔偿的威慑功能是背道而驰的。依据上述论及的最优赔偿数额理论，假定造成的损害是 10000元，但是仅有 1/10 的可能性被裁决承担责任，那么依据上面论及的基本准则，惩罚性赔偿的最优数额是 90000 元，而我国现有的规定限制在 50000元，很明显威慑不足，达不到引入该制度的威慑目标。而美国当初做出这样的限定，与 20 世纪 80 年代惩罚性赔偿制度的改革运动相关，当时以企业界、政治界、律师界为代表的改革派主张惩罚性赔偿判决额度过高，频率也高，巨额的赔偿损害了美国企业的竞争力，认为惩罚性赔偿是一项失控

---

① 威廉·M. 兰德斯、理查德·A. 波斯纳：《知识产权法的经济结构》，金海军译，北京大学出版社，2016，第 22 页。

② 参考国家新闻办 2016 年知识产权发展现状发布会，www.scio.gov.cn/xwFbh/xwbfbh/yg/4/Document/1549245/1549245.htm，最后访问日期：2020 年 7 月 20 日。

的制度，应当予以改革乃至废除。① 经此运动，美国的立法及法院对此做出了回应，知识产权领域的相关法律也对惩罚性赔偿金额做出了限制。② 尽管后续的研究人员对此予以了一一驳斥，认为不需要改革现有的惩罚性赔偿制度，但仍然无法改变这一趋势，并影响了后来引入该项制度的其他诸国。20 世纪 80 年代美国的民事责任改革从理论上的纷争上升到利益及权力的纷争，对此我们应该清醒地认识到个中缘由，正确认识引入该制度的目的，构建合适于中国的惩罚性赔偿制度，否则，只得其形未得其神，无法发挥该制度应有之效果。

（四）刑事、行政责任中的威慑功能

上述分析澄清了知识产权惩罚性赔偿的功能应该是威慑作用，即惩罚性赔偿金的目的在于补充填平性损害赔偿的威慑漏洞。不可否认，任何法律制裁措施都具有威慑预防之功效，只是相较而言，刑事责任、行政责任涉及人身自由、生命，处罚更严，因而威慑效果更为明显。知识产权的救济体系引入了刑事及行政责任，威慑预防的作用应当由刑事责任及行政责任达成，不需要民事赔偿制度越俎代庖。诚然，刑事责任及行政责任有着民事责任无法企及的优点。例如侵犯知识产权的刑事责任可以判处最高七年的有期徒刑③，行政执法可以没收、销毁及罚款，此外，还避免了冗长的诉讼，效率高。不过即便如此，民事赔偿制度就不能有任何威慑预防的作用吗？其实，民事、刑事及行政的分立不过是社会演进的结果，目的是满足日益复杂的社会生活需要。更进一步言之，民事法律、刑事法律、行政

---

① 参见陈聪富《美国惩罚性赔偿的发展趋势——改革运动与实证研究的对峙》，《台大法学论丛》，第 27 卷 1 期，第 245 页。
② 美国《专利法》284 条规定："法院可以将损害赔偿金额增加到原决定或估定的数额的三倍。"《商标法》35 条（b）款规定："赔偿金额为原利润或损害赔偿金额三倍的赔偿额。"《版权法》504（c）款规定："故意实施侵权的，法院可以酌情决定将法定赔偿金增加至不超过 15 万美元。"
③ 参见现行《刑法》第 213 条、214 条、215 条、217 条，对于侵犯知识产权的，情节严重、数额巨大的处以 3 年以上 7 年以下的有期徒刑，并处罚金。

法律的体系划分，只不过是法律在技术层面上的差别，但是在价值理念层次，它们追求的目的是一致的。都是为了保护个人的合法权利。民刑的分离，无疑是人类在法律文化上的重大成就，但是过分执着于此，忽视了人们认知上的不足，并不有利于法律的进步。因此，我们就不需要拘泥于教条主义，而应该去思考哪一种制度可以为人民提供最有效、便利的保障。

具体言之，刑事法律对于知识产权的保护无疑更加具有威慑作用，我国刑法将知识产权犯罪规定在"破坏社会主义经济秩序罪"这个章节下，将侵犯知识产权的犯罪视为侵犯社会主义经济秩序。知识产权的基本属性是私权，因而侵犯知识产权首先是对私权的一种侵犯，只在十分严重的情况下，才上升到破坏社会主义市场经济。将罪与非罪的模糊地带上升为犯罪，与刑事法律的谦抑性所主张的轻刑化相违背。刑罚的谦抑性体现了对个人的价值和权益的重视，是刑法的人文精神之所在，因此在适用时，应当尽量以谦抑为原则，防止刑罚的滥用，故对处在罪与非罪地带的行为不宜认定为犯罪行为。[1] 过度的刑罚，是一种公权力的过度干涉，会破坏自由市场机制，抑制创新的发展，不利于产业的发展。因此，在刑事与民事二元体系的执法落差之间，惩罚性赔偿在彼此之间搭起一座缩短距离的桥梁，以惩罚那些不易或不受刑法惩罚的但是确实为社会所不能容忍的不法行为，以加重金钱赔偿的方式对其进行威慑。至于行政执法，其最大特点在于其效率，但它也有不足之处。前述论及知识产权尤其是著作权及专利权利边界的模糊性。法院作为专业机构对于知识产权中的侵权认定尚且存在困难，且须花费巨大的时间成本。行政机关作为一个执法机构，相较于法院，专业能力不足，在侵权认定上，行政执法的特点决定了行政机关不可能花费司法机关一样的时间。可想而知，其做出的决定无法保证当事人双方的合法权利。

---

[1] 冯晓青、罗娇：《知识产权侵权惩罚性赔偿研究——人文精神、制度理性与规范设计》，《中国政法大学学报》2015 年第 6 期，第 26 页。

结　语

本文通过对惩罚性赔偿在知识产权保护中的功能进行分析，确定了惩罚性赔偿的威慑功能，并回应了为反对威慑功能所提出的，威慑功能可以通过知识产权中已有的刑事处罚及行政处罚来完成的观点。无疑，确定知识产权惩罚性赔偿的威慑功能，不仅是在理论上的一种澄清，更是在当前知识产权侵权频发的司法现状的现实需求，也是基于知识产权本身特殊性所做的正确定位。确立其威慑功能，能够更好地指导以后的司法实践，将惩罚性赔偿作为一件"利器"来破解知识产权侵权的困境。

书 评

《知识产权研究》 第二十七卷
第 295~304 页
© SSAP, 2021

《机器人法》如何建构人类未来新秩序？

杨延超 *

一 十年怀胎，《机器人法》来了

《机器人法：构建人类未来新秩序》（以下简称《机器人法》）终于出版了。十年前，我在北京大学法学院从事博士后研究。起初，我的出站报告选题便是《机器人法》。但当时还鲜有人提及"人工智能"的概念，即使对于"互联网"，社会上也有很多质疑的声音。可以想象的是，在那时提及"机器人法"，在他人眼中简直是"天方夜谭"。于是，我的博士后出站报告改为了《知识产权资本化》，并于 2008 年在法律出版社出版。这本书虽被称为我国第一本"知识产权资本化"研究著作，然而，事实是因此前《机器人法》的流产，才有了它的诞生。

不过，我现在认为没有过早出版《机器人法》是一件好事。必须承认，当时出版该书的各项条件都不具备。第一，社会条件不具备。当时，全社会对于人工智能没有认知。第二，自身条件不具备。后来的事实证明，仅有一个好的法学创意，并不能成就一项好的研究，它需要具有对相关知识的深厚积淀。在不具备上述条件的情况下，倘若仓促出版，其效果也不一定好。即使如今有了十年的准备，我依然感觉还有很多东西在后期可以补

* 中国社会科学院法学所"创新工程"执行研究员，研究方向为人工智能法、知识产权法。

充到《机器人法》中。

十年里，我有超过一半的时间在学习计算机编程和高等数学，现在我可以用六门计算机语言编写程序。这并非我的初衷，完全是撰写《机器人法》的意外收获。《机器人法》总体上属于法学研究。"人工智能法"这一词语有两个关键词，一是"法"，二是"人工智能"。如果不了解"人工智能"，很难会对"人工智能法"有十分深入的了解。这就好比研究民法的人如果不了解市民社会很难真正把民法研究好。"人工智能法"研究从一开始就是跨学科的综合性研究。

为了撰写本书，我在实验室里做了大量有关人工智能的探索。当然，实验中的所有机器人都没有形体，它们是以"大脑"的形式存在。这与法律机器人的特质相吻合，它拥有的不是体力优势，而是思维优势，它需要像"法律之神"一样思考。事实上，在研究人工智能的过程中，我遇到的困难远比我想象的大。要让机器人真正思考起来，除了运用高等数学，还要借助计算机语言以及大数据运算。我给人工智能定义的公式包括：数学＋计算机语言＋数据，这是一个三位一体的综合体。虽然困难重重，但研究的过程总是十分奇妙。你可以想象，每天对着一部机器人大脑，你们可以相互交流，这既是对机器人的训练，同时也是对自我的反思，即所谓的教人者先教己。所以，我一直认为，给一部机器人建构法律思维，需要法律人的帮助。实际上，随着机器人存储数据的不断丰富，我经常能感受到，它的回答已经超乎想象，尤其是对法律问题的解析，它已经有了属于它的思维逻辑，这种感觉很奇妙。原本这一切只是写书的手段，现在，这一切已成为一种目的。手段与目的并非源于初衷，兴趣往往又会将二者颠倒。

我希望法律机器人能像"法律之神"一样思考。上帝创造了人类，人类又创造了机器人。然而，在所有的机器人研究中，我始终认为，法律机器人的思维模式是最为复杂的。我在训练机器人 FIle 撰写法律文书时，已经深刻地感受到让机器人写诗、写散文都没有像让它写法律文书那么复杂。写诗、写散文可以不负责任，但写法律文书不一样，它要求逻辑和结构高度准确。所以，法律机器人思维逻辑的复杂程度是其他机器人无法比拟的。它虽无工业机器人那样有灵活的手脚，也没有无人驾驶车辆那样强大的视觉，更没有军事机器人那样强壮的体魄，然而，它却拥有一个异常强大的大脑帮助它像"法律之神"一样思考。

二 AI时代，人类将迎来怎样的新秩序？

人工智能会如何影响人类社会的秩序，可以从"人与人的关系"和"人与国家的关系"的转变中窥见一斑。

首先，人与人的关系将转化成人与机器的关系。在人工智能时代，人与人的关系将出现前所未有的孤立。长期以来，人与人之间因为彼此需要，形成了共处格局。教育需要老师，所以出现了师生关系；情感慰藉需要伴侣，所以出现了夫妻关系；吃饭需要服务员，所以出现了餐饮服务关系；人需要出行，由此产生了人与司机之间的乘务关系……然而，在人工智能时代，越来越多的工作将被机器人取代，原有的对于人的需求转化为对机器的需求，人与人的关系将发生变化。智能机器人可能取代原本老师的角色；在无人餐厅，用户可以实现自主订餐，用户与服务员之间的服务关系也将消失；在无人驾驶场景下，一人便可漫游天下；即使是人的情感需求，也可以由机器人来满足。由此，在未来的人工智能时代，传统人与人的关系将转化为人与机器的关系。

其次，人与国家的关系也将趋向自由与权力双向增长。在国家运作中，需要面对国家权力与公民权利的二元命题。国家权力与公民权利总是处于一个此消彼长的过程中，国家权力越是膨胀，公民权利越是狭隘。然而，在人工智能时代，借助机器人，国家权力与公民权利能够实现双向共增。在社会管理中，也将大量使用机器人，机器人让公民感到便捷，人类的吃、穿、住、用、行，每一处都有机器人的身影。为论证这一命题，我曾设置了如下的机器人场景：

TOM对机器人说："我今天特别想吃牛排。"厨房机器人会根据TOM的意思烹制7分熟的牛排。晚饭后，TOM想要参加一个宴会，他需要一身得体的西装，家里的3D打印机器人早已为TOM准备妥当；TOM心爱的无人驾驶汽车帮助他去往目的地；晚饭回到家，TOM一身疲惫，按摩机器人又派上了用场……

在这样的时代，公民几乎可以为所欲为，所想即所得。在机器人的帮助下，公民的自由史无前例地扩张，从娱乐到教育，从出行到餐饮，从情感到物质，机器人无所不在。然而，在公民自由膨胀的同时，国家权力并没有因此而被削减。恰恰相反，公民对于机器人的完全依赖，恰恰有助于国家对公民的管理。

如何构建人类未来新秩序？这是《机器人法》要回答的终极问题。《机器人法》从两个视角对这个问题进行了解读。第一，人工智能会对法律制度提出怎样的挑战？比如，无人驾驶将使交通事故的归责原则发生彻底改变，即从传统的"过错责任原则"演变为产品质量责任原则。人工智能引起的法律制度的改变无处不在。第二，人工智能将如何推动法律的公平正义？比如，机器人可以通过对既往判决的学习，完成比法官更为科学的判决。对于机器人作出的判决，人类会信服吗？找寻这一系列问题的答案，既需要法学家的逻辑，也需要发明家的思维，他们共同建构人类社会的未来新秩序。

三　人工智能语境下法律制度的全面转型

传统条件下，由于人在提供服务，人的过错将成为整个法律体系中至关重要的关键词。"过错责任原则"成为《侵权责任法》中至关重要的法律原则。即使在违约合同关系中，人的过错也成为判断企业是否违约的关键，如在提供家政服务中，家政人员的明显过错导致用户损失的，也将视为企业违约的重要依据。过错责任原则也将演变为产品质量责任原则。在机器医疗中，法庭中争议的重点不是医生的医德与过失，而是手术机器人是否存在质量问题。在无人驾驶事故中，司机的酒驾等概念已经彻底消失，取而代之的是车辆的产品质量问题。在智能投顾的场景下，机器人理财顾问的算法也将成为各方关注的焦点。在人工智能的新型关系中，传统的"过错责任原则"也将彻底迭代为"产品质量责任原则"。

机器人是否好用？机器人是否达到法律规定的安全标准？这一切又将成为法庭上律师们激烈辩论的新话题。显然，要证明一个机器人是否合格，比起证明一个人是否有过错要复杂很多。虽更复杂，但是为了解决法律纷争，又无法回避。要分清责任、定分止争，法官就一定要在判决书中写明机器是否合格，甚至还需要聘请技术专家出庭做证。机器人的算法又被称为像"黑洞"一样的存在，即便有技术专家的说明，但要把它梳理清楚，同样需要花费巨大的司法资源和成本。

人类总是在寻找从复杂到简单的路径。当证明机器人产品质量成为司法一大负担时，保险制度会比诉讼制度更能够节省社会资本。所有可能涉及公民人身、财产安全的机器人，都有必要强制其实施保险制度，保险费用也将成为机器人企业在运营中必要的经营成本。一旦机器人造成公民人身或财产损害，保险制度就应当发挥作用。事实上，与其将资源花费在法庭诉讼中，还不如通过保险制度直接解决问题。

四 人工智能的"意识论"与机器人的主体资格

人工智能是否会拥有意识？这是我经常被问及的问题。严格而言，这不仅是一个技术问题，还是一个哲学问题。如果随着算法的提升，机器人最终拥有意识，我们对于法律上"人"的认识也将彻底改变。正如雷·库兹韦尔（Ray Kurzweil）在《人工智能的未来：揭示人类思维的奥秘》中所谈论的："当机器说出它们的感受和感知经验，而我们相信它们所说的是真的时，它们就真正成了有意识的人。""而大多数道德和法律制度也是建立在保护意识体的生存和防止意识体受到不必要的伤害的基础上的。"

这里，我想借用一个实验来阐述对这一问题的理解。我用当下较为先

进的人工神经网络理论为一个机器人建构了专属于它自己的神经网络，任
何问题，只要和它聊过一遍，它便可以记住。事实上，对于机器人而言这
不是一件容易的事情，要知道，人的语言表达千差万别，一句话可以有各
种各样的说法，但无论你怎么说，机器都要明白其中的含义，这并不是一
件容易的事情。

在对机器人进行了一段时间的训练之后，甚至出现了这样的事情：原
本没有训练过的问题，它能够自主地通过既有问题得出答案，也可以简单
地解释，它所作出的回答超乎我的预期，这算是"意识"吗？

事实上，机器人的每一次回答的背后都需要大量的运算才能完成，它
所体现出来的"意识"是基于数学运算而产生的结果，为了能够充分表达
机器意识形成的基础理论，我借用神经网络众多数学公式中的一个：

$$\sum_{j=1}^{n} X_{ij}\beta_j = y_i,(i = 1,2,3\cdots n)$$

将其进行向量化后为：

$$X\beta = y$$

$$X = \begin{bmatrix} X_{11} & X_{12} & \cdots & X_{1n} \\ X_{21} & X_{22} & \cdots & X_{2n} \\ \vdots & \vdots & & \vdots \\ X_{m1} & X_{m2} & \cdots & X_{mn} \end{bmatrix}, \beta = \begin{bmatrix} \beta_1 \\ \beta_2 \\ \vdots \\ \beta_n \end{bmatrix}, y = \begin{bmatrix} y_1 \\ y_2 \\ \vdots \\ y_m \end{bmatrix}$$

其中 m 代表有 m 个等式，n 代表有 n 个未知数，$m > n$。

显然该方程组一般而言没有解，所以为了选取最合适的让该等式"尽
量成立"，引入残差平方和函数 S：

$$S(\beta) = \| X\beta - y \|^2$$

这是一个高等数学中关于"最小二乘"算法的公式，也是我在神经网
络布局中应用的众多数学公式中的一个，它涉及高等数学中矩阵和导数的
计算。你能否看懂这个数学公式并不重要，只需要大概了解机器的反应是
通过一系列复杂运算最终产生的。同样的例子还有 IBM 的 Watson 机器人，

它在 2011 年参加知识问答节目打败了所有人类选手，它通过自我学习完善了自己的大脑，在专业领域的认知方面甚至超过了人类，这一案例也曾轰动一时。同样的问题，Watson 能思考吗？它有意识吗？在对机器人意识的解释中，前任百度首席科学家吴恩达的"意识论"具有较大影响力。吴恩达曾担任斯坦福大学人工智能实验室主任。他所构建的机器人能通过神经元自主学习，从而识别猫的图片，这一案例曾轰动一时。他也据此提出了机器人或将具有意识的看法。

无论是 IBM 的 Watson，还是吴恩达的人工神经系统构建，都是建立在一系列复杂运算基础之上的。显然，它们所彰显的依然是计算机强大的计算能力。然而，人类意识是十分复杂的东西，其中充满了很多情感要素，诸如爱、恨、同情等，我国人工智能协会会长李德毅院士甚至在这一基础上还提出一个更为复杂的命题——"爱是可以计算的吗？"如果可以，又该用怎样的算法来构建如此复杂情感的人工智能呢？我想，这也是科学界要继续思考的问题。

五 数学与法律：机器思维建构

要使机器人完成像"法律之神"一样的思考，就需要对其思维模式完成建构。这离不开对数学的完美利用。毕达哥拉斯学派认为，数乃万物之源，在自然诸原理中第一是数理，他们见到许多事物的生成与存在，与其归之于火、土或水，毋宁归于数，数值之变可以成道义，可以成魂魄，可以成理性，可以成机会。自毕达哥拉斯之后，数学才开始对哲学和其他学科产生重大影响，罗素也称毕达哥拉斯为"自有生以来在思想方面最重要的人物之一"。上帝是依照数学来设计自然界的，著名的科学家哥白尼、开普勒、伽利略、牛顿等也持此观点。伽利略则公开声明：宇宙这本大书是无法理解的，除非我们能够读懂它所用的语言——数学的语言。

数学与社会科学的关系同样密切。社会科学中受数学影响最深的学科是哲学，许多哲学家都钻研数学，成为著名的数学家。笛卡尔是近代哲学的奠基者，他认为理性科学就是数学，从此信念出发，他着手改造哲学，他希望他的哲学成为一种普遍的数学。笛卡尔虽然获得了法学硕士学位，但他在法学上并无建树，然而，他对近代法学有巨大的影响，这与笛卡尔的数学观有很大关系。他认为，要使渴求真理的欲望得到满足，既不能在形而上学理念中去寻找，也不能在经验学科的博学中寻找，只能在数学中去寻找。信奉笛卡尔的法学家们也将法律带上了追求精确、严密的道路。斯宾诺莎则宣称：我将要考查人类的行为和欲望，如同我考查线面和体积一样。斯宾诺莎在其著作《伦理学》中就用几何学来构建他的哲学体系，其中有关自然权利和社会契约论的论述，全部用几何学方法论证。莱布尼茨被罗素称为"千古绝伦的大智者"，他毕生都想发现一种普遍化的数学，以计算代替思考，以计算来解决法律纠纷。康德也认为：在特定的伦理中，只有其中包含数学的部分才是真正的科学。

事实上，数学与法律的渊源由来已久。所谓"三权分立"就参考了数学三元稳定结构之原理。美国国旗之所以用五角星代表各州，国防部办公大楼之所以建成五角大楼皆与毕达哥拉斯学派关于"5"的诠释有关。毕达哥拉斯学派认为"5"位居 1 和 9 的中间，代表公正，这对美国政治生活产生了深刻影响。曾对法国民法典制定有过重大影响的拿破仑就认为：将法律化成简单的几何公式是完全可能的，因此，任何一个能识字的并能将两个思想联结在一起的人，就能作出法律上的裁决。法国民法典素以条理分明、逻辑严密、概念精确而著称于世。

维柯的名著《新科学》，就是其用严格的数学方法和几何学方法撰写完成的。孔多塞对概率论情有独钟，他的研究目的是要创立一门"社会科学"，从而使知识摆脱人们感情的蒙蔽而步入纯理性的王国，他的一篇论文题目叫"概率演算教程及其对赌博和审判的应用"。在 17～18 世纪，数学对于法学的研究产生了深远影响。随着人工智能和大数据时代的到来，人们更加认识到，上帝不仅用数学来建构自然界，更是用数学来建构法律秩序。这方面研究的集大成者，一位是道格拉斯·G. 拜尔（Douglas G. Baird），他是芝加哥大学法学院 Harry A. Bigelow 杰出服务教授，1994～1999 年任院

长，研究和教学方向是公司重组和合同；一位是罗伯特·H. 格特纳（Rob-
ert H. Gertner），他是芝加哥大学经济学教授，研究领域涵盖法律经济学、
公司理论等；还有一位是兰德尔·C. 皮克（Randal C. Picker），他是芝加哥
大学法学院 Paul H. and theo Leftmann 教授，研究领域是知识产权、反托拉
斯等。他们合著的《法律的博弈分析》首次运用博弈理论和信息经济学的
理论工具来加深我们对法律是如何起作用的理解。他们围绕博弈理论主要
概念组织内容。该书揭示了囚徒困境、性别战、啤酒蛋糊以及鲁宾斯坦讨
价还价等博弈可以用来阐明许多不同种类的法律问题。《法律的经济分析》
是美国法学家理查德·A. 波斯纳创作的法学著作，首次出版于 1973 年，该
书运用微观经济学的理论全面分析了美国的各项法律制度以及法律理论和
法史学，尝试用经济学的理论和经验方法来阐述法律领域中的各种争议和
问题，为法律经济学提供了学术向导和成果总结。学者们运用数学思维来
解读法律，这为后来法律机器人的探索奠定了扎实的理论基础。

结语：机器人"从哪里来，又到哪里去"？

人从哪里来，又到哪里去？这是一个基本的哲学命题。时至今日，人
们依旧在这一命题上苦苦求索。在人工智能时代，人类社会还将面临"机
器人从哪里来，到哪里去"的哲学命题。当这两个哲学命题交织在一起的
时候，又给人们提供了更多可能的答案：人从上帝那里来，又将迈向机器
人世界；机器人从人那里来，又将与人共同主宰这个世界。《西部世界》更
是给了这个哲学命题另一个全新的视角：机器人不再是被人类奴役的工具，
一旦它具有了"意识"，它便会开始与人类共同争夺世界的主导权。

事实上，即使是霍金的"机器人威胁论"亦无法阻止人类研发机器
人。人类所生存的地球仅仅只是宇宙中沧海一粟。发展科技是人类保护自
身的必然趋势。所以，无论你是否喜欢，或者无论是机器人"威胁论"
与"幸福论"何者在理论上更胜一筹，都无法改变人与机器人共存的时
代的到来。

　　《机器人法》试图寻找未来社会人与机器人和谐共处的方法。公平、正义的法治思维不仅仅要赋予人，同时也要赋予机器人。"算法正义观""数据正义观"的法律理念，从机器人时代的伊始就必须以法律的形式确定下来。这甚至不是哪一个国家的问题，从长远来看，它事关人类社会的命运。

Table of Contents & Abstracts

Abstract: Real artificial intelligence creation is the creative result automatically generated by artificial intelligence without human control over its expression. Although such results may have the appearance of original expression required by copyright law, or novel invention required by patent law, they could not meet the substantial requirement of copyright protection as intellectual creation, or patent protection as creative invention. Thus, it is necessary to separate the result of AI creation on the level of data and expression or invention in abstracto. The institutional IP arrangement of AI creation should also be constructed based on this perception. The owner or user of artificial intelligence software should only have the right of trade secrets or anti-unfair competition over the result of artificial intelligence creation on the data level. Only the person who explores the expression or invention with market value from the data may have certain IP rights over the expression or invention. This institutional IP arrangement may have the advantage to prevent AI "data enclosure" caused by AI creation.

Keywords: Artificial Intelligence; Intellectual Property; Artificial Intelligence

Creation Invention

Suggestions on Practical Issues of Artificial Intelligence Law and Intellectual Property Rights

Gao Fei / 30

Abstract: This article is a response to WIPO's public consultation on artificial intelligence and intellectual property policies. Based on the perspective of enterprises, this article focus on practical issues of artificial intelligence law and intellectual property, and analyzes the application and review of the "protected objects" in the development of AI, the method of investigation and evidence collection and the burden of proof assignment in the artificial intelligence patent infringement litigation. On this basis, specific practical suggestions are put forward in response to common issues in the practice of enterprise development, such as: intellectual property risks of open source software in the field of AI and its control measures and the construction of liability for damages caused by AI products, so as to improve and perfect the work of artificial intelligence laws and intellectual property protection and to promote innovation and development.

Keywords: Protected Objects; Patent Disputes; Intellectual Property; Damages

Data Producer's Right and the Protection of Machine-Generated Data

Written by Peter K. Yu, Translated by Chen Lu / 35

Abstract: In a data-driven economy, there is enormous value in the data generated and collected by humans and machines. Data have also become highly valuable for uses other than what data producers or collectors initially intended. The European Commission proposed to create a new data producer's right for nonpersonal, anonymized machine-generated data in October 2017. This proposal has since been heavily criticized by legal commentators and consumer advocates. Thus far, the discussion on the right has been limited to the European Union. Nevertheless, the United States has actively explored policies in response to changes in the data-driven economy and the growing significance of machine-generated data. Given the potential for the current EU proposal for a new data producer's right to eventually emerge on U. S. soil, this article takes a preemptive approach of critically examining the proposal before it begins to gain traction on this side of the Atlantic. This article concludes by suggesting four courses of action that would help develop a sound and holistic data governance regime.

Keywords: Big Data; Machine-generated Data; Data Producer's Right; Intellectual Property Right

Studies on Information Law

The Changes of Intellectual Property in the Past Ten Years and the Challenges Faced by China

Written by Peter Drahos, Translated by Zhou Lin / 69

Abstract: The article is a preface of the new Chinese version-A Philosophy of Intellectual Property In this preface, the author summarized the development of intellectual property over the last decade, and analyzed trade friction between China and US from a political point of view. The author thought China has adapted US-dominant globalization of intellectual property successfully. China makes innovation drive development, and has taken the lead in the "technology competition", such as 5G, which threatens technological dominance and national security of US so that the US has initiated a phase of aggressive rivalry with China. The author analyzed the political theory of Schmitt, and thought it could help to explain the intersection of intellectual property between China and US. The author pointed that there is almost nothing that China will be able to do to satisfy the US on intellectual property. The US will do all it can to isolate China from networks of scientific knowledge and innovation. Managing this phase of aggressive rivalry with the US while striving to meets its developmental goals is China's great challenge.

Keywords: Intellectual Property; Trade Friction Between China and US; Schmitt's Theory of Politics; "Technological Competition"

Personal Information Protection in China's New Civil Code

—From European Perspective

Written by Thomas Hoeren and Stefan Pinelli, Translated by Chen Lu / 75

Abstract: This paper compares the Chinese Civil Code with the European Union General Data Protection Regulations (GDPR) and makes comments on the changes of Chinese data protection from the perspective of Europe. The connotation of personal information in Chinese Civil Code are basically consistent with the meaning of personal data in DGPR. Data or personal information processing must ensure its legitimacy, rationality and necessity, and abide by the principle of prohibiting excessive processing. This shows that China is establishing a data protection system that is in line with international standards.

Keywords: Personal Information Protection; GDPR; the Civil Code

Research on the Utility of the Neighboring Rights of News Publishers

—From the Perspective of European Legislation

Tang Danlei / 82

Abstract: In 2019, in order to deal with the copyright crisis caused by digital technology and protect rights of press publishers, the European Parliament passed Article 15 of the Directive of Copyright in Digital Single Market. Article 15 creates a new ancillary right for press publishers for them to copy and make available to the public press publications. Like the EU countries, China is also already an information society and faces the same problems. Therefore, understanding what is this directive and its effect are significant to China. This article focuses on the background of Article 15, changes of related provisions through the legislation process, the justification and necessity of the creation of the ancillary right, and the effect of the implementation of the right. Based on the above analysis, this article attempts to explore whether it is necessary for China to introduce the system.

Keywords: Copyright of Press Publications; Neighboring Right of Press Publishers; News Aggregation; European Union Legislation

The Application of General Provision of the Anti Unfair Competition Law in the Decisions Related to Web Crawlers

Wang Jianying / 105

Abstract: With the large-scale data leakage events such as data leakage of Huazhu group and the promulgation of laws and regulations such as Network Security Law, data security has attracted more and more attention from public. In particular important industries and fields, data security is even closely related to national security. As a technology to destroy data security, the behavior of network crawler by hacker is also cracked down from criminal and civil aspects. In the judgment related to web crawlers, how to apply the general provisions of the Unfair Competition Law, namely the second article of the Anti Unfair Competition Law, has reached a phased conclusion in many years of judgment, which does not exclude that with the development of science and technology and judicial practice, there will be new updates. The potential loss caused by the case of Internet crawler can be immense, so how to protect the rights of the parties economically and conveniently, how to apply the pre-litigation injunction to curb the infringement of the infringer, has become another problem to be solved in judicial practice.

Keywords: Unfair Competition Law; General Terms; Web Crawler

Postgraduate Forum

The Copyright Determination of Automatic Photography Photos

Pan Xuefei / 117

Abstract: Originality is the core of censorship of whether automatic photography photos enjoy copyright. First of all, the judgment in the "Naughty Children Chasing Balloons" and "Time Inc. V. Bernard Geis Associates" cases raise the question of whether the auto-photography enjoys copyright. Next, sorting through the copyright protection practices of current automated photography photos at home and abroad. Then the paper analyzes the originality determination of automatic photographic photos should consider two elements: which role the machine plays and whether it reflects the author's thoughts and personality. Finally, suggestions are put forward: automatic photographic photos that reach the high degree of originality are included in the protection of copyright, and which does not reach the high degree of originality are included in the protection of neighboring rights.

Keywords: Auto-shooting; Photographs; Copyright; Originality

Research on Legal Issues Related to Copying Works

Yin Qiyu / 130

Abstract: Imitation has always been the main way for learning in the field of visual arts, and the product of imitation is also regarded as a replica. Can imitation produce originality? Is the term "Imitation Works" unreasonable at the legal level? These problems are still controversial in academic circles and even in judicial practice. This paper mainly researches on the legal issues related to the copyright of imitation works through four chapters. After clarifying the basic concepts and legal sources of copying, this paper sorts out the standards for the determination of originality in various countries and regions, summarizes the elements that should be possessed by the imitation works that meet the originality, and combine the principles and characteristics of artistic creation to further elaborate what the original imitation worksare. Finally, this paper starts with cases, makes a further study of the legal disputes caused by imitation works in art creation and art market, then try to give some useful thoughts for art market practitioners.

Keywords: Imitation; Imitation Works; Originality; Copyright

The Dilemma and Solution of Patent Invalidation System in China

Zong Qianqian / 158

Abstract: This article explores and clarifies the legal principles of patent rights, patent invalidation declarations, and patent invalidation litigation, and combines with the recent exploration and innovation of the Intellectual Property Court of the Supreme People's Court in the "Civil Case of Patent Infringement Dispute and Administrative Case for Patent Invalidation between Xiamen Shizheng Electronics Company and LG Electronics Company". that is, let the CNIPA, which made the review decision on the invalidation request, be in the middle position of the parties, so that the two parties who are really confronted are separated on both sides. Finally, this article believes that, in the near term, China should learn from Japan's litigation system of the parties, so that the parties of the invalid litigation can become the opposing parties in the patent right invalidation litigation, and give full play to the normative purpose of the patent right invalidation system. From a long-term perspective, China should follow the civil litigation nature of patent invalidation litigation and quasi-judicial nature of patent invalidation declaration, and take the CNIPA as a trial level to improve the litigation efficiency while returning to the essence of the system.

Keywords: Invalidation; Patent invalidation Litigation; Litigant Litigation; Civil Litigation

Research on the Feasibility of Establishing Patent Linkage in China

Zhuang Xiaoqiong / 180

Abstract: As an interest-balancing policy, patent linkage was first established to promote the innovation of brand name drugs while speeding up the marketing of generic drugs and increasing the availability of drugs. With the release of a series of government documents mentioning the establishment of patent linkage and the signing of the phase-one trade deal between China and the United States, patent linkage is included in the agenda of China's fourth revision of the Patent Law. Therefore, study on the feasibility of establishing patent linkage in China has become increasingly important.

This article studies the feasibility of establishing patent linkage in China from the perspective of the status of patent system in China, the behavioral incentives generated, the cost of establishing patent linkage, and the policy goals thereof. First, under the civil-administrative-dual-track patent litigation system, the duration of patent infringement litigation is usually longer than the 24-month stay, which makes it impossible to resolve patent disputes within the stay. Second, the fact that more than half of pharmaceutical patents were invalidated makes the strong exclusiveness provided by the automatic stay unreasonable. Third, patent linkage will encourage the brand name companies to abuse lawsuits. Fourth, the establishment of patent linkage will generate huge legislative and administrative cost. Lastly, the policy goal of encouraging drug innovation and resolving disputes in advance is unlikely to be achieved. It is thus concluded that the cost of establishing patent linkage in China is much more than the benefits. Therefore, it is not recommended to establish patent linkage in China.

Keywords: Patent linkage; Drugs Patents; Hatch-Waxman Act; the Civil-administrative-dual-track Patent Litigation System

Review of Patent Sufficient Disclosure from the Perspective of Promoting Digital Technology Innovation—in Light of Xiao I Robot Case

Li Wenhong, Zhang Zhenjun / 211

Abstract: Disclosure and exclusive protection are two dimensions in the patent system. To obtain patent rights, patent applicants must sufficiently disclose their inventions through patent specifications. When judging whether the disclosure of application specifications meets requirement of sufficient disclosure, the characteristics of the industry and technology should be fully considered. The innovation in the digital technology field has the characteristics of high-speed iteration and computer programs as the carrier. When judging the sufficient disclosure issues, the judgment method and standard should be adapted to the characteristics, so as to promote industrial development better.

Keywords: Digital Technology; Patent System; Computer Programs

Research on Application of "Original Scope of Use" of the Defense of Prior Use of Trademark

Hu Qiaolu / 222

Abstract: The definition of "original scope of use" of the defense of prior use of trademark affects the interests of the prior user and the trademark registrant. In judicial practice, the definition of "original scope of use" of the defense of prior use of trademark should take the goodwill coverage scope as the judgment principle, the trademark application date as the definition time node, then analyzes concrete factors such as the subject, the object, region and the methods of use to define "original scope of use". There are three situations for the application of "original scope of use": general application, exceptive application and reverse application. The "Screening Test" is generally used to deal with the dynamic use of trademark. When it comes to malicious registration of a trademark, the defense of prior use of trademark is not limited by "original scope of use", which called exception of application to the "original scope of use". As far as reverse application is concerned, the negative defense effect does not prevent it from protecting its rights through the Anti-Unfair Competition Law, which bans the trademark registrant from using the trademark in prior user's original scope. The prior user may invoke Article 6 (1) of the Anti-Unfair Competition Law to protect the goodwill acquired by his prior use.

Keywords: The Defense of Prior use; Original Scope of Use; Unregistered Trademark; Goodwill

Judicial Frontier

Research on the Construction of the Standard of "Legitimate Warning Person" for Intellectual Property Infringement Warning Letter

Deng Ling / 249

Abstract: The warning Letter has the characteristics of low cost and great influence. Thereforeit can reduce the market activity of the accused in a short time, but those warned persons who have not committed infringements often cannot prove their innocence in a short period of time. For the alienation and abuse of warning letter, it is necessary to establish a multi-level regulation system. China has adopted the regulatory mode based on the Anti-unfair Competition Law. However, the standards for the proper exercise of warning letter are not unified and unclear. The author advocates, whether the warning letter is justified or not is not based on whether the alleged infringement of the warned act is established or not. Instead, we should establish the standard of "legitimate warning person" and pay attention to considering whether the obligee sends the warning letter based on the real purpose of litigation threat, the subject and object of the warning, the adequacy of the warning content, and the clarity of the disclosed content. If the warning letter is appropriate, even if the so-called tort is not established in the end, the warning person does not need to bear the responsibility for the legitimate exercise of his rights.

Keywords: Intellectual Property Rights; Warning Letter; Abuse of Rights; Unfair Competition; Settle Disputes other than Litigation

Analysis on the Judicial Gist Regarding the Cases of Computer Software Disputes

Wu Yueqin, *He Xin* / 264

Abstract: Whether the development results are delivered, whether the delivered content is in line with the agreement, whether the changes in performance have been agreed, and how to identify the delay in performance are the main focus of disputes of cases involving computer software in current judicial practice. Generally, the computer software developer bears the burden of proof for whether the development results are delivered or not. However, in the case that the software developer can not provide evidence due to the reason of entrusting party, there is a dispute about which party should bear the burden of proof. As to whether the delivered content is in accordance with the agreement, it involves the technical appraisal on the one hand, and on the other hand, it involves the interpretation of the contract terms. Whether agreement has been reached on the change in perform-ance, the main problem is whether there is an effective commitment when the computer software developers do not explicitly promise or refuse. For the judgment of delay in performance, whether the entrusting party should be responsible for the delayed delivery of computer software are the major difficulties.

Keywords: Computer Software Development Contract; Contract Law; Commission Contract

Analysis on the Function of Intellectual Property's Punitive Damage

Jiang Bo / 272

Abstract: The Copyright Law (Draft Amendment) and Patent Law (Draft Amendment) issued by the National People's Congress in 2020, which mark the comprehensive establishment of the punitive damages in the field of intellectual property. Nonetheless the theoretical controversies on punitive damages has never stopped, especially the function of punitive damages. This article is supposed to an-alyze the function of punitive damages in intellectual property from the characteris-tics of intellectual property.

Keywords: Punitive Damages System; Intellectual Property; Punitive Dam-ages Function

征稿启事

1. 《知识产权研究》是有关中国艺创、信息生产、传播、利用法律研究的学术出版物，自 1996 年创刊以来，至今已经出版了 26 卷，自 2019 年起，计划每年出版两卷。《知识产权研究》追求学术旨趣，鼓励信息自由，采用匿名审稿制度，摒弃论资排辈，仅以学术价值为用稿依据，尤其欢迎在校研究生、博士后和青年研究者投稿。

2. 《知识产权研究》设"主题研讨""司法前沿""书评"等栏目，刊登多种体裁的学术作品。

3. 根据学术刊物的惯例，《知识产权研究》要求来稿必须符合学术规范，在理论上有新意，或在资料的收集和分析上有所贡献；"书评"以评论为主，其中所涉及的作品内容简介不超过全文篇幅的四分之一，所选作品以近年出版的本领域重要专著为佳。

4. 请勿一稿数投。投稿一个月内作者会收到评审意见。

5. 来稿需为作者本人的研究成果。请作者确保对其作品拥有版权并不侵犯其他个人或组织的版权。译作者应确保译本未侵犯原作者或出版者的任何可能的权利，并在可能的损害发生时自行承担损害赔偿责任。

6. 《知识产权研究》热诚欢迎国内外学者将已经出版的专著惠赠本刊编辑部，备"书评"栏目之用，编者、作者共同营造健康的学术研讨氛围。

7. 作者投稿时，电子稿件请发送至：zhoulin@ cass. org. cn。

8. 《知识产权研究》鼓励学术创新、探讨和争鸣，所刊文章不代表本集刊编辑部立场，未经授权，不得转载、翻译。

9. 版权声明：《知识产权研究》集刊整体版权属于编辑部，该整体版权可授权社会科学文献出版社，在合同范围内使用；此举是为满足我国信息化建设的需要，实现刊物编辑和出版工作的网络化，扩大本集刊与作者信息交流渠道。凡在本集刊公开发表的作品，视同作者同意接受本声明。作者如不同意本声明，请在来稿时注明。

10. 由于经费所限，本集刊实难承担稿酬支出，文章刊出后，编辑部即向作者寄赠当期刊物两本。

稿件体例

一、稿件第一页请按以下顺序自上而下依次载明：篇名、作者名（译作顺序：原作者名、译者名）、摘要、关键词（三到五个，最多不超过五个）、正文。在正文末尾，请附上英文标题、英文作者名和300—500字的英文摘要。

二、正文内各级标题均按照首起退两格，按"一""（一）""1.""（1）"的层次设置。其中"1."以下（不包括"1."）层次标题不单占行，与正文连排。

三、各类表、图等，均分别用阿拉伯数字连续编号，后加冒号并注明图、表名称；图编号及名称置于图下端，表编号及名称置于表上端。

四、注释体例

（一）本刊提倡引用正式出版物，根据被引资料性质，作者原创作品格式为作者姓名＋冒号＋篇名或书名；非原创作品在作者姓名后加"主编""译""编译""编著"等字样。

（二）文中注释一律采用脚注，每页单独注码，注码样式为①②③等。

（三）非直接引用原文时，注释前加"参见"；非引用原始资料时，应注明"转引自"。

（四）数个注释引自同一资料时，体例与第一个注释相同。

（五）引用自己的作品时，请直接标明作者姓名，不要使用"拙文"等自谦词。

（六）具体注释举例

1. 著作类

① 郑成思：《知识产权法》，法律出版社，1997，第3页。

2. 论文类

① 马长山：《智能互联网时代的法律变革》，《法学研究》2018 年第 4 期。

3. 文集类

① 谢怀栻：《论著作权》，载中国版权研究会编《版权研究文选》，商务印书馆，1995，第 52—71 页。

4. 译作类

① 〔美〕伦纳德·D. 杜博夫、克里斯蒂·O. 金：《艺术法概要》，周林译，知识产权出版社，2011，第 148 页。

5. 报纸类

① 参见刘树德《增强裁判说理的当下意义》，《人民法院报》2013 年 12 月 27 日，第 5 版。

6. 古籍类

① 《汉书·刑法志》。

7. 辞书类

① 《元照英美法词典》，法律出版社，2003，第 124 页。

8. 外文注释

作者（书出版年份）：《书名》（版次），译者，卷数，出版地：出版社。

作者（文章发表年份）：《文章名》，《所刊载书刊名》，期数，刊载页码。

author（year），*book name*，edn.，trans.，vol.，place：press name.

author（year），"article name"，*journal name*，vol.（no.），pages.

图书在版编目（CIP）数据

知识产权研究. 第二十七卷 / 周林主编. —— 北京：
社会科学文献出版社，2021.2
ISBN 978 - 7 - 5201 - 7994 - 2

Ⅰ. ①知…　Ⅱ. ①周…　Ⅲ. ①知识产权 - 中国 - 文集
Ⅳ. ①D923.404 - 53

中国版本图书馆 CIP 数据核字（2021）第 031957 号

知识产权研究（第二十七卷）

主　　编 / 周　林

出 版 人 / 王利民
组稿编辑 / 刘骁军
责任编辑 / 易　卉
文稿编辑 / 许松鹤

出　　版 / 社会科学文献出版社·集刊分社 （010）59367161
　　　　　地址：北京市北三环中路甲 29 号院华龙大厦　邮编：100029
　　　　　网址：www. ssap. com. cn
发　　行 / 市场营销中心（010）59367081　59367083
印　　装 / 三河市尚艺印装有限公司

规　　格 / 开本：787mm × 1092mm　1/16
　　　　　印张：20.5　字数：295 千字
版　　次 / 2021 年 2 月第 1 版　2021 年 2 月第 1 次印刷
书　　号 / ISBN 978 - 7 - 5201 - 7994 - 2
定　　价 / 98.00 元

本书如有印装质量问题，请与读者服务中心（010 - 59367028）联系